자녀 교육,
사랑을 이용하지 마라

UNCONDITIONAL PARENTING
Copyright ⓒ 2005 by Alfie Kohn
Korean translation copyright ⓒ 2010 by Uriga

All rights reserved including the right of reproduction in whole or in part in any form.
This edition published by arrangement with Gail Ross Literary Agency, LLC. through Shinwon Agency Co.

이 책의 한국어판 저작권은 신원 에이전시를 통해 저작권자와 독점 계약한 우리가에서 소유합니다.
신저작권법에 의해 한국 내에서 보호를 받는 저작물이므로 무단전재와 무단복제, 전자출판 등을 금합니다.

자녀교육, 사랑을 이용하지 마라

1판 1쇄 발행 2010년 11월 15일
1판 4쇄 발행 2024년 07월 25일

지은이 알피 콘
옮긴이 김설아

펴낸이 이광복
교정·편집 이송이

펴낸곳 우리가
등록 2008년 12월 30일 제311-2008-000047호
주소 (11493) 경기도 양주시 고읍북로 78, 704동 805호
전화 031-821-3270
팩스 02-6008-3279
이메일 uriga123@hanmail.net
ISBN 978-89-964663-0-7 03370

※ 잘못 만들어진 책은 바꾸어 드립니다.
※ 값은 뒤표지에 있습니다.

자녀 교육,
사랑을 이용하지 마라

부모가 알아야 할 조건 없는 양육법

알피 콘 지음 김설아 옮김

우리가
URIGA

들어가는 말

작은 인간애가
이 세상의 모든 규칙보다
더 소중하다.

– 장 피아제 Jean Piaget

아이를 갖기 전부터 나는 부모가 되는 일은 말할 수 없는 기쁨인 동시에 그에 따르는 어려움도 있으리라 생각했다. 하지만, 나는 정말 몰랐다. 부모가 된다는 것이 얼마나 지치고 혼란스러운 일인지를 몰랐다. 나는 한계를 느낄 때마다 어떻게든 해결책을 찾아야만 했다.

원하는 모양으로 파스타를 만들어 주지 않았다는 이유로 아이가 우는 바람에 이웃집에서 아동센터로 신고하려 했던 상황을 나는 생각조차 못 했다.

나는 엄마들이 자연분만 수업에서 배우는 심호흡법이 실제로는 아이가 나오고 한참 뒤에야 제대로 된다는 사실을 이해하지 못했다.

다른 아이들도 우리 아이와 똑같은 문제로 떼를 쓰고 같은 방식으로 행동한다는 사실을 알고 나면, 내가 얼마나 안심이 될지 그때는 알지 못했다.

다른 부모도 아이가 미워질 때가 있고, 이렇게까지 할 필요가 있을까 하고 의심하며, 심지어는 입에 담을 수 없는 많은 생각들을 한다는 사실을 알았을 때, 나는 더욱 해방감을 느꼈다.

아이를 키우는 일은 나약한 사람이 감당하기엔 너무나도 힘든 일이다. 내 아내는 아이를 키우는 일은 혼란과 돌발 상황을 처리하는 능력을 시험하는 일이라고 말한다. 당신은 이 시험에 대비해 공부할 수도 없고, 결과가 항상 희망적인 것도 아니다. 양육은 과학이나 의학과는 다르다. 모든 일이 항상 어렵지만은 않다는 점을 강조하고 싶을 때, 우리는 이런 말을 덧붙여야 한다.

"물론 양육 문제는 얘기가 또 다르지……."

양육이 이토록 어렵다 보니, 우리는 말을 듣지 않는 아이를 말 잘 듣는 아이로 만들기 위해 온 힘을 쏟으려 하는지도 모른다. 주의하지 않으면, 이런 양육이 우리의 일차 목적이 될 수 있다. 우리는 온순한 아이에게 상을 주고 잠시 말을 잘 듣는 척하는 아이를 누구보다 좋아하는 주변 사람들과 하나가 되는 것이다.

몇 년 전, 지역 순회강연을 돌 때의 일이다. 우리 비행기는 막 착륙하여 게이트 쪽으로 이동하고 있었다. 자리에서 일어나 여행용 가방을 꺼내도 좋다는 '딩!' 신호가 떨어지자마자 내 옆에 앉아 있던 승객이 벌떡 일어나 앞자리에 앉아 있는 어린 소년의 부모를 칭찬하기 시작했다.

"아이가 비행기 안에서 참 착하게 있네요!"

그 승객은 감탄하며 큰소리로 말했다.

잠시 이 말의 핵심을 생각해보자. '착한'이라는 단어는 종종 도덕적이라는 의미를 담은 형용사로 쓰인다. 이 단어는 '윤리적인'이나 '존경할 만한', 또는 '인정 많은'이라는 말로 바꾸어 쓸 수 있다. 하지만, 아이에게 사용할 때는 단지 '조용한', 또는 '나를 짜증 나지 않게 하는' 이상의 뜻은 담고 있지 않은 듯하다. 비행기에서 이들의 대화를 들으면서 나는 나만의 작은 '딩' 소리를 들었다. 이것이 바로 우리 사회의 많은 사람들이 아이에게 가장 바라는 점이라는 사실을 깨달았다. 즉, 우리는 배려하고, 창의적이며, 호기심 많은 아이를 바라는 게 아니라 단지 올바르게 행동하는 아이를 바란다는 의미다. 유년기부터 청소년기에 이르기까지 '착한' 아이란 우리를 너무 힘들지 않게 하는 아이를 일컫는다.

몇 세대를 거치는 동안 이런 아이를 만들려는 방법에 많은 변화가 있었다. 예전에는 아이에게 심한 체벌을 가하기 일쑤였지만, 지금은 타임아웃(time-out, 아이가 잘못했을 때 아이의 활동을 잠시 중단하게 하고, 다른 자극이나 영향이 미치지 않는 장소로 격리해 조용히 자신의 행동을 돌아보게 하는 훈육법 - 옮긴이)을 실시하기도 하고, 아이가 말을 잘 들으면 상을 주기도 한다. 하지만, 새로운 수단을 새로운 목적으로 혼동하지 말아야 한다. 현대적인 방법으로 변하긴 했지만, 그 목적은 여전히 아이를 통제하는 데 있다. 이는 우리가 아이에게 관심을 두지 않기 때문이 아니다. 오히려 우리가 셀 수 없이 많은 일상적인 양육 업무에 시달리고 있다는 것을 의미한다. 아이를 재우거나 깨우고 목욕시키고 차에 태우거나 내리게 하는 일 등, 끊임없이 반복되는 일상 속에서 우리는 한 걸음 물러나 지금 하는 행동에 대해 생각해볼 여유가 없는 것이다.

내 아이를 그저 말 잘 듣는 아이로 키우려 한다는 말의 가장 큰 문제점은, 이것이 아이에 대한 우리의 목표와 충돌한다는 점이다. 오늘 오후 슈퍼마켓에서, 당신 아들에 대한 최대 걱정거리가 아침 시리얼 모양으로 위장한 사탕을, 당신이 사주지 않을 것이라는 사실을 아이가 받아들이고 떼를 그만 썼으면 하는 것일지도 모른다. 하지만, 이 문제에 대해 좀 더 깊이 생각해보자. 부모를 위한 워크숍에서 나는 가끔 다음과 같은 질문으로 시작한다.

"아이를 위한 여러분의 장기적인 목표는 무엇입니까? 아이가 어떤 사람이 되길 바라십니까? 어떤 단어나 문구가 떠오르십니까?"

잠깐 이 질문에 대해 어떻게 답할 것인지 생각해보자. 많은 부모가 아이를 위해 가장 중요하게 생각하는 장기적인 목표를 들어 보라면 거의 똑같은 대답을 한다. 즉, 부모들은 아이가 행복하고 조화를 이루며, 독립적일 뿐만 아니라 꿈을 이루고 유복하며, 자주적이고 책임감 있으며, 자신의 역할을 다하고 친절하며, 사려 깊고 사랑스러우며, 탐구적이고 자신감 넘치기를 바란다고 한다.

이런 말들에서 흥미로운 점은 바로 우리가 하는 행동이 우리가 원하는 바와 일치하지 않는다는 점이다. 과연 우리의 일상적인 행동은 우리가 바라는 사람으로 아이가 자라는 데 도움이 될까? 슈퍼마켓에서 내가 아이에게 한 말이 아이가 행복하고, 독립적이며 균형 잡힌 삶을 사는 데 조금이라도 도움이 될까? 아니면 이런 상황을 처리하는 방식이 내가 원하는 목표와 점점 멀어지게 하는 것은 아닐까? 만약 그렇다면, 이제 어떻게 해야 할까?

지금부터 몇 년 후 아이 모습이 어떻게 변해 있을지 걱정된다면, 지금 당장 당신에게 정말 중요한 일이 무엇인지 생각해보자. 당신이 아이의 생일파티, 혹은 아이의 학교 복도에 서 있다고 상상해보자. 저쪽 구석에는 당신이 그곳에 있는지도 모르는 다른 두 부모가 서 있다. 당신은 그들이 당신 아이에 대해 이야기하는 소리를 듣는다. 그들이 하는 말 중 당신이 들으면 가장 기뻐할 말은 무엇인가?[1] 특히 기분 좋을 단어나 문장은 무엇인가? 내 생각에는 분명히 다음과 같은 말은 아닐 것이다.

"저 애는 시키는 일은 뭐든 다 해. 그래도 불평하는 소리를 한 번도 들어본 적이 없어."

따라서 중요한 건 우리가 아이를 그렇게 키우고 있지는 않은지 돌아봐야 한다는 점이다.

약 25년 전, 사회심리학자 엘리자베스 캐건Elizabeth Cagan은 당시 넘쳐나던 양육서들을 검토하고 나서 이 책들은 '아이의 욕구, 감정, 발달에 대한 진지한 고찰'은 거의 없고 대부분 '부모가 가진 특권을 포괄적으로 용인하는 내용'을 다루고 있다고 말했다. 이런 책에 나타나는 지배적 개념은 부모의 요구는 언제나 정당하며, 우리가 토론해야 할 유일한 문제는 아이가 부모의 말이라면 무엇이든 잘 듣게 하는 방법이라고 캐건은 덧붙였다.[2]

안타깝게도 그때 이후로도 그다지 많은 내용이 변하지 않았다. 미국에는 해마다 100여 종의 양육서가 출간되고 있으며[3] 육아잡지에는 수

많은 기사가 실린다. 하지만, 대부분 아이가 우리의 기대에 따르게 하는 법, 아이가 얌전하게 행동하게 하는 법, 아이를 마치 애완동물처럼 훈련하게 하는 법 등에 관한 조언으로 가득하다. 또한, 이런 지침서는 아이의 저항에 맞서 부모의 힘을 강하게 보여줄 필요성에 대해 언급하며 부모를 격려하고, 그런 행동에 대한 우리의 불안감도 덜어준다. 이런 관점은 최근에 나온 책 제목에도 잘 나타나 있다. 예를 들어,《훈육을 두려워하지 마라》,《부모의 책임》,《통제하는 부모》,《주도권 잡기》,《다시 통제하라》,《유치원생 자녀 교육하기-죄책감 가지지 않기》,《엄마라는 이유로》,《규칙 정하기》,《죄의식 없는 육아》,《엄마의 카리스마》 등이 이에 해당된다.

이런 책 중 일부는 구시대의 가치와 방법을 반영한다.

"아버지께서 집에 오시면 엉덩이에 불이 날 정도로 혼날 줄 알아."

나머지 책은 최근 유행하는 방법을 적절히 지지한다.

"변기에다 쉬했구나! 잘했어! 이제 칭찬 스티커 붙여줄게!"

두 경우 모두 우리가 아이에게 요구하는 것이 합리적인지, 혹은 아이에게 정말 득이 되는 일인지에 대해서는 확신을 주지 못한다.

그리고 그 방법에 효과가 있다는 점을 나타내기 위해 우스울 정도로 비현실적인 부모와 아이의 대화를 소개한다. 하지만, 이런 책 모두 큰 도움이 되지 못하는 것이 현실이다. 효과가 없는 것으로 드러난 방법을 소개하는 책을 읽는 일은 실망스러운 동시에, '효과적이라는 말이 어떤 의미인가?'라는 질문조차 하지 않는 책이라면 위험하기까지 하다. 우리 목표를 주의 깊게 살피지 않으면, 우리는 오직 시키는 대로만 하는 아이로 키우려는 습관에 젖게 된다. 이 말은 아이가 원하는 것이 아닌 우리에게 가장 편리한 것에 초점을 맞춘다는 말이다.

양육 지침서의 또 다른 문제점은 대부분 지은이의 생각만을 기초로 조언하고, 자신의 관점을 뒷받침하는 일화를 거기에 끼워 맞춘다는 데 있다. 그리고 그 의견에 대한 연구나 조사에 관한 언급 또한 거의 찾아볼 수 없다. 서점의 육아 코너를 돌며 책을 하나씩 훑어보더라도 다양한 양육법에 대한 과학적 조사가 이루어지지 않고 있음을 알 수 있다.

게다가 어떤 독자들은 이러이러한 것이 사실이며 이렇게 이해할 수 있음을 '연구를 통해 알 수 있다'라고 주장하는 책에 대해서도 의문을 갖는다. 한 가지 예로 '연구를 통해 알 수 있다'라는 말을 가볍게 논하는 사람은, 이 연구가 어떻게 시행됐으며, 결과가 얼마나 의미 있는지에 대해서는 말할 것도 없고, 어떤 연구인지도 밝히지 않는다. 그리고 만약 어느 연구자가 아이와 함께 A를 하는 것이 B를 하는 것보다 더 효과적이라는 사실을 입증했다고 주장한다면, 우리는 즉시 이렇게 물어야 한다.

"효과적이라는 뜻은 정확히 무엇인가요? 아이가 A로 인해 심리적으로 한결 더 나아질 거라는 말씀인가요? 아이가 자신의 행동이 타인에게 미치는 영향에 대해 좀 더 관심을 가질까요? 아니면 A는 단지 무의식적으로 더욱 순종하게 하는 것인가요?"

부모와 마찬가지로 몇몇 전문가도 이 마지막 질문에만 관심이 있는 듯하다. 이들은 성공적인 방법이란 아이가 지시를 따르게 하는 것이라고 정의한다. 바꿔 말해, 그들은 아이가 주어진 지시를 따르라는 말을 어떻게 느끼는지, 또는 자신에게 지시한 사람에 대해 어떻게 생각하는지는 신경 쓰지 않고 아이가 어떻게 행동하는가에만 중점을 둔다. 이런 방법은 양육의 가치를 측정하는 데 매우 의심스러운 방법이다. '효과가 있는' 것처럼 보이는 교육방법조차도 더 의미 있는 기준으로 보면, 성공적이지 못한 경우가 대부분이다. 아이가 시키는 일을 하는 것은 잠깐이며, 이런 행동은 금세 사라지기 때문이다.[5]

이렇듯 아이가 말을 잘 듣도록 하는 방법인지 아닌지, 오직 이 점만 평가함으로써 부모는 많은 것을 놓치게 된다. 하지만, 문제는 여기서 그치지 않는다. 문제는 순종 자체가 항상 바람직한 것이 아니라는 데 있다. 지나치게 말을 잘 듣는 아이가 있다. 예를 들어, 한 연구에서 워싱턴 D.C.의 영아를 대상으로 5세가 될 때까지 관찰을 했다. 그 결과 '잦은 순종은 때로 부적응과 관련 있다'는 사실을 발견했다. 바꿔 말하면, '부모의 권위에 어느 정도 저항하는 것'이 '긍정적인 신호'라는 말이다. 이상아동심리학저널Journal of Abnormal Child Psychology을 집필한 심리학자들은 '강박적 순종compulsive compliance'이라는 불안 현상에 대해 다음과 같이 설명했다.

"이 현상을 겪는 아이는 부모에 대한 두려움 때문에 부모가 하는 말은 무엇이든 생각지도 않고 즉시 실행한다."

치료사들 역시 어른을 기쁘게 하고 어른에게 순종하려는 아이의 욕구가 가져올 감정적 결과에 대해 다음과 같이 언급했다.

"놀라울 정도로 얌전하게 행동하는 아이는 부모가 원하는 것을 하고 부모가 원하는 사람이 되고자 하지만, 그 대가로 자아를 잃어버린다."[6]

훈육이 항상 아이의 자제력에 도움이 되지는 않는다. 아이가 우리의 바람과 가치를 내면화해 우리가 곁에 없을 때에도 우리가 원하는 바를 하도록 하는 것이 꼭 좋은 일만은 아니다. 이 말은 리모컨으로 아이의 행동을 좌지우지한다는 말이고, 이 말은 순종의 더욱 강력한 변형일 뿐이다. 결과를 놓고 보면, 어떤 일을 옳다는 믿음으로 하는 아이와 강박감으로 하는 아이 사이에는 큰 차이가 있다. 아이가 부모의 가치를 내면화하도록 하는 것은 아이가 자신의 가치를 확립하는 데 도움이 되지 않는다.[7] 또한 이런 방법은 독립적으로 사고하는 아이로 키우려는 목표와도 배치된다.

확신하건대, 우리 대부분은 아이가 또래와 함께 있을 때 스스로 생각하고, 자기주장도 강하며, 도덕적이고, 용기 있는 사람이 되기를 바란다. 또한 약자를 괴롭히는 친구에게 당당히 맞서고, 또래의 집단 압력도 이겨내기를 바란다. 특히 아이가 '다른 의견의 희생자'가 되지 않도록 하는 일이 중요하다면, '어른의 의견을 비롯한 모든 의견에 스스로 생각하도록' 아이를 가르쳐야 한다.[8] 바꿔 말하면, 우리가 집에서 순종하는 아이에게 칭찬으로 일관한다면 결국, 아이는 집 밖에서도 타인이 하는 말에 무조건 따르는 아이로 성장하게 된다. 작가 바바라 코로로소Barbara Coloroso는 십 대 자녀가 있는 부모가 이렇게 불평하는 소리를 자주 들었다고 한다.

"우리 애는 예전에는 참 착한 아이였지. 얌전하고, 말도 잘 듣고, 옷도 단정하게 입고. 하지만, 지금은 좀 봐봐!"

이에 바바라는 이렇게 대답했다.

아이가 어렸을 때는 당신이 말하는 대로 옷을 입고, 당신이 시키는 대로 행동했으며, 당신이 하라는 대로 말했다. 아이는 누군가 자신에게 지시하는 말만 듣고 자랐다. 아이가 변한 것이 아니다. 아이는 여전히 누군가의 말을 따르고 있을 뿐이다. 지시하는 누군가가 이제는 당신이 아닌 아이의 친구로 바뀌었을 뿐이다.[9]

우리가 아이를 위한 장기적인 목표에 대해 고민할수록 문제는 더욱 복잡해진다. 반대 의견이 없는 완벽한 목표는 없을 것이다. 따라서 너무 중요한 나머지 다른 모든 것을 희생해서라도 반드시 이루어야 하는 절대적인 목표는 없다.(예를 들어 행복이라는 주제에 대해서는 369쪽 '주석1' 참조) 어쩌면 아이가 서로 반대되는 목표 사이에서 균형을 잡고, 자주적이면서도 남을 배려하고, 자신감이 넘치면서도 자신의 한계를 기꺼이 인정하도록 키우는 것이 더 현명한 방법일지도 모른다. 이처럼 어떤 부모는 아이가 자신의 목표를 세우고 이룰 수 있도록 돕는 것이 가장 중요하다고 말한다. 이 말이 옳다면, 우리는 아이가 우리와 다른 선택을 하고 자신만의 가치 기준을 확립할 것이라는 사실을 받아들일 마음의 준비를 해두어야 한다.

장기적인 목표에 대한 생각이 우리를 여러 방향으로 이끌 수도 있지만 내가 강조하고 싶은 점은 그 목표에 대한 깊은 이해다. 아이를 순종하게 하는 유혹의 순간이 끊임없이 이어지는 일상의 늪에 빠지지 않기 위한 목표가 기준이 돼야 한다. 두 아이의 부모로서 나도 부모라는 직업이 주는 좌절과 도전에 대해 잘 알고 있다. 내가 최고라 칭했던 방법이 먹히지 않을 때도 있고, 인내가 바닥날 때도 있으며, 아이가 제발 내가 시키는 대로만 하기를 바랄 때도 있다. 아이가 음식점에서 소리 지르며 돌아다닐 때에는 마음속에 큰 그림을 그리기 어렵다. 한창 바쁠 때, 부모답지 않은 충동이 일면 우리가 원하는 인간상을 기억하기도 어렵다. 참으로 어려운 일이지만, 여전히 가치 있는 일이다.

아이를 훌륭한 인격체로 자라도록 하는 것이 의미 있는 목표인데도 어떤 사람은 이 목표를 현실과 동떨어진 '이상적인' 것으로 치부하고 자신의 행위를 합리화한다. 하지만, 이상이 없다면 우리는 가치 있는 존재가 될 수 없다. 이상이 반드시 '실현 불가능한' 것을 의미하지는 않는다. 실제로 현재의 순종보다는 장기적인 목표에 초점을 두고, 우리가 요구하는 것보다는 아이가 요구하는 것을 더 생각하고, 아이의 행동만을 주시하기보다는 아이 전체를 바라보는 데에는 도덕적인 이유뿐만이 아닌 현실적인 이유가 있다.

우리는 무언가를 아이에게 하는 현재의 일방적인 양육법에서 무언가를 아이와 함께하는 양육법으로 전환해야 한다. 이 책에서 나는 그런 전환이 왜 의미 있는지를 이야기할 것이다. 아이 어른 할 것 없이 이미 많은 사람들이 '일방적인' 양육법에 익숙한 것이 사실이다. 하지만, 자신의 뜻대로 하기 위해 사용하는 보상과 처벌이 반대 의견에 부딪혔을 때, 다음과 같은 말은 무의미하다.

"세상이 원래 다 그런 거잖아."

중요한 문제는 '우리 아이가 어떤 사람이 되기를 바라는가?' 하는 점이다. 여기에는 아이가 어떤 일을 그대로 받아들이는 사람이 되기를 원하는지, 혹은 그것을 더욱 발전시키려고 노력하는 사람이 되기를 원하는지가 포함된다.

이 책은 말 그대로 파괴적인 책이다. 양육에 대해 우리가 들었던 기존의 조언을 파괴하고, 아이가 우리 지시를 그대로 따르게 하는 근시안적인 방법에 문제를 제기한다. 어떤 독자는 우리가 해온 많은 일, 심지어 우리가 어렸을 때 경험한 많은 일에도 의문을 가질 것이다.

이 책의 주제는 단순한 자녀교육이 아니다. 폭넓게 말하면, 이 책은 우리가 아이를 생각하고 느끼는 방법과 아이와 함께 행동하는 방식에 관한 책이다. 이 책을 쓴 목적은 당신의 훌륭한 육아 본능을 다시금 일깨우고, 아이가 숙제를 마치고 나서, 형제의 말다툼이 잠잠해지고 나서, 아이가 잠자리에 들고 나서, 우리에게 정말 중요한 게 무엇인지를 다시 생각하도록 돕는 데 있다. 이 책은 부모와 자식 관계에 대한 당신의 생각을 다시 돌아보게 할 것이다.

또한, 이 책은 아이를 얌전하게 만들거나 성공만을 강요하는 양육법을 대체할 실질적인 대안을 제시한다. 나는 이 대안이 우리 아이들이 훌륭하게 성장하는 데 도움이 될 것이라고 믿는다.

차례

들어가는 말 4

제1장 조건적 양육 23

아이를 키우는 두 가지 방법 27
조건적 양육의 효과 38

제2장 사랑, 주기와 멈추기 45

사랑의 타임아웃 47
애정철회, 더욱 가혹한 처벌 51
실패한 보상 57
칭찬의 문제점 61
자존감에 대한 논란 72

제3장 과도한 통제 79

어떤 아이가 말을 잘 들을까? 88
정반대의 현상 91
통제의 대가 96
떨어지는 칼로리 조절 능력
떨어지는 도덕성
떨어지는 흥미
떨어지는 학습 능력

제4장 처벌의 대가 105

처벌은 왜 실패하는가? 112
처벌은 사람을 화나게 한다
처벌은 권력 사용을 미화한다
처벌의 유효성은 결국 사라진다
처벌은 아이와의 관계를 악화시킨다
처벌은 아이가 중요한 문제를 잊게 한다
처벌은 자기중심적인 아이로 만든다

제5장 성공 강요하기 123

공부를 잘해야 한다 130

운동을 잘해야 한다 139

해야 한다는 '압박감' 143

제6장 무엇이 우리를 방해하는가? 151

우리가 보고 듣는 것 154

우리가 믿는 것 159

아이에 대한 생각 • 아이를 대하는 태도 • 경쟁에 대한 집착
아이의 능력 • 순응 • 인과응보 • 종교적 신념 • 이분법적 사고

우리가 경험한 것 170

우리가 두려워하는 것 174

부모로서 부적합하다는 두려움 • 나약하다는 두려움
평가받는다는 두려움 • 아이의 안전에 대한 두려움
응석받이로 키운다는 두려움 • 자유방임에 대한 두려움

제7장 조건 없는 양육의 13가지 원칙 187

01. 반성하라 192
02. 자신의 요구를 재고하라 193
03. 장기적인 목표에 집중하라 194
04. 관계를 우선시하라 196
05. 행동이 아닌 시각을 바꾸어라 197
06. 존중하라 197
07. 진실하라 199
08. 적게 말하고 많이 질문하라 201
09. 아이의 나이를 잊지 마라 204
10. 아이에게는 나름 분명한 동기가 있다고 생각하라 205
11. 불필요한 반대를 고집하지 마라 209
12. 융통성 없는 사람이 되지 마라 214
13. 서두르지 마라 216

제8장 조건 없는 사랑 221

조건 없는 사랑에 다가가기 224
최소화해야 할 것 228

비난의 횟수를 줄여라
비난의 범위를 좁혀라
비난의 강도를 줄여라
비난의 대안을 찾아라

최대화해야 할 것 233
위협 대신 할 수 있는 일 237
뇌물 대신 할 수 있는 일 243
아이의 성공과 실패 253
교사와 부모의 협력 257

9장 아이를 위한 선택 263

선택의 장점 265
첫 의사 표현과 마지막 결정권 269
함께 결정하기 272
허위선택 280
한계의 한계 284
아이가 해야 할 일을 하기 싫어할 때 287

1. 개입을 최소화하라
2. 아이에게 정직하라
3. 이유를 설명하라
4. 놀이로 승화시켜라
5. 본보기가 되어라
6. 가능한 한 많은 선택권을 주어라

시도해보기 294

제10장 아이 관점에서 생각하기 303

도덕적인 아이 306

1. 아이에게 관심을 기울여라
2. 도덕적 삶의 모습을 보여라
3. 아이가 실천할 수 있도록 하라
4. 아이와 의논하라

관점 바꾸기 318

아이의 눈으로 바라보기 325

부록

양육방식: 문화, 계층, 인종과의 관련성 338

감사의 말 352

주석 354

참고자료 373

색인 386

제1장
조건적 양육

아이를 키우는 두 가지 방법
조건적 양육의 효과

나는 가끔 부모로서 내가 저지른, 앞으로도 계속 저지를 모든 실수에도 불구하고, 내 아이를 정말 사랑하기 때문에 결국은 아이가 잘 자랄 것이라는 생각에 안도감을 느낀다. 결국 사랑은 모든 상처를 치유한다. 당신에게 필요한 것은 사랑이 전부다. 이 말은 당신이 아이를 사랑한다면, 오늘 아침 식탁에서 아이에게 화낸 일을 굳이 사과하지 않아도 된다는 의미를 담고 있다. 이런 주장은 당신이 아이에게 더 많이, 혹은 더 적게도 줄 수 있는 단 한 가지 자산, 즉 '자식 사랑'이 존재한다는 생각에서 비롯한 말이다. 하지만, 이 가정이 너무 단순한 것이라면 어떨까? 실제로 아이를 사랑하는 방법에는 여러 가지가 있으며, 그리고 그 모든 방법이 다 바람직한 것도 아니라면? 정신분석학자인 앨리스 밀러Alice Miller는 이런 말을 했다.

"아이를 열정적으로 사랑하지만 아이에게 필요한 방식이 아닐 수 있다."

만약 밀러의 말이 옳다면, 우리가 단순히 아이를 사랑하느냐, 혹은 얼마나 사랑하느냐가 중요한 것이 아니라 아이를 '어떻게' 사랑하느냐가 중요하다.

이런 사실을 이해한다면 자식을 사랑하는 방법 중에 어떤 방법이 가장 바람직한지 바로 떠오를 것이다. 여기서는 이런 차이, 즉 '아이가 한 일로 아이를 사랑하는 것'과 '아이 자체를 사랑하는 것'의 차이를 알아본다. 전자의 사랑은 조건적 사랑이다. 아이가 사랑받으려면 부모가 적절하다고 생각하는 방식으로 행동하거나 부모의 기대 이상으로 행동해야 한다. 이와는 다른 후자의 사랑은 조건 없는 사랑이다. 이 사랑은 아이가 하는 행동에 따라 변하지 않는 사랑이다.

나는 가치판단과 예측을 근거로 조건 없는 양육을 강조하고자 한다. 가치판단을 기준으로 보면 아이가 부모의 인정을 받을 필요가 없다. 내 친구 데보라의 말을 들어보자.

"우리는 '아무 이유 없이' 아이를 사랑해야 한다. 아울러 더 중요한 점은 우리가 아이를 조건 없이 사랑한다고 믿는 것이 아니라, 아이 자신이 조건 없이 사랑받고 있다고 느끼는 것이다."

한편, 예측을 근거로 한 이유는 조건 없이 아이를 사랑하면 긍정적인 결과를 가져오기 때문이다. 이런 사랑은 윤리적으로도 옳은 일일 뿐만 아니라 현명한 일이기도 하다. 아이는 아이로서 사랑받아야 하며, 그 모습 그대로 사랑받아야 한다. 부모에게 조건 없는 사랑을 받은 아이는 큰 실수를 하거나 부족한 모습을 보이더라도 자신을 긍정적으로 받아들인다. 또한, 이런 기본적인 욕구가 충족된 아이는 더 자유롭게 타인을 인정하고 돕는다. 간단히 말해, 아이가 제대로 성장하는 데 반드시 필요한 사랑이 바로 이 조건 없는 사랑이다.

이런 사실에도 불구하고 부모인 우리는 종종 조건을 두고 아이를 인정하려고 한다. 우리가 믿고 자란 방식이 그러하기 때문이다. 어쩌면 우리는 조건의 세계에 살고 있는지도 모른다. 그리고 이런 감정은 우리 의식 속에 깊이 뿌리박혀 있다. 사실, 조건 없는 사랑은 현실에서 찾아보기 어려운 이상적인 목표인 듯하다. '조건 없는unconditional'이라는 단어가 어떻게 쓰이는지 인터넷 검색을 해보면 종교나 애완동물에 관한 내용이 대부분이다.

아무런 연결고리 없이 사랑하는 것은 분명 어려운 일이다. 그렇다면 아이에게 있어 그 연결고리란 무엇인가? 당신이 올바르다고 여기는 아이의 행동이나 성적이 아닌가?

우리는 이 책 1~4장에서 행동 문제, 그중에서도 특히 부모가 원하는 방식으로 행동했을 때만 아이가 인정받는다는 느낌을 갖게 하는 보편적 양육방식에 대해 알아본다. 5장에서는 학교 성적이나 경기 결과 등 아이의 성과에 따라 부모의 사랑이 달라진다고 생각하는 아이는 왜 그런 결론을 내리는지를 알아본다.

책 후반부에서는 지금까지의 방식을 벗어나 우리 아이에게 필요한 사랑을 주는 방법을 구체적으로 제시한다. 하지만, 먼저 조건적 양육의 개념에 대해 폭넓게 알아보고자 한다. 즉, 조건적 양육에 담긴 의미, 그리고 조건 없는 양육과의 차이점과 조건적 양육이 실질적으로 아이에게 미치는 영향을 살펴본다.

아이를 키우는 두 가지 방법

내 딸 아비가일은 네 번째 생일을 맞고 나서 몇 달 동안이나 고민에 빠졌다. 그건 아마도 새로 생긴 라이벌 때문인 듯했다. 아이는 내게 반항하며 심술궂게 행동하고, 소리 지르며 발도 굴렀다. 일상적인 행위가 바로 신경전으로 확대되었다. 어느 날 저녁, 아이는 저녁을 먹고 바로 목욕을 하겠다고 약속했다. 하지만, 약속을 지키지 않아 내가 약속을 말하자 잠자던 어린 남동생이 깰 정도로 크게 소리를 질렀다. 조용히 하라고 타이르자 아이는 다시 고함을 질렀다.

여기서 한번 생각해보자. 일단 사태를 진정시키고 아내와 내가 저녁마다 늘 하던 대로 딸아이를 끌어안고 함께 책을 읽어야 하는가? 조건적 양육방식에 따르면 대답은 '아니오'다. 우리가 평상시대로 즐거운 행동을 한다면 인정할 수 없는 아이의 행동에 상을 주는 꼴이 된다. 그러므로 즐거운 행동을 뒤로 미루고 아이에게 부드럽지만 단호하게 이런 '결과'

를 가져온 원인을 알려줘야 한다.

 이런 과정은 우리 대부분도 친숙하게 느끼고 수많은 양육서 내용과도 일치한다. 그리고 나는 아이비가일의 도전에 매우 화가 났기 때문에 아이를 꾸짖었다면 어느 정도 만족감을 얻었을 것이라는 점을 인정한다. 나는 부모로서 단호한 태도로 아이에게 그처럼 행동해서는 안 된다는 사실을 일깨워야 한다고 느꼈을 것이다. 그러면 나는 다시 주도권을 잡았을 것이다.

 하지만, 조건 없는 양육방식에 따르면 이런 유혹을 뿌리쳐야 한다. 사실 우리는 평소대로 아이를 끌어안고 책을 읽어줘야 한다. 그렇다고 아이가 저지른 행동을 그냥 무시하라는 말은 아니다. '조건 없는 양육'은 아이가 원하는 일은 무엇이든 하도록 내버려 두라는 공상적인 말이 아니다.

 한바탕 폭풍이 지나고 나면 아이에게 깨달음을 주고 함께 반성하는 일이 매우 중요하다. 우리도 아비가일에게 책을 읽어준 후 아이의 그릇된 행동을 설명하고 함께 반성했다. 아이가 약속을 어기고 소리를 질러도 우리의 사랑이 달라지지 않음을 알았다면, 아이는 우리의 어떠한 가르침도 잘 알아들었을 것이다.

 조건적 양육법과 조건 없는 양육법은 아이, 아니 인간 본성에 대한 확고한 믿음에 근거를 둔다. 먼저, 조건적 양육법은 스키너 B. F. Skinner를 중심으로 하는 행동주의학파와 밀접한 관련이 있다. 행동주의의 가장 눈에 띄는 점은 그 명칭에도 나타나듯이 오직 행동에만 초점을 맞춘다. 이 학파의 관점에서 보면, 인간에게 중요한 것은 우리가 볼 수 있고 측정할 수 있는 것이어야 한다. 욕구나 두려움은 눈에 보이지 않기 때문에 우리는 차라리 사람의 행동에 집중하는 편이 낫다고 보는 것이다.

또한 모든 행동의 시작과 끝, 번영과 몰락은 행동의 '강화 여부'에 달렸다고 믿는다. 행동주의자들은 우리가 하는 모든 일을 보상의 관점에서 설명할 수 있다고 생각하며, 어떤 보상은 의도적으로 주어지고, 어떤 보상은 자연적으로 발생한다고 말한다. 만약 아이가 부모에게 상냥하게 굴거나 친구와 간식을 나누어 먹는다면, 이는 순전히 과거에 이런 행동으로 기분 좋은 보상을 받았기 때문이라고 말한다.

간단히 말해, 어떤 일로 이전에 보상을 받거나 벌을 받은 외부 경험이 우리 행동 방식의 원인이 되고, 이런 행동 방식은 현재의 우리 모습을 대변한다는 것이다. 주위를 보면 스키너의 책을 한 권도 읽어보지 못한 사람조차도 그의 주장을 받아들이고 있는 듯하다. 부모와 교사가 아이의 '행동'에 대해 이야기하는 것을 들어보면, 그들은 마치 겉으로 드러나는 것 외에는 어떤 것도 중요하지 않다는 듯이 말한다. 아이가 어떤 사람이며, 무엇을 생각하고, 무엇을 느끼고, 무엇이 필요한지는 문제가 되지 않는다. 동기와 가치는 잊어버린다. 생각은 오로지 아이의 행동 변화에 있다. 이는 자연스럽게 아이를 특정 방식으로 행동하게 하거나 행동하지 못하게 하는 교육법을 낳는다.

일상에서 보는 행동주의와 관련한 더 자세한 예를 살펴보자. 아마 당신은 심술궂은 행동을 한 아이에게 사과하라고 강요하는 부모를 가끔 봤을 것이다.

"미안하다고 해야지?"

여기서 어떤 일이 일어나고 있는 걸까? 아이의 잘못이 아니라는 모든 증거에도 불구하고 부모는 아이가 미안하다고 말하면 마법처럼 아이에게 미안한 감정이 들 것이라고 생각하는 걸까? 심지어 정직함은 상관없이, 때와 장소에 따라 적절한 말을 하는 것이 중요하기 때문에 부모는 아이가 정말로 미안한지는 신경도 쓰지 않는 걸까? 강요된 사과는 아이가 의도하지 않은 말, 즉 거짓말을 하도록 가르치는 것에 지나지 않는다.

이는 단순히 다시 생각해야 할 독특한 하나의 양육방식을 말하는 것이 아니다. 이런 습관은 행동에만 관심을 두는 스키너 이론이 아이에 대한 이해의 폭을 얼마나 제한하며, 아이를 다루는 방식을 얼마나 왜곡하는지에 대한 수많은 예 중의 하나일 뿐이다. 어린아이 스스로 잠자리에 들게 하고, 변기를 사용하도록 하는 프로그램에서도 이런 모습을 찾아볼 수 있다. 이 프로그램의 관점에서 보면 아이가 어두움, 공포, 지루함, 외로움, 배고픔 등으로 울음을 터뜨릴 때, 그 이유는 그리 중요하지 않다. 마찬가지로 아이가 화장실에서 소변을 보고 싶어 하지 않는 이유도 중요하지 않다. 그리고 아이가 혼자 자게 하는 단계별 방법을 알려주거나, 아이가 화장실에서 쉬를 하면 별 스티커나 초콜릿을 주고 칭찬하라고 주장하는 전문가들 역시 아이가 행동하는 동기나 기분, 의도는 신경 쓰지 않는다. 그들은 오직 행동에만 촉각을 곤두세운다. 실제로 확인하기 위해 세어본 것은 아니지만, 확신하건대 양육서의 가치는 '행동'이라는 단어가 등장하는 횟수와 반비례한다.

아비가일의 이야기로 돌아가 보자. 조건적 양육 관점에서는 아이에게 책을 읽어주고 아이에 대한 끊임없는 사랑을 표현하면 아이는 더 힘을 얻어 말썽을 부릴 것이라고 말한다. 이는 아이가 우리의 애정을 못된 행동을 해도 된다는 의미로 이해하기 때문에, 동생을 깨우고 목욕을 거부하는 행동을 다시 해도 되는 행동으로 배운다는 의미다.

조건 없는 양육은 이런 상황을 매우 다른 관점에서 본다. 우선 아비가일이 그렇게 행동한 이유를 외부보다는 내부에서 찾아보라고 말한다. 외적 요인만으로는 아비가일의 행동을 모두 설명할 수 없다는 의미다. 내적 요인에서 찾아보면, 아비가일은 아마도 알 수 없는 두려움이나 어떻게 표현해야 할지 모를 좌절감에 빠져 있을지도 모른다.

조건 없는 양육은 행동을 느낌이나 생각, 욕구, 의도를 단지 밖으로 표출하는 수단으로 본다. 간단히 말해, 중요한 것은 행동하는 아이이지 행동 자체가 아니다. 아이는 훈련받아야 하는 애완동물이 아니며, 입력한 값에 정해진 대로 반응하는 컴퓨터도 아니다. 아이는 여러 이유로 이런 방식이 아닌 저런 방식으로 행동하는 것이며 분석하기 어려운 이유도 있다. 그러므로 우리는 그 이유를 무시한 채 결과, 즉 아이의 행동에만 반응해서는 안 된다. 각각의 이유는 완전히 다른 행동을 유발한다. 예컨대 우리가 동생에게 더 많은 관심을 쏟았기 때문에 아비가일이 질투가 나서 반항했다면, 우리는 단순히 아이가 표현하는 두려움을 억누르지 말고 문제를 해결해야 한다.

아이의 행위에 대한 구체적인 이유를 찾고 이해하려는 노력과 함께 꼭 해야 할 한 가지가 더 있다. 아비가일에게 어떤 일이 생기더라도 우리가 아이를 변함없이 사랑한다는 사실을 깨닫게 해줘야 한다. 실제로 오늘 밤 아이가 우리 품에 안겨 우리의 사랑이 흔들리지 않는다는 사실을 확인하는 일이 무엇보다 중요하다. 이러한 과정은 아이가 앞으로 있을 어려움을 극복하는 데도 큰 도움이 된다.

어쨌든 벌을 주는 것은 바람직하지 않다. 이 때문에 아이는 또다시 울음을 터뜨릴 것이다. 그리고 일시적으로 아이의 울음을 그치게 하고 부모가 자신에게서 멀어지는 두려움이 다시 생기지 못하게 하더라도 그 효과는 그리 크지 않을 것이다. 왜냐하면, 첫째, 아이의 생각을 고려하지 않았기 때문이다. 둘째, 아이를 가르치는 행위가 아이의 눈에는 마치 우리가 자신을 사랑하지 않는 것처럼 보이기 때문이다. 아이는 외로움을 느끼고, 어쩌면 자신이 불행하다고 생각할지도 모른다. 더 자세히 말하면, 아이는 부모가 원하는 방식으로 행동할 때만 사랑받을 수 있다고 생각할 것이다. 이후에 언급할 연구 내용을 보면 이것이 상황을 더 악화시킨다는 사실을 알 수 있다.

수년간, 이 문제에 매달리면서 나는 행동주의가 조건적 양육을 완전히 설명할 수 없다는 결론을 내렸다. 여기서 다음과 같은 일이 일어나고 있다고 한번 상상해보자. 한 아이가 화가 난 듯 소리를 지르고 있다. 잠시 후 아이가 잠잠해지자 아빠가 아이에게 팔베개를 해주고 침대에 누워 《개구리와 두꺼비》 이야기를 읽어준다. 조건적 양육을 지지하는 사람이라면 이렇게 말할 것이다.

"안 돼, 안 돼. 당신은 지금 아이의 나쁜 행동을 부추기고 있잖아! 그러면 못되게 굴어도 된다고 가르치는 꼴이 되는 거야!"

이 말은 주어진 상황에서 아이가 무엇을 배우는지, 어떻게 배우는지에 대한 잘못된 생각을 반영한다. 또한 아이, 나아가서 인간을 바라보는 놀라울 정도로 냉혹한 관점을 반영한다. 아이는 기회만 있으면 우리를 이용하려 한다는 가정이 숨은 말이다. "하나를 주면 열을 달라고 한다."라는 말처럼 아이는 모호한 상황 탓에 가장 나쁜 교훈을 배운다.

"그래! 말썽을 피워도 되네!"

아이는 조건 없는 용인을 이기적인 행동, 욕심 많은 행동, 배려 없는 행동에 대한 허락으로 받아들일 것이다. 이렇듯 조건적 양육은 아이의 행동 모두를 받아들이면 나쁜 길로 간다는 매우 냉소적인 믿음에 근거를 둔다. 원래 아이의 모습이 그렇다고 생각하기 때문이다.[1]

반대로 조건 없는 양육법은 아비가일이 부모의 기분을 상하게 할 의도가 없었다는 생각에서 출발한다. 아이는 일부러 심술을 부린 것이 아니다. 자신이 아는 유일한 방법으로 뭔가 문제가 있음을 표현했을 뿐이다. 그 문제란 방금 일어난 문제일 수도 있고 얼마 동안 가슴속에 담고 있던 문제일 수도 있다. 조건 없는 양육법은 아이에 대한 신뢰를 기반으로 아이가 우리의 사랑에서 잘못된 교훈을 받는다거나, 발각될 위험만 없다면 항상 나쁜 행동을 하고자 한다는 가정에 문제를 제기한다.

이런 관점은 아이를 낭만적이거나 비현실적으로 본다는 의미가 아니다. 즉, 아이가 때로 버릇없는 행동을 한다는 사실을 부정하지 않는다. 하지만, 아이는 가르침과 도움이 필요할 뿐이지 길들이고 복종시켜야 하는 작은 괴물은 아니다. 아이는 동정심이 많지만 공격적이고, 이타적이지만 이기적이고, 협동적이지만 경쟁적일 수 있다. 결과는 아이가 어떻게 자라는가에 달렸다. 여기에는 아이가 조건 없는 사랑을 느끼며 자랐는지가 포함된다.

어린아이가 난동을 부리거나 욕조에 들어가기를 거부할 때는 아이의 나이에 맞게 대처해야 한다. 아이는 자신이 느끼는 불안의 원인도 모르고, 느낌을 보다 적절한 방법으로 표현하지도 못하며, 약속을 기억하고 지킬 능력도 없다. 이렇듯 조건적 양육과 조건 없는 양육은 인간 본성에 대한 극명한 시각 차에서 출발한다.

그리고 우리가 밝혀야 할 한 가지가 더 있다. 현실에서 우리는 좋은 것은 노력해서 얻어야 하고, 공짜란 절대 없다고 배웠다. 실제로 많은 사람들이 이런 규칙이 지켜지지 않으면 무척 화를 낸다. 예를 들어, 많은 사람들이 사회복지에 의존해 살아가는 사람들에게 갖는 적대감을 생각해보라. 혹은 얼마나 많은 직장에서 성과급 제도를 시행하는가. 혹은 얼마나 많은 교사가 자신에게 주어지는 방학 기간을 직업에 충실한 대가로 받아들이는가.

궁극적으로 조건적 양육은 사람들이 서로의 관계, 심지어 가족 구성원 간의 상호작용까지도 일종의 상업적 거래로 보고 있음을 의미한다. 수요와 공급이 존재하는 시장 법칙의 관점에서는 우리가 아이와 함께하는 일을 포함해 우리 삶의 모든 일에도 마치 자동차를 사거나 집을 빌릴 때처럼 보편적이고 절대적인 원칙이 있는 것으로 본다.

행동주의자이자 양육서를 쓴 한 작가는 이렇게 말한다.

"아이를 데리고 외출할 때, 아이를 안아주고 입맞춤하고 싶을 때도 먼저 아이가 그런 대우를 받을 만한 일을 했는지를 생각해봐야 한다."[2]

이런 말을 고독한 극단론자의 생각으로 치부해버리기에 앞서, 저명한 심리학자인 다이애나 바움린드Diana Baumrind(169쪽 참조)가 조건 없는 양육에 반대하며 제기했던 비슷한 주장을 먼저 알아보자. 그녀는 이렇게 주장했다.

"주고받는 상호작용의 법칙은 우리 모두에게 적용되는 인생의 법칙이다."[3]

이 문제를 명확히 언급하지 않는 작가와 치료사조차도 사실은 어느 정도 경제 모델을 지지하는 듯하다. 자세히 들여다보면 이들의 조언에는 우리가 원하는 대로 아이가 행동하지 않을 때는 아이가 좋아하는 것을 주지 말아야 하다는 믿음이 깔려 있다. 결국 사람은 어떤 것도 그냥 얻어서는 안 된다. 심지어 행복이나 사랑조차도.

우리는 어떤 일이 '권리가 아닌 특권'이라고 단호하게 말하는 사람을 얼마나 많이 보았는가? 가끔 나는 이런 말을 하는 사람은 어떤 성격과 특징을 가지고 있는지 연구해보고 싶은 생각이 든다. 아이에게 아이스크림을 사주는 일부터 아이를 돌보는 일까지 모든 일을 아이의 행동에 따라 결정해야 하며, 어떤 것도 그냥 줘서는 안 된다고 주장하는 사람을 상상해보라. 이런 사람을 마음속에 그릴 수 있겠는가? 표정은 어떤가? 행복해 보이는가? 아이 키우는 일을 진심으로 즐거워하는가? 이런 사람이 당신의 친구였으면 좋겠는가?

또한, 나는 '권리가 아닌 특권'이라는 말을 들을 때마다, '그런 말을 하는 사람이 생각하는 권리란 무엇일까?'라는 생각도 든다. 인간에게 쉽게 주어지는 자격이 있기는 한가? 경제 법칙을 벗어난 관계란 없는 것인가? 어른은 음식을 먹거나 물건을 사면서 돈을 치르듯 자기 일에 대해서도 보상받기를 원한다. 하지만, 문제는 이와 같은 '상호작용의 법칙'이 친구나 가족에게도 작용하는가 하는 점이다. 사회심리학자들은 우리가 교환관계라 부르는 사람들이 실제로 존재한다는 사실에 주목했다. 즉, 당신이 나에게 무언가를 해줄 경우, 혹은 나에게 무언가를 줄 경우에만 내가 당신을 위해 무언가를 하겠다는 사람들이다. 하지만, 이들은 이 말은 진실이 아니며, 우리 모두 진실이 아니길 바랄 것이라고 덧붙였다. 그리고 우리의 모든 관계에서 어떤 관계는 상호작용보다는 배려에서 비롯한다는 말도 덧붙였다. 실제로 한 연구에서 배우자와의 관계를 교환의 관점에서 보고, 준 만큼 받으려는 사람은 만족스럽지 못한 결혼 생활을 한다는 사실이 밝혀졌다.[4]

아이가 성장하면, 이기주의 법칙과 교환 조건이 철저히 작용하는 사회의 경제주체가 되어 소비자와 근로자의 삶을 살게 된다. 하지만, 조건 없는 양육은 가정이 이런 거래로부터 피난처나 은신처 역할을 해야 한다는 점을 강조한다. 부모의 사랑은 값을 치르지 않아도 된다. 이것은 순수한 선물이다. 모든 아이는 부모의 사랑을 받을 자격이 있다.

이 말이 이해가 된다면 그리고 조건 없는 양육의 기본 전제, 즉 행동이 아닌 아이 전체를 봐야 하고 아이의 성향이 최악일 것이라 생각해서는 안 된다는 말이 진실로 느껴진다면, 이런 전제에 반하는 기존의 모든 양육법에 의문을 던져야 한다.

조건적 양육을 정의하는 방식은 아이에게 일방적으로 지시함으로써 아이가 순종하게 하는 방법이 대부분이다. 반대로 이 책 후반부에서 제시할 조건 없는 양육은 아이가 의젓하고 올바른 결정을 하는 사람으로 성장하도록 돕기 위해 아이와 함께할 수 있는 방법이 주를 이룬다.

따라서 조건적 양육과 조건 없는 양육의 차이점을 다음과 같이 요약할 수 있다.

	조건 없는 양육	조건적 양육
초점	아이 전체 (이유, 생각, 느낌 포함)	행동
인간 본성에 대한 관점	긍정적 또는 중립적	부정적
부모의 사랑에 대한 관점	선물	얻어야 하는 특권
방법	'함께하기' (문제 해결)	'일방적으로 하기' (상과 벌로 통제)

조건적 양육의 효과

우리 양육방식이 우리가 아이에게 갖는 장기적인 목표와 일치하지 않을 수 있듯이, 조건적 양육과 우리의 가장 기본적인 믿음 사이에도 일치하지 않는 점이 있다. 여기서 우리는 아이와 함께하는 일에 대해 다시 생각해봐야 한다. 하지만, 조건적 양육을 반대하는 입장이라면 조건적 양육의 문제점을 아는 데서 그쳐서는 안 된다. 조건적 양육이 아이에게 실제 미치는 영향력을 조사해보면 이런 생각은 더욱 확고해진다.

"부모의 사랑이 아이의 행동에 따라 달라진다면 무슨 일이 일어날까?"

반세기 전, 선구적 심리학자 칼 로저스Carl Rogers는 이 질문에 다음과 같이 답했다.

"그렇게 사랑받은 아이는 평가받지 못한 자신을 부인하게 된다."

결국, 아이는 자신이 특정한 방식으로 행동하거나 생각하고 느낄 때만 자신을 가치 있는 존재로 여기게 된다.[5] 이런 평가는 신경증 혹은 그 이상의 병으로도 발전할 수 있다. 아일랜드 보건아동부Irish Department of Health and Children가 출간한 책(전 세계로 유포되고 채택되었다)을 보면, 10가지 예를 들어 '정서적 학대' 개념을 설명한다. 목록을 살펴보면, '끊임없는 비판이나 빈정거림, 적대감, 비난'에 이어 두 번째 예가 바로 '아이의 행동에 따라 보살핌을 달리하는 조건적 양육'이다.[6]

부모 대부분은 나를 비롯해 많은 작가가 문제 있다고 지적한 양육법으로 아이를 기르면서도 아이를 조건 없이 사랑하고 있으며, 이것은 진실이라고 주장한다. 심지어 어떤 부모는 아이를 사랑하기 때문에 이런 식으로 가르친다고도 말한다. 하지만, 지금까지 했던 말을 다시 한번 생각해보자. 아이에 대한 우리의 느낌보다 아이가 그 느낌을 어떻게 받아들이는지 그리고 우리가 대하는 방식을 어떻게 생각하는지가 중요하다고 말했다. 교육 전문가들은 교실에서 가장 중요한 점은 교사가 가르친 내용이 아니라 학생이 배운 내용이라고 말한다. 가정에서도 마찬가지다. 중요한 점은 아이가 받아들인 메시지이지 우리가 전달했다고 생각하는 메시지가 아니다.

조건적 양육과 조건 없는 양육의 효과를 연구하는 연구자들은 가정에서 실제로 벌어지는 일을 확인하고 평가하는 방법을 찾느라 많은 노력을 했다. 관련성이 있는 상호작용을 항상 직접 관찰하거나 녹화할 수 없었기 때문에, 실험실에서 부모와 아이에게 어떤 일을 하도록 부탁하고 관찰을 했다. 때로는 부모의 일상적인 양육방식에 대해 인터뷰를 하거나 설문지를 돌렸다. 아이가 어느 정도 크다고 생각되면, 그들 부모님이 하는 행동에 대해 질문했고, 아이가 다 컸을 경우에는 부모님이 예전에 어땠는지를 물었다.

이런 방법은 각기 결점이 있으며 어떤 방법을 선택하느냐에 따라 연구 결과에도 영향을 미친다. 예를 들어, 부모와 아이 사이에 벌어지는 일을 각자 설명하라고 하면, 부모와 아이는 서로 다른 답변을 내놓을 수 있다.[7] 흥미롭게도 몇 가지 객관적인 방법을 동원해 진실을 규명해보면, 아이가 보는 부모의 행동은 부모가 자신의 행동을 설명한 것만큼이나 정확한 것으로 나타난다.[8]

하지만, 중요한 문제는 누가 옳고 누가 그른가가 아니다. 감정과 관련한 이 문제는 쉽게 대답할 수 없다. 정작 중요한 문제는 누구의 관점이 아이에게 더 큰 영향을 미치는가 하는 점이다. 조건적 양육방식을 조사한 어느 연구에 대해 한번 생각해보자. 조건적 양육방식으로 키운다고 말한 부모의 아이와 그런 방식으로 키우지 않는다고 말한 부모의 아이는 상황이 서로 비슷했다. 하지만, 부모가 나를 조건적 방식으로 키운다고 생각하는지를 아이에게 물었을 때는 그 차이가 확연했다. 부모에게 조건적 애정을 받은 경험이 있다고 말한 아이는 그렇지 않은 아이보다 행동이 자유롭지 못했다.[9] 이 연구의 세부 내용은 다음에 다시 논의하기로 하고, 여기서 요점은 간단하다. 우리가 아이에게 하고 있다고, 또는 하고 있지 않다고 생각하는 양육법은 아이에게 미치는 영향을 볼 때, 이를 받아들이는 아이의 경험만큼 중요하지 않다.

지난 몇 년간 조건적 양육에 관한 연구가 다소 늘었으며 2004년에 발표된 연구가 가장 눈에 띈다. 백여 명의 대학생을 대상으로 시행한 이 연구에서, 자신이 어렸을 때 다음 네 가지 상황에 따라 부모의 사랑이 달라졌는지를 물었다.

① 학업 성적이 우수했다.
② 운동을 열심히 했다.
③ 다른 사람을 배려했다.
④ 두려움과 같은 부정적 감정을 억제했다.

또한, 그들이 실제로 자기감정을 자주 숨기거나 시험을 위해 열심히 공부했는지, 부모님과 어떻게 지냈는지 등 다른 사항도 질문했다.

조건적 사랑으로 아이를 키울 경우, 원하는 행동을 하게 하는 데 어느 정도 효과가 있는 것으로 나타났다. 특정 방식으로 행동했을 때만 부모에게 인정받은 아이는 심지어 대학에서도 똑같은 방식으로 행동하는 경향이 있었다. 하지만, 이에 대한 대가는 상당했다. 부모가 조건에 따라 자신을 사랑한다고 생각한 학생은 부모에게 버림받았다고 느끼고 부모를 원망하거나 싫어하는 경향을 보였다.

이런 학생의 부모에게 물어보면 어떤 대답이 나올지 쉽게 상상이 간다.
"내 아이가 그런 생각을 하는 줄은 몰랐는데요! 나는 아이를 그 무엇보다 사랑해요!"

연구자들은 이제는 다 큰 학생들과 인터뷰를 했기 때문에 매우 다양하면서도 불편한 이야기를 들을 수 있었다. 이들 중 많은 학생이 부모에게 감동을 주지 못하거나 순종하지 않을 때마다 사랑을 덜 받았다고 느꼈으며, 이 학생들과 부모의 관계는 확실히 긴장 상태에 있었다.

더 확실한 결과를 위해 연구자들은 두 번째 연구를 시행했다. 이번에는 다 큰 학생이 있는 백여 명의 엄마들을 대상으로 했다. 이들에게도 역시 조건적 사랑이 위험한 것으로 나타났다. 어릴 때, 부모의 기대에 부응했을 때만 사랑받았다고 느낀 엄마는 성인이 된 지금도 자기 가치를 제대로 인식하지 못했다. 하지만, 주목할 점은 이들 또한 부모가 되자 자신의 부모와 똑같은 방법으로 아이를 키웠다는 점이다. 이 엄마들은 이런 방법이 자신의 아이에게 미치는 부정적인 영향을 알고 있었음에도 조건적 애정으로 아이를 키웠던 것이다.[10]

위에서 확인한 결과를 보면, 조건적 양육법이 아이에게 대물림된다는 사실을 보여준 최초의 연구이긴 하지만, 다른 심리학자들도 비슷한 증거를 발견했다. 다음 장에서 이와 관련해 조건적 양육이 이루어지는 두 가지 방식을 설명한다. 객관적인 견해로 보더라도 결과는 상당히 암울하다. 예를 들어, 덴버 대학의 어느 연구자 집단이 발표한 내용은 부모의 인정을 받기 위해 특정 조건을 만족시켜야 한다고 생각하는 십 대 아이들은 결국 자기 자신을 좋아하지 않게 된다는 사실을 보여준다. 그리고 이는 아이들이 '그릇된 자아'를 형성하는 길로 이어진다. 다시 말해, 부모가 좋아하는 유형의 사람인 척한다는 말이다. 부모에게 인정받으려는 이 질박한 노력은 종종 우울증, 무기력증으로 이어지며, 진정한 자아를 잃어버릴 확률도 커진다. 이런 십 대는 자신이 아닌 다른 무언가가 되기 위해 너무 열심히 노력한 나머지 어느 시점이 되면 자신이 실제로 어떤 사람인지조차 잊어버린다.[11]

수년에 걸친 연구 결과, 연구자들은 '자신이 받는 지지가 조건적일수록 사람으로서 갖는 자기 가치에 대한 인식도 낮아진다'는 사실을 발견했다. 조건에 따라 사랑받는 아이는 조건을 만족시켰을 때만 자기 자신을 인정하는 경향이 있다. 반대로 부모나 교사에게 조건 없이 인정받는다고 느끼는 아이는 자기 자신에 대해 더 좋은 감정을 갖는다.[12] 칼 로저스가 예측한 그대로다.

또한, 이 책의 궁극적 목적이며 당신에게 던질 질문의 핵심도 여기에 있다. 조건적 양육을 연구하기 위한 설문에서 십 대 또는 젊은 성인은 보통 다음과 같은 질문을 받는다.

"어머니는 우리가 갈등을 빚을 때조차도 나에게 사랑을 보여주셨다."

"아버지와 내 생각이 일치하지 않을 때에도 아버지께서 나를 여전히 사랑하신다는 것을 알고 있다."

다음은 이에 대한 답변이다.

"매우 그렇다", "그렇다", "보통이다", "아니다", "전혀 그렇지 않다."[13]

그렇다면 당신은 당신의 아이가 5살, 10살, 15살이 되었을 때 이런 질문을 받고 어떻게 답하기를 바라는가? 당신은 아이가 어떻게 답할 거라 생각하는가?

제 2 장
사랑, 주기와 멈추기

사랑의 타임아웃
애정 철회, 더욱 가혹한 처벌
실패한 보상
칭찬의 문제점
자존감에 대한 논란

1950년대와 1960년대에 훈육에 대해 연구한 과학자들은 부모가 아이를 다루는 방식을 권력을 기반으로 한 방식과 사랑을 기반으로 한 방식으로 분류했다. 권력을 기반으로 한 훈육은 때리기, 소리 지르기, 위협하기가 있으며, 사랑을 기반으로 한 훈육은 그 밖의 모든 방법을 말한다. 연구 결과가 나왔을 때, 권력을 기반으로 한 방식이 사랑을 기반으로 한 방식만 못하다는 사실이 분명해졌다.

　불행하게도, 다양한 방법이 사랑의 훈육이라는 이름 아래 뭉뚱그려 하나로 취급되고 있었다. 몇몇 방법은 따뜻함과 이해로 아이와 함께 논의하고 가르치는 방법이었다. 하지만 나머지 방법은 훨씬 다정하지 못한 방법이었다. 실제로 이 방법은 아이가 나쁜 행동을 하면 사랑을 멈추고, 아이가 올바른 행동을 하면 넘치는 관심과 애정을 주는, 즉 사랑을 수단으로 아이를 통제하는 방법이었다. 이런 '애정철회(채찍)'와 '긍정적 강화(당근)'가 바로 조건적 양육의 두 얼굴이다. 이 장에서는 이 두 방법이 실제로 어떻게 쓰이며, 그 효과는 무엇이고, 그런 결과를 낳는 원인은 무엇인지를 알아보고자 한다. 그리고 처벌에 관해서도 자세히 이야기한다.

사랑의 타임아웃

 다른 모든 방법과 마찬가지로 애정철회도 다양한 방식과 강도로 적용된다. 부모는 아이가 한 일에 아주 약하게 반응하며 한 발짝 물러나 차가운 모습을 보일 때가 있다. 어쩌면 부모는 자신의 그런 행동을 인식조차 못할 수도 있다. 그리고 다음과 같이 퉁명스럽게 말하기도 한다.
 "그런 식으로 행동하면 예뻐하지 않을 거야."
 "자꾸 그렇게 하면 네 옆에 있기 싫어."
 어떤 부모는 아이에게 반응하지 않는 간단한 방법으로 사랑을 멈춘다. 즉, 그냥 아이를 무시한다. 이 방법은 소리를 지르지 않으면서도 전하는 메시지는 분명하다.
 '내가 싫어하는 일을 하면 네게 관심 두지 않을 거야. 네가 여기 없는 것처럼 행동할 거야. 내가 널 다시 봐주길 바란다면 나에게 순종하는 게 좋을 거야.'

또 다른 부모는 물리적으로 아이와 멀리 떨어진다. 여기에는 두 가지 방법이 있다.

첫째, 부모가 단순히 아이가 안 보이는 곳으로 사라지는 것이다. 그러면 아이는 두려움에 떨며 소리친다.

"엄마, 이리와! 엄마, 이리와!"

둘째, 아이를 부모가 없는 다른 장소나 아이 방에 떼어 놓을 수 있다. 이 방법은 정확히 말하면 강제 격리라 불러야 한다. 하지만, 많은 부모가 이 단어에 불편함을 느끼고, 이를 미화하기 위해 조금이라도 덜 불편한 용어를 사용한다. 그 완곡한 표현이 바로 '타임아웃'이다. 매우 유명한 이 훈육법이 애정철회의 한 유형이다. 아이가 자신의 의지와 상관없이 격리되었다면 말이다.

아이가 화가 났을 때, 자기 방이나 자기가 좋아하는 장소로 가도록 선택권을 주는 데는 아무런 문제가 없다. 아이가 혼자만의 시간을 갖길 원하고, 모든 사항, 즉 언제 가고, 어디로 가며, 무엇을 하고, 언제 돌아올지 등을 아이 스스로 결정한다면 이것은 추방이나 처벌이 아니다. 이것은 오히려 아이에게 도움이 된다. 내가 관심을 두고, 그리고 걱정하는 타임아웃이란 부모가 명령하는 '독방 감금'을 말한다.

이 방법의 속성은 용어의 기원에서 찾을 수 있다. 타임아웃은 '긍정적 강화의 타임아웃'을 줄인 말이다. 이 방식은 실험실 동물을 훈련시키는 방법으로 거의 반세기 전에 개발되었다. 예를 들어, 스키너와 그의 제자들은 비둘기에게 불을 비추면 특정 열쇠를 쪼도록 가르쳤다. 비둘기가 말을 잘 들으면 보상으로 먹이를 줬다. 이들은 가끔 벌로써 먹이를 주지 않거나 모든 불을 꺼버릴 경우, 비둘기가 열쇠를 쪼는 행동이 '사라지는'지도 관찰했다. 다른 동물도 똑같은 실험을 했다. 이리하여 1958년에 스키너의 한 동료가 〈긍정적 강화의 타임아웃을 통한 침팬지와 비둘기의 행동 통제〉라는 기사를 발표했다.

그 후 몇 년 동안 비슷한 실험이 여러 심리학 저널에 발표되는데, 그중에는 〈타임아웃 지속시간과 아이의 이상 행동 억제〉라는 제목의 기사도 있었다. 이 연구에서 타임아웃을 받은 대상은 공공시설에 수용된 발달이 느린 아이들이었다. 하지만, 곧 이 방법은 무차별적으로 퍼져나갔다. 아이를 실험실의 동물처럼 대한다고 펄펄 뛰던 훈육 전문가조차도 아이가 잘못하면 타임아웃을 주라고 부모에게 열정적으로 조언하기 시작했다. 이윽고 '타임아웃은 사춘기 이전 아이들을 위한 논문에서 가장 많이 추천하는 훈육과정'이 되었다.[1]

우리는 지금 '동물의 행동을 통제'하는 방법으로 시작한 양육법에 대해 이야기하고 있다. 여기서 말하는 '동물, 행동, 통제'라는 이 세 단어 때문에 우리는 다소 불편함을 느낄지도 모른다. 물론 두 번째 단어는 우리가 이미 다루었다. 우리의 초점을 '행동'에만 맞추어야 하는가? 다른 처벌이나 보상과 마찬가지로 타임아웃도 겉으로 드러나는 현상만을 바라본다. 타임아웃은 순전히 생물이 특정 방식으로 행동하도록, 혹은 행동하지 못하도록 하기 위해 고안되었다.

'동물'이라는 첫 단어를 보면 타임아웃을 발명한 행동주의자들은 인간도 다른 종과 별반 다르지 않다고 생각했음을 알 수 있다. 우리가 언어를 비롯해 상당히 복잡한 행위를 하지만, 다른 종과 학습하는 원리는 같다고 본 것이다. 이런 믿음에 동의하지 않는 사람이라면 조류나 설치류 실험을 위해 개발한 방법을 우리 아이에게 적용한다고 불쾌하게 생각할지도 모른다.

이 책의 핵심이라고 할 수 있는 마지막 질문을 보자. 과연 우리 아이를, '통제'를 기반으로 키우는 것이 합당한가?

'타임아웃'이란 말의 유래와 이론적 근거에 문제가 없더라도 '긍정적 강화의 타임아웃'이라는 원래 표현을 다시 한번 생각해보자. 보통의 부모라면 아이에게 칭찬 스티커나 사탕을 주다가 갑자기 주지 말아야지 하고 행동을 멈추지는 않는다. 그렇다면 아이가 타임아웃을 받을 때 당신이 기대하는 긍정적 강화는 무엇인가? 가끔 아이는 즐거운 놀이를 하다가 어쩔 수 없이 그만 둘 때가 있다. 하지만 늘 그렇지는 않으며 설사 그렇다 해도 나는 여기에는 뭔가 다른 이유가 있다고 생각한다. 아이를 다른 장소로 보낼 때 실제로 중지하거나 철회하는 것은 당신의 존재와 관심과 '사랑'이다. 이런 사실을 당신은 인정하지 않을지도 모른다. 사실 당신은 아이에 대한 사랑이 아이가 잘못했다고 해서 약해지지 않는다고 주장할 것이다. 하지만, 우리가 보았듯이, 중요한 점은 이런 상황이 아이의 눈에 어떻게 보이는가 하는 점이다.

애정철회,
더욱 가혹한 처벌

다음 장에서는 타임아웃의 대안에 대해 좀 더 이야기한다. 하지만 이번 장에서는 애정철회에 대해 좀 더 자세히 알아보자. 많은 사람이 처음에는 이 방법이 과연 효과가 있을까 하고 묻는다. 다시 한번 말하지만 보이는 것보다 훨씬 복잡한 문제가 있다. 그래서 우리는 이렇게 물어야 한다. "무엇에 효과가 있는가?"

그리고 일시적인 행동 변화와 깊고 오래가는 부정적인 영향력도 비교해봐야 한다. 다시 말해, 단기적인 관점에서 벗어남은 물론 겉으로 나타나는 행동 이면의 일에도 주목해야 한다는 말이다. 앞 장에서 설명한 대학생의 연구에서 조건적 사랑이 아이의 행동을 변하게 할 수는 있지만, 상당한 대가를 치러야 한다는 결론을 기억하자. 애정철회도 마찬가지로 밝혀졌다.

'리'라는 어린아이를 둔 부모의 이야기를 들어보자.

나는 얼마 전 리가 못되게 굴 때 아이의 특권을 빼앗겠다고 위협하거나 목소리를 높일 필요가 없다는 사실을 알았다. 나는 그저 방에서 나가겠다고 조용히 말했다. 방을 가로질러 걸으면서 아이가 소리를 지르거나 반항하는 짓을 그만둘 때까지 나가 있겠다는 말 한마디면 충분했다. 이런 내 행동은 놀라울 만큼 효과가 있었다.

"안 돼, 가지 마!"

아이는 이렇게 말하더니 바로 조용히 내가 시키는 대로 했다. 처음 나는 작은 자극으로도 충분하다는 교훈을 깨달았다. 나는 벌을 줄 필요도 없이 원하는 바를 이뤘다. 하지만, 내가 아이의 눈에서 본 두려움은 잊을 수가 없었다. 결국, 나는 내가 한 행동이 아이가 느끼기에는 처벌이었음을 깨달았다. 이것은 정말 지독하고 무서운 벌이었다.

애정철회의 효과에 관한 주요 연구는 기본적으로 이 부모의 결론과 일치한다. 즉, 이 방법이 때로는 효과가 있는 것처럼 보이지만, 그렇다고 우리가 반드시 이 방법을 사용해야 한다는 의미는 아니다. 1980년대 초 국립정신보건원National Institute of Mental Health의 연구자 둘은 엄마가 한 살가량 된 아이에게 하는 행동을 조사했다. 엄마들은 일부러 아이를 무시하거나 억지로 떼어 놓는 애정철회를 보통 다른 방법과 함께 사용하고 있었다. 그리고 함께 사용하는 다른 방법이 설명이든 체벌이든 상관없이 애정철회가 더해지면 한 살짜리 어린아이는 엄마의 말에 순종하는 듯했다. 적어도 그 순간은 그랬다.

하지만, 연구자들은 관찰한 내용에 안도하기보다는 우려를 나타냈으며, 부모에게 애정철회 방법을 사용하지 말 것을 권했다. 연구자들은 첫째, 즉각적인 순종에 효과적인 훈육법이 장기적으로도 반드시 효과적인 것은 아니라고 지적했다. 둘째, 아이가 애정철회에 다른 방식으로 반응하면 부모는 더 강도 높은 훈육법을 사용할지도 모른다고 말했다. 아이가 울면서 저항하면 더 강한 애정철회를 가하고, 그러면 아이는 그보다 더 심하게 울거나 저항하는 악순환이 반복된다. 마지막으로 이 방법이 효과를 나타낼 때조차도 연구자들은 그 이유에 대한 불안감을 감추지 못했다.[2]

오래전, 심리학자 마틴 호프만Martin Hoffman은 권력을 기반으로 하는 훈육과 사랑을 기반으로 하는 훈육의 차이에 의문을 제기했다. 호프만은 사랑을 기반으로 하는 훈육에 속하는 애정철회가 훨씬 가혹한 형태의 처벌이라고 지적했다. 두 방법 모두 아이가 우리의 바람과 다른 행동을 하면 고통을 주겠다는 말이다. 고통을 주는 방법은 때려서 육체적 고통을 주는 방법도 있고, 강제로 격리하고 정신적 고통을 주는 방법도 있다. 이 두 가지 방법 모두 아이가 자신의 잘못된 행동이 자신에게 미치는 결과만을 돌아보게 한다. 이런 방법은 아이가 자신의 행동이 타인에게 어떠한 영향을 미치는지 생각해보도록 가르치는 것과는 다르다.

이어서 호프만은 '겉으로 가혹해 보이는 처벌보다 애정철회가 더 잔인'한 이유를 다음과 같이 설명했다.

"애정철회가 아이에게 물리적 폭력을 가하지는 않지만, 감정적으로는 권력을 행사하는 것보다 충격이 더 크다. 애정철회는 궁극적으로 포기나 격리에 대한 위협을 가하기 때문이다. 게다가 부모는 언제 애정철회를 끝낼지 알지만 어린아이는 알지 못한다. 아이는 부모에게 전적으로 의지하며 부모의 태도가 일시적이라는 사실을 깨달을 만큼 시간관념과 경험이 충분하지 않기 때문이다."[3]

엄마나 아빠가 자신과 다시 이야기할 것이라는 사실, 즉 타임아웃이 곧 끝난다는 사실을 아는 아이조차도 이 처벌의 여파에서 완전히 헤어나지 못한다. 애정철회는 아이가 어른의 기준에 맞는 행동을 하게 하지만, 그 원동력은 '부모의 사랑을 잃을 수도 있다는 불안감'이라고 호프만은 말했다.[4] 그래서 애정철회가 일시적인 순종을 유도한다는 사실을 발견한 국립정신보건원의 연구자들도 이 방법을 권하기를 주저한 이유가 여기에 있다. 실제로 다른 심리학자 단체에서도 이런 형태의 가르침이 매를 드는 것보다 아이에게 정서적 불안감을 더 긴 시간 안겨준다고 말했다.[5]

애정철회에 관한 과학적 연구는 그 수가 많지 않지만, 현재까지 이런 결과를 뒤집는 연구는 거의 없다.

애정철회를 당하는 아이는 상대적으로 자존감도 낮다. 전반적으로 이런 아이는 정서적으로 건강하지 못한 모습을 보이고, 심지어 비행 청소년이 될 가능성도 크다. 부모가 가하는 '심리적 통제(애정철회가 결정적 특징이다)'의 범위를 넓게 생각해보면, 이런 방식으로 대우받은 큰 아이 역시 친구들보다 더 우울해하는 경향이 있다.[6]

이에 대해서는 의심할 여지가 없다. 사실 아이는 부모의 애정과 인정을 받고자 하는 욕망과 더불어 부모의 정서적 지원을 잃지는 않을까 하는 두려움에 사로잡힌다. 그리고 부모는 이 욕망과 두려움을 이용해 아이를 조종하는 강력한 힘을 가진다.[7] 하지만, 문제는 이러한 두려움은 아이 대부분이 자라면서 쉽게 떨쳐버리는 어둠과 같은 두려움이 아닌 끝없이 이어지는 강한 두려움이라는 데 있다. 어렸을 때에는 우리에 대한 부모님의 생각만큼 중요한 것은 없다. 이에 대한 불확실함, 즉 버림받을 수도 있다는 두려움과 공포는 다 자란 후에도 우리에게 그 흔적을 남긴다.

그러므로 애정철회의 가장 두드러진 효과는 두려움이다. 부모에게 그런 식으로 대우받은 아이는 성인이 돼서도 여전히 불안해한다. 심지어 이들은 자신이 화를 내는 것도 주저한다. 이런 사람은 실패를 두려워하고, 타인과의 관계도 회피한다. 이들은 또다시 버려질지도 모른다는 두려움 속에 살기 때문이다. 어려서 애정철회를 경험한 어른은 본질적으로 '애정의 조건을 만족시키는 것은 불가능하다'고 결론 내린다. 즉, 이들은 부모로부터 인정이나 지원을 전혀 받지 못했기 때문에 현재도 다른 사람의 보호나 정서적 위안에 의존하지 않으려고 애쓴다.[8]

나는 당신 아이가 네 살 때, 당신이 딱 한 번 아이를 강제로 격리시켰다고 해서 아이의 인생이 엉망이 된다고 말하는 것이 아니다. 그리고 지금까지의 결과도 내가 오늘 아침에 샤워하다가 생각해낸 것이 아니다. 치료사의 의견이나 일화는 더더욱 아니다. 엄격한 연구 결과 연구자들이 이 모든 두려움을 특히 성장 초기에 겪은 애정철회와 관련지은 것이다. 양육 지침서 대부분이 이런 자료에 대해서는 언급하지 않는다. 하지만 우리는 축적된 연구 결과를 진지하게 받아들여야 한다.

마지막으로 짚고 넘어가야 할 문제가 하나 더 있다. 바로 애정철회가 아이의 도덕발달에 미치는 영향이다. 호프만은 중학교 1학년을 대상으로 한 연구에서 애정철회를 하면 도덕성이 낮아진다는 사실을 발견했다. 애정철회를 받은 아이는 상대방을 대할 때, 구체적인 상황을 고려하지도 않고, 상대방의 요구를 배려하지도 않았다. 아이는 부모의 사랑을 놓치지 않으려고 시키는 대로만 해왔기 때문에 엄격하고 일률적인 방식으로 규칙을 적용하는 경향을 보였다.[9] 아이가 동정심 많고 정서적으로 건강한 사람으로 자라길 바란다면, 다른 처벌도 마찬가지지만 습관적으로 애정철회를 가하는 것이 얼마나 가혹한 일인지를 알아야 한다.

실패한 보상

타임아웃을 비롯한 '가벼운' 형태의 처벌도 해롭다는 사실은 참으로 우리를 불편하게 한다. 하지만, 마음을 다잡자. 조건적 사랑의 다른 형태인 애정철회의 이면에는 다름 아닌 긍정적 강화가 있다. 긍정적 강화는 부모, 교사, 그리고 아이와 함께 생활하는 사람에게는 이미 잘 알려진 방법이다. 처벌 훈육법의 예상치 못한 결과를 경고하는 사람도 아이가 착한 행동을 하면 칭찬하라고 말한다.

여기서 배경 설명이 필요하다.[10] 우리 직장이나 교실, 가정에서는 권력을 가진 사람이 그렇지 못한 사람을 순종하게 하는 기본적인 방법 두 가지가 있다. 하나는 불복종을 처벌하는 방법이고, 다른 하나는 복종에 상을 주는 방법이다. 이 보상은 돈이나 특권일 수도 있고 금메달이나 막대사탕, 칭찬 스티커, 혹은 파이베타카파(Phi Beta Kappa, 미국에서 성적이 우수한 대학생, 졸업생으로 조직된 모임 - 옮긴이)의 열쇠일 수도 있다. 그리고 칭찬 또한 보상이다.

"잘했어!"

아이에게 하는 이 말의 의미를 이해하려면 당근과 채찍의 원칙을 이해해야 한다.

우선, 보상은 업무나 학습의 질을 향상시키는 데 그리 큰 효과가 없다는 사실을 알아야 한다. 상당수 연구 결과, 남녀노소를 막론하고 어떤 일에 한 번 보상이 주어지면 그 일에 성공할 확률이 낮아진다는 사실이 밝혀졌다. 이 사실을 처음 발견한 과학자는 높은 성과에 대한 인센티브가 사람의 의욕을 고취할 것이라 기대했지만, 실은 그 반대였다. 예를 들어, 교실에서 숫자나 등급으로 성적을 매기지 않을 때, 학생들이 더 열심히 배운다는 사실이 반복된 연구 결과 증명되었다.

그럼 우리가 성과보다는 품행과 가치에 관심을 두면 어떨까? 물론 처벌과 마찬가지로 보상도 종종 일시적인 복종을 얻어낼 수 있다는 점은 인정한다. 내가 지금 당장 당신에게 신발을 벗을 경우 천 달러를 주겠다고 하면, 당신은 내 제안을 받아들일 것이다. 그러면 나는 의기양양하게 "보상이 효과가 있네."라고 말할 수 있다. 하지만, 처벌과 마찬가지로 보상 또한 절대 누군가가 업무나 활동에 헌신을 다하게 할 수는 없다. 즉, 더 이상 보상이 없으면 계속 그 일을 해야 할 이유가 사라진다.

연이은 실험으로 보상이 비효과적일 뿐만 아니라 종종 역효과를 가져온다는 사실을 증명했다. 예를 들어, 연구자들은 잘한 일로 보상받은 아이는 자신이 좋은 사람이라고 여길 가능성이 낮다는 사실을 발견했다. 대신 이런 아이는 자신의 행동을 보상 덕분이라고 생각한다. 그러므로 더 이상 당근이 주어지지 않는 아이는 처음부터 보상을 받지 않은 아이보다 남을 도울 확률이 낮아진다. 이들은 또 예전보다 착한 일을 하는 횟수도 줄어드는 경향이 있다. 결국, 이런 아이는 누군가를 돕는 목적이 단지 보상 때문이라고 배운 것이다.

간단히 말해, 우리가 원하는 대로 아이가 행동했을 때, 맛있는 비스킷을 주는 행위는 대부분 기대에 어긋난 결과를 낳는다. 이는 잘못된 비스킷을 주었다거나 잘못된 시간에 주었기 때문이 아니다. 보상이나 처벌로 사람을 변하게 하려는 생각 자체에 문제가 있기 때문이다. 부모가 이런 문제점을 확인하기는 쉽지 않다. 이런 이유로 아이에게 상을 주는 방법에 막연한 불안감을 느끼지만, 그 원인은 정확히 파악하지 못하는 사람들을 나는 자주 본다.

그럼 그 원인을 파악해보자. 우리에게는 '동기'라는 것이 있다. 당연히 우리는 아이가 풍부한 동기를 갖길 바란다. 즉, 우리는 아이가 의욕에 넘쳐 공부하거나 책임감 있게 행동하기를 바란다.

그러나 문제는 동기에도 여러 가지가 있다는 점이다. 심리학자 대부분은 동기를 구별할 때 '내적 동기'와 '외적 동기'로 구별한다. 내적 동기는 기본적으로 하는 일 자체를 좋아하는 것을 말하고, 외적 동기는 상을 받거나 처벌을 피할 목적으로 어떤 일을 하는 것을 말한다. 다음 장의 내용이 궁금해서 책을 읽는 것과 칭찬 스티커나 피자를 얻으려고 책을 읽는 것은 다르다.

여기서 핵심은 외적 동기가 내적 동기와 다르다든지, 또는 외적 동기가 내적 동기보다 열등하다는 말이 아니다. 물론 이 말도 맞는 말이긴 하지만, 내가 강조하고자 하는 말은 외적 동기가 내적 동기를 손상할 수 있다는 사실이다. 외적 동기가 커지면 내적 동기는 줄어든다.

'어떤 일로 보상을 받으면 받을수록 사람은 보상받기 위해 하는 일에 흥미를 잃어버린다.'

물론 한 문장으로 간단하게 요약한 결과에는 항상 조건과 예외가 있기 마련이다. 하지만, 이 기본 전제는 다양한 과제와 보상을 주제로 나이, 성별, 문화적 배경이 다른 사람들을 여러 차례 연구해서 나온 결과다.[11]

착한 일을 하고 보상받은 아이는 보상이 없으면 착한 일을 하지 않을 가능성이 크다는 사실은 그리 놀라운 일이 아니다. 이를 증명하는 증거 역시 많다. 어린아이에게 생소한 음료를 주고 그것을 마신 아이에게 상을 줘보자. 다음 주가 되면 대가 없이 음료를 마신 아이보다 상을 받고 음료를 마신 아이가 그 음료를 더 좋아하지 않게 된다. 아니면 퍼즐을 푼 아이에게 상금을 줘보자. 상금을 받은 아이는 실험이 끝나면 퍼즐 놀이를 그만둔다. 반면 상금을 받지 않은 아이는 혼자 있을 때에도 계속 퍼즐 놀이를 즐긴다.

이 모든 사실을 통해 얻을 수 있는 교훈은 아이가 어떤 일을 하는데 (변기 사용하기, 피아노 연습하기, 학교 가기 등등) 얼마나 '의욕적인가'는 실제로 중요하지 않다는 점이다. 오히려 우리가 가져야 할 의문은 아이가 '어떻게' 동기를 부여받았는가 하는 데 있다. 다시 말해, 중요한 점은 동기의 양이 아니라 동기의 유형이다. 보상이 만들어내는 동기 유형은 대개 우리가 아이에게 원하는 동기 유형을 줄어들게 한다. 보상 후에도 계속되길 바라는 진정한 흥미는 곧 사라진다.

칭찬의 문제점

이제부터 좋지 않은 얘기를 해야겠다. 실질적 보상(돈, 음식)과 상징적 보상(점수, 메달)의 문제점은 말로 하는 보상에도 그대로 나타난다. 즉, 많은 경우 아이를 칭찬한 결과는 물질로 보상한 결과만큼 좋지 않다.

"잘했어!"

이 말은 실제로 그 일을 잘할 기회를 앗아갈 수 있다. 연구자들은 창의적인 업무 처리로 칭찬받은 사람이 종종 다음 업무에서 실수하는 경향이 있다는 사실을 발견했다. 이유는 무엇일까? 한 번 칭찬받으면 '그 일을 계속 잘해야 한다'는 압박이 생기고, 그렇게 되면 주된 목표가 더 많이 칭찬받는 것이 되어 일에 대한 흥미가 떨어지기 때문이다.[12] 또한 창의적인 일을 하다 보면 어려운 일에 도전하기 마련인데, 계속 긍정적인 반응을 유지할 방법을 찾기 시작하면 이런 도전의식이 줄어들기 때문이다.

긍정적 강화는 성과 이외의 결과에도 좋지 않은 영향을 미친다. 다른 보상이나 처벌과 마찬가지로 칭찬도 단지 아이의 행동을 일시적으로 변화시킬 뿐이다. 예를 들어, 생소한 음료를 마시고 칭찬받은 아이가 물질적 보상을 받은 아이와 똑같이 그 음료를 좋아하지 않았다. 하지만, 이 실험을 한 연구자는 이런 결과를 예측하지 못했다. 이 연구자는 칭찬이 다른 외적 동기만큼 해롭지 않을 것이라 생각했기 때문이다.

더욱 우려스러운 점은, 관대한 행동으로 자주 부모의 칭찬을 들은 아이가 다른 아이에 비해 점차 관대한 모습을 보이지 않았다는 연구 결과다.

"잘 나눠 먹네!", "친구도 도와주고 정말 기특해"

아이는 이와 같은 칭찬을 들을 때마다 나누거나 도와주는 일에 점차 흥미를 잃었다. 이 아이는 이런 행위를 원래 가치 있는 일로 본 게 아니라 어른에게 칭찬받기 위해 해야 하는 일로 본 것이다. 이때의 관대한 행동은 단순히 목적을 위한 수단이 되었다. 이런 현상은 아이가 그림 그리기나 수영, 곱셈을 할 때도 나타난다.

다른 보상과 마찬가지로 칭찬도 행동에 집중한 결과다. 이것도 앞서 언급한 행동주의가 낳은 유산이다. 행동의 바탕이 되는 동기를 신중히 생각하다 보면, 긍정적 강화는 의도한 결과를 낳지 못한다는 사실을 이해하게 된다. 결론부터 말하면, 아이가 동정심 많은 사람으로 자라길 바란다면 아이가 착한 일을 했는지 확인하는 것만으로는 충분치 않다. 그런 행동을 한 이유를 알아야 한다.

먼저 잭의 경우를 생각해보자. 잭은 엄마가 칭찬해주기를 바라면서 친구와 함께 장난감을 가지고 놀았다. 그리고 톰의 경우를 보자. 톰은 엄마가 보고 있는지도 모른 채 친구와 함께 장난감을 가지고 놀았다. 톰이 이렇게 한 까닭은 단순히 친구의 기분을 상하게 하고 싶지 않아서다. 대개 장난감을 같이 가지고 노는 아이를 칭찬할 때, 이런 동기의 차이를 무시하는 경향이 있다. 실제로 이는 아이가 칭찬받으려고만 애쓰는 바람직하지 못한 행동을 부추기는 결과를 낳는다.

지금까지 나는 칭찬이 외적 동기이기 때문에 역효과를 가져올 수 있다고 말했다. 하지만, 이제 이런 상황을 새로운 관점에서 보자. 문제는 단순히 칭찬이 물질적 보상과 같은 문제점을 안고 있다는 데 있지 않다. 문제는 이와 같은 긍정적 강화가 조건적 양육의 전형적인 예라는 데 있다.

다음에 대해서도 생각해보자. 애정철회의 반대 개념은 무엇인가? 다시 말해, 아이가 우리의 바람대로 행동하지 않을 때 애정을 거두어들이는 것과 반대되는 개념을 말한다. 그것은 아이가 우리의 바람대로 행동할 때 애정을 주는 것이다. 즉, 우리가 바라는 아이의 행동을 강화하고자 하는 분명한 목적으로 조건에 따라 애정을 주는 것을 말한다. 칭찬은 단순히 조건 없는 사랑과 다른 게 아니라 정반대의 개념이다. 칭찬은 아이에게 이렇게 말하는 것과 같다.

"나를 기쁘게 하고 나의 지원과 사랑을 받으려면, 시키는 대로 해!"

세심한 부모 대부분은 종종 아이가 한 일에 대해 설명해주고 아이가 그 의미를 생각하도록 도움을 준다. 하지만, "잘했어!"라는 말은 설명이 아니다. 이 말은 판단이다. 이 말은 아이가 자신에 대해 우리가 어떻게 생각할까 하는 불안감을 갖게 한다. "사랑해"라는 말 대신에 칭찬하는 것은 "네가 잘했기 때문에 사랑해"라는 말과 같다. 하지만, 이렇게 길게 말할 필요도 없고, 길게 말하는 사람도 없다. 그저 행동으로 보여주면 된다. 즉, 특정 조건에서만 사랑과 기쁨을 표현하는 것이다. 마찬가지로 애정철회도 "네가 잘못했기 때문에 널 사랑하지 않아."라고 말하지 않아도 가능하다. 두 경우 모두 메시지는 확실하게 전달된다.

몇 년 전, 아내와 나는 아이를 돌봐 줄 사람을 고용하기로 하고 한 젊은 여성을 만났다. 그녀는 자신의 양육철학을 한마디로 요약했다.

"착한 행동을 하면 칭찬을 많이 해줍니다."

아마 그녀의 말은 나쁜 행동을 하면 꾸짖는 데 중점을 두는 양육법으로 아이를 대하지 않는다는 의미였을 것이다. 하지만, 우리는 그녀에게 아이를 맡기지 않기로 했다. 우리는 아이가 자신의 행동에 따라 자기를 돌봐 주는 사람의 관심을 끌 수도 있고, 그렇지 못할 수도 있다는 사실을 알게 하고 싶지 않았다. 다시 말하면, 그녀는 아이가 마음에 들 때만 아이 말에 귀를 기울일 것으로 우리는 판단했다. 하지만, 내가 반대하는 방법과 그 방법에 반대하는 이유를 정확히 깨닫게 해준 그녀에게 감사를 전한다.

그리고 얼마 전 강의에서도 내게 깨달음을 준 여성이 있는데, 그녀에게도 고마움을 전한다. 그녀의 이름이나 사는 곳은 기억나지 않지만, 그녀는 내게 다가와 아이가 학교에서 받아왔다며 자동차에 붙이는 스티커 한 장을 내밀었다.

> 이달의 학생이 된
> 자랑스러운 우리 아이

그녀는 집에 돌아가자마자 가위로 스티커의 반을 싹둑 잘라 나머지는 버리고 '자랑스러운 우리 아이'라는 글자만 차에 붙였다고 했다. 그녀는 작은 창의력으로 조건적 부모의 유혹을 떨치고 이 스티커를 이용해 아이에 대한 조건 없는 신뢰를 표현했던 것이다.

인간 행동에 절대적인 것은 없다. 긍정적 강화가 해로운지, 해롭다면, 얼마나 해로운지는 몇 가지 요소에 따라 달라진다. 해당 요소를 살펴보자. 긍정적 강화를 어떻게 하느냐가 중요하다. 즉, 칭찬하는 말이나 어조, 일대일로 하는 칭찬인지 다른 사람 앞에서 하는 칭찬인지가 중요하다. 누구에게 하는가가 중요하다. 이는 아이의 나이나 기질도 다른 변수만큼 중요하기 때문이다. 왜 하는지가 중요하다. 즉, 아이에게 칭찬할 일이 무엇인지, 칭찬을 하는 목적은 무엇인지, 혹은 아이는 당신의 목적이 무엇이라고 생각하는지가 중요하다. 단지 아이가 음식을 깨끗이 먹어 내 삶을 좀 더 편하게 해줬다는 이유로 아이의 행동을 칭찬하는 것과 정말 감동적인 일을 해서 아이를 칭찬하는 것에는 차이가 있다. 무의식적인 순종에 나타내는 기쁨과 정말 사려 깊은 질문에 나타내는 기쁨은 다르다.

이렇게 하면, 칭찬의 부정적인 효과를 줄이는 방법을 찾는 것도 가능하다. 하지만, 부정적인 효과를 줄이는 방법을 찾더라도 여전히 칭찬의 문제점은 남는다.

예를 들어, 아이가 한 일에 진심으로 감격스러워하는 모습이 아이의 행동 변화를 위해 하는 긍정적 강화보다 거부감이 덜 한 것은 사실이다. 하지만, 아이가 한 일에 진심으로 감격한다고 해서 해가 없다고는 말할 수 없다.

"선 안으로 색을 잘 칠했구나!"

"줄을 잘 섰구나!"

위와 같은 말은 반복된 행동을 위한 자극이라기보다는 단지 정보를 전달하는 수단이다. 그럼 여기서 전달하는 정보란 무엇일까? 그것은 단지 아이가 한 행동을 이야기하는 것만이 아닌 아이가 한 행동을 인정한다는 말이다. 그렇다면 아이는 우리가 기뻐하고 있으며, 자신이 성취한 것을 함께 축하하고 있다고 생각할까? 이것이 최상의 각본이지만, 아이는 우리가 좋아하는 일을 했을 때만 인정받는다는 선택적 강화의 한 형태로 이해할 가능성이 크다.

'내가 볼을 치니까 아빠가 좋아하네. 내가 볼을 쳤을 때만.'

이런 생각은 조건적 자기 인정으로 이어진다. 그 과정은 다음과 같이 진행된다.

① "너의 이러이러한 방식이 맘에 들어."

  이 말은 아이에게 다르게 들릴 수 있다.

② "네가 이러이러했기 때문에 네가 좋아."

  이 말은 다음을 암시한다.

③ "네가 이러이러하지 않으면 널 좋아하지 않을 거야."

  그러면 마지막으로 아이는 이렇게 느낀다.

④ "이러이러하지 않으면 난 사랑받을 수 없어."

이처럼 칭찬이 조건적 양육의 한 형태라면, 칭찬은 칭찬하는 사람이 통제하려는 의도가 없더라도 위험할 수 있다. 평소에 아이가 우리를 기쁘게 하는 행동을 했을 때만 긍정적인 말이나 사랑의 표현을 한다면, 특히 위험하다.

여기서 말하는 칭찬에 대해 걱정하는 사람을 보았을 것이다. 하지만, 이들이 진정으로 걱정하는 것은 우리가 아이를 너무 많이 칭찬한다는 점, 다시 말해 아이가 칭찬받으려고 노력하지 않아도 된다는 점이다. 이들의 의견에도 분명 일리가 있다. 나는 부모가 운동장에서 아주 어린 아이에게 야구를 가르치며 하는 말을 자주 듣는다.

"멋진 스윙이었어!"

하지만, 나는 이렇게 반대하는 사람이 진정 걱정스럽다. 이들은 중요한 점을 놓치고 있다. 긍정적 강화는 자주 한다거나 쉽게 한다는 이유만으로 반대해야 하는 것이 아니다. 여기에는 더 중요한 문제가 있다.

또 다른 측면에서 보면, 이런 비판은 상황을 더 악화시킬 우려가 있다. 아주 작은 일에도 아이의 머리를 쓰다듬어 주는 행위는 적절치 않다고 말하는 사람은 칭찬도 차별해서 해야 한다고 말한다. 이 말은 아이가 우리의 인정을 받으려면 더 노력해야 한다는 의미다. 그리고 우리 양육법이 지금보다 더 조건적이어야 한다는 의미이기도 하다. 아이가 끊임없이 칭찬받을 경우, 칭찬은 잡음이 되고 아이는 더 이상 칭찬에 귀 기울이지 않는다는 비판은 옳을지도 모른다. 하지만, 우리가 진정 걱정해야 할 때는 칭찬의 효과를 최대로 얻기 위해 칭찬하는 시기와 간격을 조절할 때다. 이때가 바로 아이가 우리의 조건 없는 사랑을 가장 의심하는 순간이다.

1970년대에 플로리다에 사는 연구자 메리 버드 로우Mary Budd Rowe는 학교 교육방식을 조사하면서 흥미로운 사실 몇 가지를 발견했다. 교사로부터 자주 칭찬받은 아이는 대답할 때 머뭇거리는 경향이 있었다. 이런 아이는 다른 아이보다 더 미심쩍은 투로 대답했다.

"음, 광합성?"

또 이들은 친구에게 자신의 생각을 표현하는 방법도 서툴렀고 집중력도 떨어졌다. 그리고 교사가 자신의 의견에 반대하면 바로 그 의견을 접었다.[13]

이 자료를 통해 우리는 가정에서 일어나는 사실도 확인할 수 있다. 아이가 생각하는 자신의 능력이나 가치는 부모의 반응에 따라 높아질 수도 낮아질 수도 있다. 아이는 눈치로 부모가 자신의 행동을 인정하는지를 확인한다. 이는 아기가 넘어졌을 때 자기가 다쳤는지를 알기 위해 부모의 얼굴을 쳐다보는 행동과 같다.

"어머나! 우리 아기 괜찮니?"

우리가 깜짝 놀라 이렇게 말하면, 아기는 금세 울음을 터뜨린다.

칭찬 때문에 아이는 자신의 성과에도 기쁨이 줄어들고, 심지어는 결과가 어떤지조차도 파악하지 못한다. 극단적인 경우 이런 아이는 성인이 돼서도 결과가 정당해도 다른 사람의 눈치를 살피는 '칭찬 중독자'로 변한다. 즉, 배우자나 감독관, 또는 힘 있는 누군가가 잘했다고 말하면 감격스러워하고, 그렇지 않으면 풀이 죽는다.

어린아이 모두는 부모에게 인정받기를 원한다. 이 때문에 칭찬은 종종 우리가 원하는 방식으로 아이를 움직이게 하는 데 단기적인 효과가 있다. 하지만 우리가 편하자고 아이의 의존성을 이용한 책임을 면하기는 어렵다. 만면에 웃음을 띤 채 우리가 다음과 같이 말하는 경우가 이에 해당된다.

"오늘 아침에는 학교 갈 준비를 이렇게 빨리 끝내다니, 정말 잘했어."

아이는 딱히 이유를 설명할 수 없더라도 이런 '사탕발림 통제'에 조종당하는 느낌을 받는다.[14] 하지만, 아이가 이를 알아채고 반항하든지 반항하지 않든지 간에 이런 습관은 아이의 상황에서 보면 불쾌한 일이다. 이는 목마른 아이에게 내가 원하는 일을 할 때까지 물을 주지 않는 거와 다를 바 없다.

게다가 긍정적 강화는 종종 우리가 애정철회에서 깨달은 것과 비슷한 악순환을 낳는다. 우리가 칭찬하면 할수록 아이는 더 칭찬받길 원한다. 아이는 불안해하고, 또 머리를 쓰다듬어 주길 애타게 기다린다. 우리가 머리를 쓰다듬어 주는 만큼 갈망도 키워주는 셈이다.

컬럼비아 대학의 심리학자 캐롤 드웩Carol Dweck도 이와 관련한 연구를 했다. 우리가 '조건에 따라 일시적으로 관심을 나타내는' 말을 해서 자신의 가치가 조건에 따라 달라진다는 느낌이 커지면, 어린아이는 무기력한 모습을 보이기 시작한다. 긍정적 강화는 조건적 사랑의 한 형태이며, 우리가 조건적으로 받아들이는 것은 단순히 특정 성격이나 행동이 아니라고 드웩은 주장한다. 오히려 문제는 이로 인해 아이가 부모를 기쁘게 할 때만 '자신'을 훌륭한 사람으로 받아들인다는 데 있다. 이런 생각은 자존감을 크게 손상한다.

"잘했어!"

우리가 아이에게 이렇게 말할수록 아이의 좌절감은 커지고 아이는 더 많은 칭찬을 원한다.[15]

이제 아이가 원한다는 이유로 칭찬은 좋은 것이라는 주장에는 회의를 느꼈을 것이다. 만약 당신은 돈을 벌어야 하며 유일하게 할 수 있는 일이 반복적이고 지루한 일이라면, 어쩔 수 없이 마지막 수단으로 그 일을 할 것이다. 그렇다고 해서 이런 종류의 일을 인정한다는 의미는 아니다. 당신은 단지 현 상황에서 할 수 있는 선택을 했을 뿐이다. 아이에게 진정 필요한 것은 조건 없는 사랑이다. 하지만 아이가 받는 것이 자신이 한 일에 따라 인정받는 것이 전부라면, 아이는 이를 받아들이고 무언가 불만족스럽긴 하지만 그래도 더 많이 달라고 보챌 것이다. 슬프게도 어려서 조건 없는 사랑을 받지 못한 부모는 이런 문제를 깨닫지 못하고, 자신에게 부족한 것이 칭찬이라고 생각한다.

"잘했어!"

그래서 조건 없는 사랑을 받지 못한 부모는 아이에게 이렇게 칭찬만 되풀이하며 아이에게 정작 필요한 사랑은 주지 못한다.

많은 부모가 처음에 이런 말을 들으면 거북하다고 말한다. 이런 말을 듣는 것만으로도 충분히 불쾌한 일인데 잘한다고 느낀 일, 즉 아이를 칭찬하여 기분 좋게 한 일이 아이에게 득이 되기보다는 해가 된다는 말을 들으면 마음이 더 상한다.

내가 아는 어떤 사람은 그림 내안이 무엇이냐고 묻는다. 우리가 아이에게 말하는 방식을 피상적으로 바꾸어 칭찬의 개선된 형태를 찾지 않고 조건적 양육 전체에 대한 대안(나중에 설명한다)을 찾는다면, 이는 아주 적절한 질문이다.

어떤 사람은 거부감을 느끼고 신경질적인 농담을 하기도 한다.

"허허. 난 당신 책을 잘 읽었다고 말할 수 없겠네. 그건 당신을 칭찬하는 일이잖아. 허허허."[16]

충분히 이해한다. 새로운 의견을 받아들이는 데는 시간이 필요하다. 우리가 해온 일, 우리가 주장했던 일을 다시 돌아보게 하는 의견일 경우에는 더 그렇다. 우리는 이러한 과정에 익숙해지려고 노력해야 한다. 이런 변화의 과정에는 항상 어려움이 따른다.

어떤 사람은 용어조차 생소한 애정철회와 긍정적 강화에 너무 오랫동안 의존해서 자신이 형편없는 부모가 되었느냐고 묻는다. 하기야 전에는 이런 방식으로 생각하게 하거나, 아이를 더 많이 칭찬하고, 타임아웃을 주라는 무분별한 조언에 틀렸다는 증거를 제시한 사람이 없었다.

그러나 어떤 사람은 의견을 구하지도, 농담을 하지도, 걱정을 하지도 않는다. 대신 이들은 이런 비판을 모두 무시해버린다. 이들은 더 큰 틀에서 보면, 아이가 한 일에 우리가 이렇게 열정적으로 반응하는 것보다 더 해로운 행동을 할 수 있다고 지적하며 이런 비판을 일축한다. 실제로 훨씬 더 해로운 일이 매일같이 아이에게 일어난다. 하지만, 이것은 적절한 비교가 아니다. 적어도 최고의 부모가 되고자 하는 사람에게는 그렇다. 중요한 점은 우리가 더 잘할 수 있다는 사실이다.

자존감에 대한 논란

애정철회와 긍정적 강화는 아이가 무력감에 빠지거나 남을 돕는 일을 꺼리는 등 수많은 역효과를 가져온다. 또한, 다 자란 아이는 버림받을 수 있다는 두려움이나 부모에게 분노를 느끼기도 한다. 하지만, 이 장과 앞 장의 연구 결과를 종합해 보면, 조건적 양육에 얽매여 있는 사람의 특징은 자신을 바라보는 관점과 관련이 있다.

보통 '자존감self-esteem'이라 부르는 이 말은 지난 수십 년간 전문 용어로 사용되었다. 이 장을 요약하기 전에 나는 이 개념을 먼저 분석해보고자 한다. 이 용어가 조건적 양육과 상당히 관련이 있기 때문이다. 심리학 및 교육 분야의 수많은 사람, 특히 자조운동(장애인의 자립생활운동뿐만 아니라 여성, 동성애자, 노숙자, 성폭력 피해자 등 인간소외 문제를 해결하려고 자조 집단을 형성하여 집단의 권익과 보호를 위한 활동을 전개하는 운동 - 옮긴이)과 관련이 있는 사람은 자존감이 높으면 좋고 낮으면 나쁘다고 믿는 듯하다. 이들은 누군가의 자존감을 높이면 학업 성취, 건설적인 삶 등 이로운 결과가 생긴다고 믿는다. 반면 보수주의자는 자존감이 우리 사회, 특히 학교를 잘못된 방향으로 이끄는 주요 원인이라고 비판한다.

내가 보기에는 두 입장 모두 문제점이 있다. 나는 지난 몇 년간 연구한 많은 자료를 다시 검토했다.[17] 놀랍게도 자존감이 높다고 항상 좋은 결과가 뒤따르는 것은 아니며, 설령 좋은 결과가 있다 해도 자존감이 이런 결과의 '원인'은 아니라는 사실을 알아냈다.

하지만, 나는 자존감의 모든 개념을 경멸하는 '자존감 반대론자'는 아니다. 이 반대론자들은 아이가 스스로 만족하면 성취할 동기가 없어진다고 믿는다. 아이가 자신의 행동보다 있는 그대로의 자기 가치에 집중하면 많은 일을 하지 않을지도 모른다. 그래서 반대론자들은 말한다.

"배움과 생산을 위해 만족감을 몰라야 한다. 고통이 없으면 얻는 것도 없다."

반대론자의 이런 주장은 5장에서 설명할 몇 가지 잘못된 전제에서 비롯된 말이다. 잠시 다음과 같은 사실에 대해 생각해보자. 많은 반대론자들이 높은 자존감에는 어떠한 이점도 없다고 주장하지만, 이들 주장의 핵심은 결과와는 상관없이 자존감은 나쁘다는 말이다. 이들에게 가장 성가신 단어는 '만족감'이다. 이들은 스스로 만족하는 데에는 기본적으로 미심쩍은 무언가가 있다고 믿는다. 이들의 논법 이면에는 아이가 권한을 얻지 않고도 만족하게 될지도 모른다는 두려움이 있다. 이때 우리는 현실세계를 나와 엄격한 도덕적 원칙의 세계로 들어간다. 이곳은 땀 흘려 얻은 것이 아니면 먹을 수도 없고, 눈에 보이는 성과를 낼 때까지는 아이가 자신을 좋게 평가해서도 안 되는 금욕의 세계다.

다시 말해, 보수주의자들이 비난하는 것은 조건 없는 자존감이다. 하지만, 연구자들은 인간의 삶의 질을 예측하는 잣대가 바로 이 조건 없는 자존감이라고 말한다. 만약 누군가의 정신 건강에 관심이 있다면 우리가 물어봐야 할 것은 자존감이 얼마나 되느냐가 아니다. 오히려 그의 삶에서 일어나는 일, 즉 자신의 성공 정도나 자신을 보는 다른 사람의 생각 등에 따라 자신의 자존감이 얼마나 다양해지는가를 물어야 한다. 진짜 문제는 '난 내 자신이 그다지 훌륭해 보이지 않아'라고 생각하는 낮은 자존감이 아니라, '나는 이러이러할 때만 내가 훌륭하게 느껴져'라고 하는 조건적 자존감이다.[18]

이런 차이의 중요성을 강조한 심리학자 에드워드 디치Edward Deci와 리처드 라이언Richard Ryan은 진정한, 혹은 조건 없는 자존감을 지닌 사람도 성공할 때는 기쁨이나 흥분을 감추지 못하고, 실패할 때는 실망감을 느낀다고 말했다. 하지만, 사람으로서 갖는 자기 가치에 대한 이들의 감정은 성과에 따라 흔들리지 않기 때문에, 성공했다고 해서 우쭐해하거나 우월감을 느끼지 않으며, 실패했다고 해서 우울해하거나 자신이 보잘 것 없다고 느끼지 않는다고 덧붙였다.[19]

다른 사람이나 자신의 기대에 부응했는지에 따라 자기 가치를 판단하고, 그 결과 감정이 극단적으로 오르내리는 일은 단지 시작에 불과하다. 새로 나온 연구에 따르면, 조건적 자존감을 지닌 대학생은 '사회적으로 인정받기 위해 또는 사회적으로 거부당하는 것을 피하기 위해 술을 마실 확률이 높다'는 사실이 밝혀졌다. 또 다른 연구에서는 조건적 자존감을 불안, 적대감, 방어적 태도와 연관 지었다. 이런 사람은 자존감이 위협받으면 비난을 퍼붓는다. 또한 이런 사람은 우울증에 빠져 자기 파괴적인 행동으로 도피처를 찾기도 한다. 만약 이들이 자신이 멋져 보일 때만 자신을 좋게 평가한다면 섭식장애에 걸릴 가능성도 높다.[20]

반대로 일부에서 조롱하는 이 조건 없는 자존감이 사람이 이루고자 하는 최고의 목표임이 밝혀졌다.[21] 대개 자신의 가치가 성과에 따라 정해지지 않는다고 생각하는 사람은 실패를 일시적인 후퇴, 풀어야 할 문제로 생각한다. 이들은 또한 덜 불안해하고 덜 우울해한다.[22] 그리고 이들은 자존감이라는 문제 자체에 별 관심을 두지 않는다.

자신이 얼마나 괜찮은 사람인지를 평가하거나 자신에게 좋은 감정을 가지려고 일부러 노력하는 일은 별 효과가 없을 뿐 아니라 오히려 나쁜 징조다. 그리고 이는 또 다른 문제가 있다는 의미다. 바로 당신의 자존감이 약하며 조건적이라는 의미다. 그러므로 자존감에 대한 역설은 다음과 같다. '필요하다면 가지고 있지 않은 것이고, 가지고 있다면 필요치 않은 것이다.'[23]

그렇다면 조건적 자존감이라는 이 불행한 상태가 나타나는 원인은 무엇일까? 그리고 사람은 어떤 상황에서 어떤 조건을 붙여 자신이 멋지다고 생각할까? 해답은 경쟁이다. 경쟁은 다른 사람 모두 실패할 때 내가 성공하고, 승자에게만 영광이 돌아간다. 경쟁은 자신에 대한 신념을 무너뜨리고 승리하는 사람만이 가치 있다고 가르친다.[24] 또한 다음 장에서 설명하겠지만, 조건적 자존감이 아이를 과잉 통제하는 양육의 결과라는 추론도 있다.

하지만 무엇보다 조건적 자존감은 다른 사람의 일시적 평가에서 비롯되는 것으로 보인다. 그렇다면 처음 이야기로 돌아가 보자. 아이가 특정 조건에서만 부모의 사랑을 받는다고 느끼면, 자신을 인정하기가 매우 어려워진다. 그리고 모든 문제는 여기서부터 시작된다.

제3장
과도한 통제

어떤 아이가 말을 잘 들을까?
정반대의 현상
통제의 대가

얼마 전 오후, 아내와 아이가 공원으로 소풍 갔다가 돌아오자마자 아내가 고개를 저으며 흥분한 목소리로 말했다.

"부모가 자기 아이에게 어떻게 그런 말을 하는지 믿기지가 않아요. 정말 저급하고 냉담했어요. 도대체 왜 그토록 어렵게 아이를 낳은 걸까요?"

나도 아내와 같은 경험을 여러 번 했기 때문에, 순간 주변에서 보고 들은 일을 적어둬야겠다고 마음먹었다. 며칠 후 나는 다음과 같은 일들을 기록했다.

- 도서관 어린이 구역에서 어린아이 하나가 곰 인형을 던졌다는 이유로 크게 혼나고 있다. 근처에는 아무도 없었다.
- 슈퍼마켓에서 과자를 사달라고 조르던 아이의 눈에 과자를 먹는 어린 소년이 들어왔다. 아이가 손가락으로 그 과자를 가리키자 엄마가 말했다.
"저 애는 변기에다 쉬했기 때문에 사 준 거야."
- 놀이터에서 어린아이가 환호성을 지르며 그네에서 뛰어내리자, 아

이 엄마가 '쉿' 하며 꾸짖었다.

"그 바보 같은 짓 좀 하지 마! 오늘은 그네 타기 여기까지야. 한 번만 더 그러면 타임아웃 줄 거야."

● 어린이 박물관의 식수대에서 엄마가 어린 아들이 장난치지 못하게 말리고 있다. 엄마는 그곳에 있는 표지판을 가리키며 지금 아이가 하는 행동을 금지하는 표지판이라고 거짓말한다.

"저 표지판에 물을 튀기지 말라고 씌어 있어."

아이가 이유를 묻자 엄마가 다시 말한다.

"그냥 그렇게 씌어 있어."

얼마 지나지 않아 나는 기록하는 일을 포기했다. 이런 일이 비일비재할 뿐더러 내용 또한 비슷했다. 그리고 이런 일을 기록하는 작업은 시간 낭비일 뿐이라는 생각도 들었다. 기분도 우울했다.

우리는 부모가 운동장에서 재미있게 노는 아이에게 갑자기 이제 갈 시간이라고 말하거나 심지어 아이의 팔을 끌고 가는 모습을 자주 목격한다. 이때 아이가 울면 대개 '피곤한' 탓이라고 생각한다. 우리는 부모가 자기도 모르게 부대원에게 명령하는 군인처럼, 아이 얼굴을 향해 손가락을 치켜들며 소리치는 장면을 볼 때도 있다. 또 음식점에서 아이 때문에 안절부절못하는 부모를 얼마나 많이 보았는가. 이들은 아이에게 매너를 알려주며 자세를 바로잡아 주고, 무엇을 먹어야 하고, 얼마나 먹어야 하는지에 대해 말하느라 정신이 없다. 이쯤 되면 아이는 도망칠 궁리만 한다. 많은 아이가 가족이 둘러앉아 먹는 식사 시간에는 배고프지 않다가 조금만 지나면 배고파진다는 사실은 놀라운 일이 아니다.

나 또한 직접 아이를 갖기 전에는 제대로 판단하지 못했다. 부모 대부분은 직접 유모차를 끌어보기 전에는 요렇게 작은 아이가 얼마나 사람을 화나게 하고, 인내심을 바닥나게 하는지 진심으로 이해하지 못한다. 물론 아이가 주는 한없는 기쁨도 만끽하지 못한다. 다른 부모의 행동에 질겁할 때마다 내가 마음속으로 열심히 되뇌는 것이 바로 이런 생각이다. 그러면서 내가 고작 몇 분간 관찰한 결과를 가지고 각 가정을 판단할 순 없다는 사실을 떠올린다. 부모가 그날 아침에 무엇을 했는지, 내가 목격하기 전에 아이가 어떤 행동을 했는지를 나는 모르기 때문이다.

이 모두를 감안하더라도 한 가지 사실은 분명하다. 공공장소에서 멋대로 행동하는 아이 하나 때문에 수많은 아이가 행동하는 데 제한을 받거나, 야단을 맞거나, 위협을 받는다는 사실이다. 아이의 항의는 당연히 무시되고, 질문도 거절당한다. 아이 요구에 부모는 거의 반사적으로 대답한다.

"안 돼!"

이 대답에 이유를 묻는 아이는 부모의 다음 대답에도 익숙해져 있다.

"엄마(아빠)가 그렇게 말했으니까!"

내가 하는 말을 그대로 믿지 말고, 자신이 연구자가 되었다고 생각하고, 운동장이나 시장, 생일 파티, 공원 등에 갔을 때, 어떤 일이 벌어지는지 주의 깊게 봐라. 전혀 생소한 상황을 보지는 않을 것이다. 다만, 전에는 관심을 두지 않았던 세부적인 장면이 눈에 들어올 것이다. 당신이 목격한 상황을 일반화시키면, 거기에 바로 당신이 있다. 하지만, 조심하

라. 주변 상황에 민감해지는 일이 항상 좋은 것만은 아니다. 너무 자세히 관찰하다 보면, 자신이 관찰하고 있는 아이들이 있는 공원이 더 이상 공원으로 보이지 않을 것이다. 캘리포니아의 어떤 주부는 내게 이런 편지를 썼다.

> 최근에 식품점에 가보신 적 있으세요? 저는 그 어느 때보다 참기 어려웠어요. 부모가 아이에게 굴욕감, 처벌, 보상, 등을 이용하는 것을 보고 있으려니 정말 힘들었어요. 행복했던 제 마음에 무슨 일이 일어난 거죠?
> "가만히 있지 않으면 다시는 가게에 오지 않을 거야!"
> "소리 지르지 않으면 아이스크림 사 줄게!"
> 지금 이런 말들이 저를 질식시키고 있어요. 전에는 어떻게 이런 말들이 안 들릴 수 있었던 거죠?

앞서 두 장에서 설명한 조건적 양육의 다양한 방법에 대해 다시 생각해보자. 이 방법이 그토록 해로운 이유는 아이가 통제받는다고 느끼기 때문이다. 또 다른 이유는 아이의 행동을 바로잡기 위해 처벌이나 보상 등을 이용하면, 아이는 부모의 말을 따를 때만 사랑받는다는 느낌을 받기 때문이다. 조건적 양육은 의도하지 않아도 통제라는 결과를 가져온다. 거꾸로 말하면, 통제는 조건적 양육의 파괴적인 효과를 설명하는 데 도움이 된다.

과도한 통제는 당연히 문제가 된다. 그래서 이 문제를 설명하기 위한 장을 따로 마련했다. 과도한 통제는 타임아웃 또는 별 스티커, 체벌 또는 칭찬, 특권 주기 또는 빼앗기 등 여러 가지 교육과정에서 나타난다.

'우리 사회에서 양육의 가장 큰 문제는 자유방임이 아니라 자유방임에 대한 두려움이다.'

이 기본적인 사실을 이해하지 못한다면, 지금 방법을 다른 방법으로 바꾼다 해도 큰 효과를 얻지 못할 것이다. 결국 우리는 버릇 없는 아이로 키우지는 않을까 하는 걱정에서 아이를 과도하게 통제하게 된다.

물론, 어떤 아이는 버릇이 없고 어떤 아이는 부모의 관심에서 벗어나 있다. 하지만, 아이가 마치 우리의 부속물인 양 대하는 사회 풍토에 대해 논의하는 경우는 드물다. 그러므로 중요한 문제는 과도하게 통제하지 않고도 아이를 지도하는 방법과 한계를 정하는 방법이다. 하지만, 먼저 과도한 통제의 범위와 이를 극복해야 하는 이유를 분명히 밝혀야 한다.

아이를 대할 때, 우리는 아이의 욕구와 선호를 존중하지 않는 경향이 있다. 다시 말해, 아이에 대한 존중이 부족하다. 많은 부모가 마치 아이는 성인처럼 존중받을 만한 가치가 없다는 듯이 행동한다.

심리학자 하임 기너트Haim Ginott는 아이가 실수로 물건을 두고 갔을 때의 우리 반응과 늘 무언가를 놓고 다니는 어른이 물건을 두고 갔을 때의 우리 반응을 생각해보라고 했다.

우리는 아이에게 다음과 같이 나무랄 것이다.

"너 왜 그래? 자리를 뜨기 전에 놓고 가는 것은 없는지 주위를 둘러보라고 몇 번이나 말했어? 내가 괜히 그런 소릴 한 줄 알아?"

어른에게는 그저 이렇게 말할 것이다.

"여기 자네 우산 있네."[1]

습관적으로 아이를 간섭하는 부모가 있다. 이들은 아이가 다른 사람에게 피해를 주거나 물건을 망가뜨릴 위험이 없을 때에도 소리친다.

"그만 뛰어!"

또 어떤 부모는 아이가 힘이 없다는 점을 강조하며 누가 힘 있는 사람인지를 증명하려고 한다.

"내가 엄마니까, 그게 이유야!", "내 집이니까, 내 규칙을 따라!"

물리적인 힘으로 아이를 통제하려는 부모도 있지만, 죄책감을 이용하는 부모도 있다.

"결국 다 널 위한 일인데! 네가 내 마음을 아프게 하는구나."

어떤 부모는 끊임없는 잔소리와 비난을 늘어놓으며 아이를 몰아세운다. 또 다른 부모는 아이가 하는 일에 별다른 말을 하지 않다가 갑자기 폭발한다. 마치 지뢰라도 밟은 듯이 말이다. 이렇게 부모가 갑자기 화를 내는 강압적인 행동은 아이의 행동보다는 부모의 기분에 좌우된 경우가 많다.

물론 모든 부모가 다 그런 것은 아니며, 이렇게 행동하지 않는 부모도 있다. 연구에 따르면 양육에 대한 신념과 행동 양식은 문화, 계층, 인종, 부모가 어렸을 때 겪은 압박감 등에 따라 다양하게 나타난다고 한다.(이에 관한 자세한 내용은 부록 참조) 연구자들은 부모 대부분이 한 가지 방법만으로 아이를 가르치진 않는다고 말한다. 아이의 그릇된 행동이 다양하듯 부모가 가르치는 방법 또한 다양하다.[2]

하지만, 더 흥미로운 문제는 부모가 '그릇된 행동'을 어떻게 판단하는

가에 있다. 어떤 부모는 우리가 보기에 악의 없는 행동도 그릇된 행동으로 간주하고 아이를 엄하게 다스린다.[3] 이것이 소위 '권위주의적인' 양육법이다. 이런 부모는 인정하고 격려하기보다는 더욱 엄하고 까다롭게 아이를 대한다. 자신이 만든 규칙에 대해 설명하거나, 정당성에 대해 이야기하는 경우는 극히 드물다. 이들은 절대적인 순종을 기대하며, 이를 위해 처벌도 자연스럽게 가한다. 또한 아이 스스로 생각하거나 의견을 표현하는 일보다 권위를 따르는 일이 더 중요하다고 믿는다. 이들은 아이를 면밀히 살펴봐야 한다고 주장한다. 권위주의적인 부모는 규칙이 깨지면, 아이가 일부러 깼다고 생각하고, 나이에 상관없이 아이가 그 책임을 져야 한다고 주장한다.

이런 권위주의적인 부모를 주제로 한 글이, 〈부모의 요구에 대한 순종과 부모가 인정할 수 없는 충동의 조기 억압〉이라는 제목으로 제2차 세계대전 후에 권위 있는 연구 프로젝트에 등장했다는 사실은 불행한 일이다. 이 프로젝트는 파시즘의 심리학적 토대, 특히 사람 전체를 증오하며 권력에 눈먼 사람의 유년기를 탐구하기 위해 기획되었다.[4]

물론 이는 통제의 범위 중에서도 가장 극단적인 예를 말한다. 이런 극단적인 예를 들으면 부모는 당연히 이렇게 말할 것이다.

"난 확실히 아니에요. 나는 권위주의자도 아니고 운동장에서 재미있게 노는 아이에게 소리치지도 않아요."

하지만, 거의 모든 부모가 가끔은 과도하게 통제하고픈 충동에 빠진다. 어떤 부모는 아이는 시키는 대로 하는 법을 배워야 한다는 확신을 가지고 아이를 통제한다. 그런 다음, 어쨌든 어른이 아이보다 많이 알고 있지 않느냐고 반문한다. 어떤 부모는 애초에 통제하는 성격을 가지고 습관적으로 아이에게 자신의 생각을 주입한다.[5] 그 밖의 부모는 아이가 반항할 때마다 극단적으로 변한다. 많은 부모가 아이의 안녕에 대해 진심으로 걱정하지만, 자신이 하는 행동이 과도하고 비생산적인 통제가 될 수 있다는 생각은 전혀 하지 못한다.

'그릇된 양육의 사례'를 지켜보며, 우리보다 더 많이 통제하는 사람과 비교해 "난 절대 그렇지는 않아."라고 말하며 안심하기는 쉽다. 하지만, 우리의 진정한 과제는 우리가 하는 일을 돌아보고 이것이 진정으로 아이에게 득이 되는지를 자문해보는 일이다.

어떤 아이가
말을 잘 들을까?

아이에게 품고 있던 야심 찬 목표는 잠시 잊고, 아이가 부모의 요구에 순종하는 이유는 무엇인가를 알아보자. 아이에게 어떤 일을 시키거나 그만두게 하는 것이 목적이라면, 그리고 지금이 바로 그런 상황이라면, 위협하고, 벌주고, 큰 소리로 다그치는 등 권력을 이용하는 방법이 때로는 효과가 있다.[6] 하지만, 결국은 권력을 이용하지 않는 대신 아이와 따뜻하고 안정된 관계를 유지하는 부모의 아이가 말을 잘 듣는다. 이런 부모는 아이를 존중하며, 통제를 최소화하고, 아이의 물음에 논리적으로 설명해 주는 것을 중요하게 생각한다.

여기서 한 권위 있는 연구자들의 연구 결과를 보자.

첫 번째 연구에서는, 세심하게 잘 받아 주며 협력적인 부모와 '아이에게 자신의 생각을 주입하고, 아이를 자신의 기준에 맞추며, 아이의 필요나 바람, 성장 활동을 고려하지 않고, 자신에게 아이를 마음대로 통제할 권한이 있다'고 생각하는 부모의 차이를 알아보았다. 결과는 통제가 적었던 첫 번째 그룹에 속한 부모의 아이가 말을 더 잘 들었다.[7]

두 번째 연구에서는, 특정 요구에 가장 잘 따른 두 살배기 아이의 부모는 '아이가 원하는 것을 분명히 알고 아이의 저항에 귀를 기울일 뿐 아니라 아이의 자율성과 개성을 인정하고 존중한다'는 사실이 밝혀졌다.[8]

세 번째 연구에서는, 반항이 심한 미취학 아이들에게 초점을 맞추었다. 이 아이들의 몇몇 엄마에게는 평상시 하던 대로 아이와 놀아주라고 요청했고, 다른 엄마에게는 '아이가 선택한 놀이에 참여해 아이에게 놀이의 성격과 규칙을 정하도록' 하라고 요청했다. 이들 부모에게는 아이에게 지시나 비판, 칭찬을 삼가 달라고 부탁했다.(칭찬은 조종의 다른 형태에 불과하다는 사실을 기억하라) 놀이시간이 끝나고 나서 연구자의 요청에 따라 엄마는 아이에게 장난감을 정리하라고 지시했다. 결과는 통제를 적게 받은 아이, 즉 놀이 방법에 더 많은 선택권을 가졌던 아이가 엄마의 지시에 훨씬 더 잘 따랐다.[9]

이 연구 결과에서 드러나듯이 통제에 기초한 교육법의 문제점은 어른이 방을 나가고 나서 아이의 행동을 지켜보면 분명히 알 수 있다. 한 연구자는 아이가 혼자 남았을 때, 어떤 아이가 하라는 요구뿐만 아니라 하지 말라는 요구도 잘 따르는지 궁금했다. 이 질문에 대한 답 역시 마찬가지였다. 말을 잘 듣는 아이는 자신을 격려하고, 따뜻하게 대하며, 강압적인 통제를 꺼리는 엄마의 아이였다.[10]

증거는 계속 나타난다. 한 그룹의 심리학자들은 무엇이 '마지못해 하는 순종'과 정반대인 '진심 어린 순종'을 낳게 하는지를 조사했다. 또 다른 그룹의 심리학자들은 무엇이 아이가 자신의 부모가 아닌 다른 어른의 지시에도 잘 따르게 하는지를 알고자 했다.[11] 두 경우 모두, 통제를 중요하게 생각하는 부모보다는 존중해주고 반응해주는 부모 밑에서 자란 아이가 지시를 더 잘 따르는 것으로 나타났다.

시키는 대로 하라는 강압적인 방식이 효과를 보지 못하는 이유 중 하나는 마지막 분석에서 보았듯이, 부모가 아이를 실제로는 통제할 수 없기 때문이다. 아이에게 특정 음식을 먹게 하거나 특정 장소에 소변을 보게 하는 것은 매우 어려운 일이다. 그리고 억지로 아이를 잠자리에 들게 하거나, 울음을 그치게 하고, 부모의 말을 듣게 하거나, 부모를 존중하라고 하는 것은 불가능한 일이다. 부모가 가장 애를 먹는 문제가 바로 이런 문제다. 이는 한 사람이 다른 사람에게 근본적으로 강요할 수 있는 범위를 뛰어넘으려 하기 때문이다. 이 연구 결과로 특히 영아 그리고 청소년을 통제하고자 하는 목표는 착각임이 밝혀졌다.[12] 그럼에도 말 잘 듣는 아이로 만들기 위해 더 새롭고 영리하며 강한 방법을 끊임없이 찾는다는 사실은 슬픈 일이다. 이런 방법이 실패하면 똑같은 결론에 이르는 증거로만 남을 뿐이다.

정반대의 현상

아이를 통제하기 위해 가장 많이 신경 쓴 부모가 결국은 아이를 가장 통제하지 못한다는 사실에는 분명 모순이 있다. 하지만, 이런 모순보다 더 중요한 문제는 권력에 기초한 방법이 단순히 효과가 없다는 것이 아니라 설령 효과가 있는 것처럼 보일지라도 심각한 해를 가져온다는 사실이다. 부모역할훈련Parent Effectiveness Training을 고안한 토마스 고든Thomas Gordon 박사는 내게 이런 말을 했다.

"독단적인 환경이 사람을 병들게 한다."

물론 모든 사람이 같은 식으로 병들지는 않는다. 심리치료사들은 근본적인 원인 하나가 매우 다른 결과를 가져온다는 사실을 오랫동안 알고 있었다. 예를 들면, 자신의 가치를 의심하는 사람은 끊임없이 자신을 비하하고 불안한 행동을 한다. 하지만, 똑같이 자신을 의심하는 사람이 거만하게 행동하며 자화자찬에 빠지기도 한다. 이들은 낮은 자존감을 보완

하려고 과장된 행동을 한다. 그러나 명백히 다른 이 두 가지 성격의 원인은 같다고 봐야 한다.

부모가 절대적인 통제를 주장할 때도 마찬가지다. 이에 대해 어떤 아이는 지나치게 고분고분하고, 다른 아이는 심하게 반항한다. 각 반응에 대해 차례로 알아보자.

많은 부모가 항상 말 잘 듣는 아이를 꿈꾼다. 하지만, 서두에서 이미 지적했듯이 아이가 겁에 질려 하는 순종은 사실 좋은 현상이 아니다. 우리는 상사의 말에 절대 반기를 들지 않고 고분고분한 직원을 '예스맨'이라며 놀려댄다. 그렇다면 '예스 어린이'는 어떤가?

1948년 〈아동발달Child Development〉지는 이와 관련한 연구 하나를 발표했다. 통제하는 부모 밑에서 자란 미취학 아동은 '조용하고, 얌전하며, 반항하지 않는' 경향이 있었다. 하지만, 이 아이들은 친구와 잘 어울리지 못하고 호기심과 독창성이 부족했다. 연구자는 권위주의적인 통제가 순종을 이끌어낼 수는 있지만, 그 대가로 개인의 자유를 빼앗아간다고 결론 내렸다.[13]

40여 년 후인 1991년, 이 잡지는 4,100명의 청소년을 대상으로 한 연구를 특집으로 다루었다. 이 연구 목적은 아이가 심리적으로나, 사회적으로 얼마나 바른 행동을 하는지를 알아보고, 그 결과와 아이가 자라온 방식을 비교하기 위해서였다. 권위주의적인 부모 밑에서 자란 아이는 '어른의 기준에 순종하고 순응하는 척도'에서 대개 높은 점수를 받았다. 하지만, 연구자들은 다음과 같은 말을 덧붙였다.

"이 아이들은 사회적 능력과 학습 면에서는 자신감을 크게 잃은 듯 보였다."

이 모든 흐름으로 볼 때, 과도하게 통제받은 아이가 순종적인 청소년이 된다는 점을 알 수 있다.[14]

과도한 순종은 과도한 통제의 결과다. 하지만, 같은 방식의 양육이라도 아이를 정반대의 결과로 이끌 수 있다. 즉, 모든 일에 반항하는 아이가 있다. 이런 아이는 자신의 의지와 판단, 그리고 자신의 삶에 대해 말하고자 하는 욕구가 모두 억눌려 있다. 그래서 아이는 자율성을 회복하는 유일한 방법으로 심하게 저항하는 것이다.

강압적으로 아이를 우리 결정에 따르게 하면, 아이는 무력감을 느끼고, 그 무력감은 강한 분노로 변한다. 그 순간 아이가 분노를 표출하지 않았다고 해서 분노가 사라진 것은 아니다. 분노가 억눌린 상태에서 일어나는 일은 아이의 성격과 상황에 따라 달라진다. 때론 그 분노가 부모와 더 자주 다투는 결과로 나타난다. 여기서 작가 낸시 사말린Nancy Samalin의 말을 들어보자.

"우리는 이겨도 진 것이다. 아이를 힘이나 위협, 처벌로 순종하게 하면 아이는 무력감을 느낀다. 아이는 무력감을 견디지 못하고 또 다른 대립 구도를 만들어 자신도 힘이 있다는 사실을 증명하려고 한다."[15]

그렇다면 아이가 그 힘을 사용하는 법을 어디에서 배울까? 바로 우리다. 권위주의적인 양육은 아이를 화나게 할 뿐 아니라 그 화를 다른 사람에게 돌리는 방법까지도 가르친다.[16]

이런 아이는 권력을 가진 인물을 계속 경멸하며 자란다. 때로는 이 모든 적대감을 학교나 운동장에 쏟아내기도 한다. 연구에 따르면 통제하는 부모 밑에서 자란 아이는 세 살만 되어도 친구를 방해하고, 공격적인 성향이 점점 강해져 어떤 친구도 이 아이와 어울리려 하지 않는다고 한다.[17] 외톨이가 되면 아이의 성장에 좋지 않음은 자명한 일이다.

아이가 당신에게 직접 반항하는 것이 두려울 때는 뒤에서 반항하는 방법을 생각해낸다. 강압적인 양육으로 자란 아이는 행동이 너무 단정해 이웃의 부러움을 사기도 하지만, 사실 이 아이는 교활한 방법으로 자신의 잘못된 행동을 감출 뿐이다. 겉으로는 완벽해 보이지만, 실제로는 '이중생활'을 하고 있는 것이다. 어떤 치료사는 이렇게 말했다.

"부모가 아이의 삶을 통제하려고 하기 때문에 아이는 부모가 아는 삶과 부모가 모르는 또 다른 삶을 살아간다."[18]

이런 아이는 심리적으로 많은 어려움에 처할 수 있다. 또한, 자신을 통제하려는 사람을 무서워하며 끝까지 그들을 멀리할지도 모른다. 따라서 조건적 사랑과 마찬가지로 엄격한 통제도 단기적으로는 효과가 있지만, 시간이 지나면서 아이와의 관계에 치명적인 상처를 남긴다.

한 엄마가 온라인 토론장에서 흥미로운 이야기 하나를 했다. 크리스마스를 함께 보낸 남편의 친척들에 관한 이야기였다. 이 친척들은 엄격한 교육을 받고 자랐으며, 지금도 엄격한 방법으로 자신의 아이를 키운다고 했다. 하지만, 이들은 크리스마스 기간 내내 젊었을 때 저질렀던 탈선행위에 관한 이야기만 나누었다고 했다.

"그렇게 단정하고 철저한 교육을 받아 예의 바른 아이로 자란 사람들이 부모님이 등만 돌리면 충동적인 불량 학생으로 변했던 거예요. 그들은 내가 생각지도 못한 일을 저질렀던 거라고요."

그녀는 이렇게 말하면서, 그녀 집안은 품행 차트나 보상, 처벌, 외출 금지, 체벌, 특권 빼앗기 등과 같은 벌이 전혀 없었다고 했다. 그리고 맹세컨대 심각한 탈선행위도 없었다고 했다.

반항이 항상 나쁘다는 말은 아니다. 어느 정도의 거절은, 특히 2~3세 유아와 10대 초반의 아이에게 흔히 나타나며 지극히 건강한 행동이다. 하지만, 내가 문제 삼는 반항은 과장된 형태의 충동적 반항이다. 이런 반항은 오래 지속되고 깊게 자리 잡는다. 이런 아이들이 바로 순종을 목적으로 하는 양육법이 효과가 없을 뿐 아니라 다른 많은 문제를 일으킨다는 산 증거다.

그럼 과도한 순응이나 과도한 저항의 대안은 무엇인가? 그런 아이는 어떤 아이를 말하는가? 이런 아이는 부모나 다른 어른의 요구에 억지로 순종하거나 반발하지 않으며, 때로는 "예"라고 말하고, 때로는 "아니요"라고 말한다. 이런 말에 강압적인 순종이나 반항심은 느껴지지 않는다. 이런 아이는 요구 받은 일이 있을 때, 그 일이 요구한 사람에게 중요하다거나 자신이 합리적이라고 생각하면, 그 요구를 잘 들어준다. 이런 아이의 부모는 아이를 존중하고, 무언가를 요구할 때 이유를 설명하고, 비현실적인 순종은 기대하지 않으며 신뢰를 쌓아가는 부모일 가능성이 크다. 그리고 이런 부모는 아이가 때로는 반항하며 자기 의견을 주장할 것이라는 사실을 인정하고, 이런 상황에 과민 반응을 보이지 않는다.

통제의 대가

2장에서 나는 로체스터 대학의 심리학자 리처드 라이언과 에드워드 디치의 연구를 인용해 조건적 자존감의 효과를 설명했다. 디치는 또한 대학생에 관한 연구에도 참여해 조건적 양육의 부정적 결과도 발견했다. 이 두 연구자는 지난 수십 년간 연구 과정에서 사람은 나이를 불문하고 통제를 받으면, 그 통제가 처벌이든 보상이든, 조건적 사랑이든 직접적 강압이든 관계없이 나쁜 결과를 가져온다는 증거를 수집했다.

양육법을 조사하면서, 이들은 제약과 통제를 받는다고 느끼는 아이일수록 사교적인 활동을 거부할 가능성이 크고, 자기 정체성에 대한 불안감도 크다는 사실을 알아냈다.[19] 대학생의 연구로 돌아가 보자.

"네가 이럴 때만 널 사랑해"

부모에게 이런 말을 들으면 해가 되는 이유가 무엇이었나? 그 이유는 이런 메시지 탓에 아이가 마음속 깊이 통제받는다고 느끼기 때문이었다. 이런 아이는 부모를 기쁘게 하고, 스스로 만족하기 위해 특정한 방식으로 행동해야 한다고 느끼며 자랐다. 이 문장에서 중요한 말은 '해야 한다'다. 따라서 아이는 다른 생각을 할 만큼 심리적으로 자유롭지 못했다는 말이다.

착하게 행동하거나 열심히 공부해서 엄마나 아빠를 기쁘게 하려는 동기를 내면화할 때, 자신의 진정한 선택이 아니라면 좋은 일이 아니다. 이런 사실은 이미 연구에서도 그대로 나타났다. 조건에 따라 부모가 자신을 사랑한다고 생각한 아이들은 자신의 행동 방식이 '진정한 선택'보다는 '강한 내부 압력'에서 비롯됐다고 말했다. 이들은 또한 성공 후의 행복감이 오래가지 않았으며, 자신에 대한 생각도 자주 바뀌었고, 종종 죄책감이나 부끄러움도 느꼈다고 했다.[20]

디치와 라이언은 아이가 자기 결정권을 갖고자 하는 기본적인 욕구뿐만 아니라 이 욕구를 충족하는 능력도 가지고 태어난다고 말한다. 즉, 아이는 '타고난 자율성의 자이로스코프(팽이가 어느 방향으로도 회전할 수 있도록 한 장치 - 옮긴이)'를 달고 태어난다는 말이다. 우리가 아이에게 상을 주고 칭찬하는 식으로 과도하게 통제하면 아이는 이러한 외부 통제에 의존하기 시작한다. 자이로스코프가 흔들리기 시작하면 아이는 자신을 조절하는 능력을 잃어버린다.[21]

떨어지는 칼로리 조절 능력

음식은 이런 설명에서 매우 좋은 예다. 아이는 항상 좋은 음식만 골라 먹지 못한다. 그래서 우리가 어떤 음식이 몸에 좋고 나쁜지를 가르쳐야 하며, 아이가 어떤 것을 선택해도 괜찮은 음식으로 준비해야 하는 이유가 여기에 있다. 반면 우리가 간섭하지 않아도 어린아이는 대개 몸에 필요한 칼로리를 소비한다. 아이는 때로 거의 먹지도 않고 온종일 나가 놀아 걱정을 끼치다가도 갑자기 엄청난 양을 먹어 치운다. 만약 아이가 살찌는 음식을 먹으면 그다음에는 덜 먹거나 칼로리가 적은 음식을 먹는다. 먹는 양에 관해서는 아이의 자기 조절 능력은 뛰어난 듯하다.

우리가 아이의 음식을 통제하려는 순간 상황은 달라진다. 몇 년 전, 일리노이 주의 영양학자 둘이서 흥미로운 실험을 했다. 이들은 2~4세 어린이 77명을 대상으로 관찰한 결과, 부모가 아이의 식습관을 얼마나 많이 통제하는가를 알게 되었다. 이들은 아이가 배고플 때가 아닌 식사 시간에만 밥을 먹어야 한다고 가르치는 부모, 아이는 배가 고프지 않더라도 그릇을 다 비워야 한다고 가르치는 부모, 또는 상으로 음식(특히 후식)을 이용하는 부모 밑에서 자란 아이는 칼로리 섭취를 조절할 능력이 떨어진다는 사실을 발견했다. 이들 부모 중 몇몇은 자신 또한 음식 섭취에 문제점을 가지고 있었으며, 이 문제를 자기 아이에게 고스란히 넘겨주는 듯했다. 부모가 음식을 과도하게 통제하는 이유가 무엇이었든 간에, 어떤 아이는 기저귀를 떼기도 전에 칼로리 조절 능력이 떨어지고 있었다. 이런 아이는 자신의 음식 섭취량을 조절하는 능력을 배울 기회가 거의 없었으므로 배고픈 때를 알리는 몸의 신호를 모르고 지나쳤던 것이다. 결과는 하나다. 이들 중 많은 아이가 이미 뚱뚱해지기 시작했다.[22]

떨어지는 도덕성

음식에 관한 결론은 흥미롭고도 놀랍다. 하지만, 음식도 위험한 예의 하나일 뿐이다. 먹는 것뿐만 아니라 윤리적인 면에서도 외적 규제가 내적 조절 능력의 발달을 방해한다. 강압적인 양육 형태는 아이의 도덕발달에 어떠한 역할도 하지 못하고, 오히려 손상할 뿐이다. 부모가 시키는 대로 해야 한다는 압력을 받는 아이는 윤리적인 문제를 깊이 생각하지 않는다. 이는 바로 악순환으로 이어진다. 올바른 행동 방식을 생각할 기회가 줄어들수록 아이는 무책임한 행동을 하고, 부모는 아이가 무책임하기 때문에 선택할 권리를 주지 않는다.

인용 횟수가 많은 아동발달 연구 보고서를 보면, 권위주의적인 부모 밑에서 자란 아이는 유혹을 뿌리치는 의지도 약하고, 양심도 바르지 못하며, '올바른' 행동을 결정해야 하는 도덕적 갈등 상황에서도 내적 도의보다는 외적 도의의 영향을 더 많이 받는다는 점을 알 수 있다.[23]

떨어지는 흥미

자신이 하는 일이 강제성을 띤다고 느낄 때, 즉 규제가 너무 심하다고 느낄 때, 아이는 하는 일에 흥미를 덜 느끼고, 도전적인 일을 하지 않게 된다. 한 흥미로운 실험에서, 장난감을 가지고 노는 두 살도 채 안 된 아이들 곁에 아이의 부모들에게 앉아 있으라고 부탁했다. 어떤 부모는 바로 놀이에 끼어들며 지시하기 시작했다.

"블록을 끼워 넣어야지. 아니, 거기 말고. 저기!"

다른 부모는 아이가 탐구하도록 내버려 두고 아이가 필요할 때만 도움을 주며 격려했다. 다음에는 이 아이들에게 다른 장난감을 주고 부모를 참석시키지 않았다. 통제하는 부모와 같이 있었던 아이는 처음으로 혼자 놀게 되자 새 장난감을 탐색하고 고민하기보다는 쉽게 포기하는 경향을 보였다.

약 십 년 후에 행한 다른 연구를 보면, 6~7세 어린이도 매우 비슷한 결과를 보였다. 지시하고, 질책하고, 칭찬하는 등 통제하는 부모의 아이는 놀이에 흥미를 빨리 잃어버렸다. 그리고 이런 아이는 혼자일 때, 장난감을 가지고 노는 시간도 적었으며, 통제가 적은 부모 밑에서 자란 아이보다 장난감이 재미없다고 말했다.[24]

떨어지는 학습 능력

아이의 흥미가 감소한다는 사실을 증명한 첫 연구는 1980년대 중반 디치와 라이언의 제자였던 웬디 그롤닉Wendy Grolnick과 그녀의 동료가 시행했다. 두 번째 연구는 디치가 시행했다. 그리고 20년이 지나고 나서 그롤닉은 통제하는 부모가 아이의 흥미만 떨어뜨리는 게 아니라 아이의 학습 능력까지도 떨어뜨린다는 사실을 발견했다. 그롤닉은 초등학교 3학년 학생과 부모가 숙제와 유사한 두 개의 프로젝트를 함께하는 모습을 관찰했다. 하나는 지도 사용에 관한 것이었고, 다른 하나는 시의 운율에 관한 것이었다. 그리고 부모 없이 아이 혼자 이와 비슷한 과제를 하도록 했다. 통제가 심한 부모의 아이는 혼자서는 과제를 제대로 하지 못했다.[25]

흥미롭게도 가장 통제가 심했던 부모는 과제로 아이의 능력을 테스트한다는 시험관의 말을 들은 후, 통제받는다고 느낀 부모였다.[26] 교사들에게도 똑같은 현상이 일어난다. 평균을 올리라는 압박을 받으면, 교사도 엄격한 교관으로 변한다. 역설적이게도 이런 교사의 반 아이들은 '책임'에 대한 강요를 덜 한 교사의 반 아이들보다 학업 성취도가 낮게 나타난다.[27]

《통제하는 부모의 심리 The Psychology of Parental Control》라는 책에서 그롤닉은 수많은 연구 결과를 이렇게 요약했다.

"통제하는 양육법은 내적 동기 수준을 낮추고, 가치와 도덕의 내면화를 약화시키며, 자기 조절 능력을 퇴화시킨다. 또한 자신감을 약화시키고, 부모와 자식 관계에 예상치 못한 부작용을 낳는다."

그리고 그녀는 이 문제가 아이의 발달과 안녕뿐만 아니라 행복하고 활동적인 어른으로 자라는 데에도 영향을 미친다고 덧붙였다. 그녀가 검토한 자료를 보면, 아이는 나이에 따라 욕구가 다르지만, 과도한 통제는 나이에 상관없이 아이에게 큰 해를 입힌다는 점을 알 수 있다. 또한, 양육방식이 인종, 계층, 문화 등에 따라 다양한 것은 분명하지만, 과도한 통제는 양육방식과 상관없이 부정적인 결과를 낳는다는 점도 알 수 있다.[28]

물론 '과도한'이나 '심한'과 같은 용어는 통제에 이상적인 양이 있는가 하는 의문을 낳는다. 내 대답은 아이에게 무엇이 유익한가를 생각할 때 양적인 면보다는 질적인 면을 고려해야 한다는 것이다. 우리가 '통제'를 어떻게 정의하느냐에 따라 단순히 통제를 줄이라고 말하기보다는 통제에 대한 대안을 찾으라는 말이 더 이치에 맞을 것이다. 아이의 인생도 체계가 필요하지만, 이 말은 통제가 적당히 필요하다는 말은 아니다.[29] 이

미세한 차이를 어떻게 구분해야 할까? 조금 애매한 부분이 있기는 하지만, 일반적으로 꼭 필요할 때에 융통성 있고 합리적인 체계를 설정해야 한다. 과도한 통제는 필요치 않다. 또 필요한 때에는 아이가 스스로 통제할 수 있어야 한다. 이렇게 하면, 우리의 의지를 강요하기 위해 권력이나 압력을 행사했을 때와는 상당히 다른 결과를 경험할 것이다.

부모로서 우리는 아이 인생의 세부적인 면까지 관여하고 인식할 필요가 있다. 그저 방관자의 자세로 아이가 알아서 자라도록 내버려 두라는 뜻으로 이 책을 이해해서는 안 된다. 건전하고 안전한 환경을 만들고 지도하며, 한계를 정한다는 의미에서 하는 '통제'는 우리의 의무다. 하지만, 절대적인 복종을 요구하고, 압력이나 지속적인 규제에 의존한다는 의미에서 하는 '통제'는 우리의 의무가 아니다. 사실 모순적으로 들리겠지만, 아이가 자기 삶을 스스로 통제하도록 돕기 위해서는 우리의 통제가 필요하다. 통제의 목적은 순응이 아닌 권한을 주는 것이며, 그 방식은 강제적이기보다는 존중하는 형태여야 한다.

불가피하게 일반적인 의미의 통제를 해야 할 때가 있다. 이때도 과도한 통제를 피해야 한다. 하지만, '과도한 통제'와 '부족한 통제' 사이에서 만족스러운 중간 지점을 찾으려 하기보다는 통제와 근본적으로 다른 양육법을 생각해야 한다. 9장에서 그 방법에 대해 설명한다.

제 **4** 장

처벌의 대가

처벌은 왜 실패하는가?

처벌·통제·권위주의적인 양육·애정철회·조건적 사랑, 이런 단어의 개념은 모두 중복된다. 하지만, 우리에게 가장 친숙하고 이해하기 쉬운 단어는 바로 첫 번째 단어다. 아이를 벌하는 간단한 이유는 아이의 향후 행위를 바로잡으려는 목적으로 아이에게 재미없는 일을 하게 하거나 즐거운 일을 하지 못하게 하는 것이다. 다시 말해, 처벌을 하는 사람은 아이에게 교훈을 주기 위해 고통을 준다.[1]

굳이 과학적 조사 결과를 확인하지 않더라도, 처벌이 주는 교훈에 근본적인 의문이 생긴다. 예를 들어, 이렇게 질문해보자. 아이를 일부러 불행하게 하면 아이에게 득이 될 가능성이 얼마나 되는가? 처벌이 그렇게 효과적이라면 왜 아이에게 처벌할 일이 자꾸 생기는가?

현재까지 확인 가능한 연구를 보면, 이런 의문점을 전혀 해소하지 못하고 있다. 1957년에 발표된 연구는 그 저자까지도 깜짝 놀라게 했다. 이 연구자는 유치원생과 그 엄마를 조사한 자료를 검토하고 나서 다음과 같이 말했다.

"처벌의 부작용은 꼬리에 꼬리를 물고 이어진다."

싸움을 못 하게 하거나 오줌을 못 싸게 하는 등 부모가 어떤 이유로 처벌하든지 간에 처벌은 역효과를 가져오는 것으로 나타났다. 계속된 연구에서 연구자들은 아이의 행동을 저지하기 위한 처벌이 결국에는 효과가 없다는 사실을 거듭 확인했다.[2] 최근에 잘 구성된 연구 역시 이 결론을 더 강하게 뒷받침한다. 예를 들면, 가정에서 규칙을 어겨 처벌받은 아이가 집 밖에서는 더 위험한 방법으로 규칙을 어겼다.[3]

지금까지 발표한 자료를 보면, 체벌의 파괴적인 효과도 잘 증명하고 있다. 여기서 체벌이란 훈육의 한 형태로 아이의 볼기나 손바닥을 때리는 등 아이에게 육체적 고통을 가하는 모든 행위를 말한다. 이 자료는 체벌이 아이를 공격적으로 만들며, 여러 가지 부정적 결과의 원인이라는 압도적인 사실을 잘 보여준다. 그리고 체벌이 일시적인 순종을 얻는 데 효과가 있는지조차도 분명치 않다.[4] 아이를 때리는 행위는 분명히 아이에게 교훈을 준다. 그러나 그 교훈은 다름 아닌 자기보다 약한 사람에게 상처를 입힘으로써 자기 방식을 따르게 할 수 있다는 교훈이다.

체벌이 불필요하고 비생산적이며 해롭다는 점을 고려하면, 나는 이런 연구가 체벌의 무관용 원칙(사소한 규칙 위반에도 엄격하게 처벌하는 원칙 - 옮긴이)을 뒷받침한다고 생각한다. 이에 대한 자료를 더 인용하지 않더라도, 이 기본적인 가치만으로도 체벌에 대한 반대 의견을 충분히 정당화할 수 있다. 남성이 자기 아내나 여자 친구를 때리는 행위도 몸서리칠 만한 일인데, 어떤 이유와 방식으로든 어른이 아이를 때리는 행위는 더욱 참담한 일이다.

그렇지만, 통제에 관한 문제가 처벌에만 국한된 문제가 아니듯이, 처벌에 관한 문제 역시 육체에만 국한된 문제가 아니다. 사회학자 조안 맥코드Joan McCord가 이를 잘 설명한다.

> 부모와 교사가 육체적인 처벌 대신 정신적인 처벌을 하려 한다면, 아이를 때리거나 발로 차는 행위를 가르치는 것은 피할 수 있다. 그렇다 하더라도 고통을 주는 것이 권력을 행사하는 합법적인 방법이라는 생각은 여전히 남을 것이다. 이는 동정심과 사회 이익을 훼손하는 결과를 낳는다.[5]

달리 말하면, 문제는 아이에게 강제로 불쾌한 일을 겪게 한다는 데 있다. 이 불쾌함은 물리적 폭행, 애정이나 관심의 철회, 모욕, 고립 등에서 비롯된다.

주목할 점은, 체벌을 확고하게 반대하는 몇몇 작가조차도 다른 처벌은 해가 없다거나 심지어 필요하다는 믿음을 갖고 있다는 것이다. 처벌에 관한 바로 이런 인식의 문제점을 잘 표현한 세 명의 뛰어난 저자에는 토마스 고든, 하임 기너트, 윌리엄 글래서William Glasser가 있다.

한편, 수많은 상담가가 처벌을 '행위에 따르는 당연한 대가'로 포장함으로써 처벌을 꺼리는 부모를 위로해왔다. 어떤 경우에는 방식은 같더라도 친숙한 명칭을 사용하면 덜 공격적으로 보인다는 생각으로 단순히 명칭만 바꿔 사용한다. 그리고 이들은 그리 심하지 않은 처벌이나 논리적으로 잘못된 행동을 저질렀을 때, 또는 미리 경고한 처벌의 경우에는 처벌을 사용해도 좋다고 말한다. 실제로 이들은 이런 처벌을 절대 처벌로 여기지 않는다.

믿을 수 없는 일이다. 그리고 아이도 이런 의견에 동의하지 않을 것이다. 아이가 처벌을 예측할 수 없거나 정도가 심할 경우, 상황은 더 나빠진다. 하지만, 이것이 처벌이 일으키는 부작용의 주요 원인은 아니다.

"A를 하면 네게 B를 할 거야. 기억해 둬."

이렇게 처벌 계획을 아이에게 미리 설명하면 부모는 양심의 가책을 덜 느낀다. 공정한 경고를 줬다는 생각 때문이다. 하지만 이 말은 아이를 위협하는 말이다. 아이가 순종하지 않으면 정확히 어떻게 고통을 주겠다고 미리 말하는 것이다. 이 말은 다음과 같은 메시지를 전한다.

"나는 네가 처벌에 대한 두려움이 없으면 올바로 행동하지 않을 거라고 생각해."

이런 말은 아이를 믿지 못한다는 메시지로 아이가 외적 동기를 따르게 하는 원인이 된다. 또 아이가 힘 없는 존재라는 점을 강조하는 말이다. 처벌 계획을 미리 설명해주거나 처벌을 다른 이름으로 부른다 해도 논리, 경험, 연구 등을 통해 예상할 수 있는 처벌의 모든 파괴적인 효과가 그대로 나타난다.[6]

부모는 아이를 때리기보다는 타임아웃을 이용하라는 조언을 듣기도 한다. 마치 이 두 가지 방법만 있다는 듯이 말이다. 우리가 확인했듯이 사실은 두 방법 모두 처벌이다. 이 둘은 단지 아이가 육체적 고통을 받느냐 정신적 고통을 받느냐의 차이만 있을 뿐이다. 우리가 둘 중 하나만 선택해야 한다면 타임아웃이 아이를 때리는 것보다는 낫다. 하지만, 이렇게 따지면 아이를 때리는 것이 아이에게 총을 쏘는 것보다는 낫다는 말로 이어진다. 하지만 이 말은 체벌을 정당화하는 적절한 논리가 아니다.

'가벼운 처벌'이라고 부르는 또 다른 방법에는 아무것도 하지 않는 것, 즉 도와주기를 거부하는 교육법인 '자업자득'이 있다. 아이가 저녁 식사 시간에 늦으면 배가 고프도록 굶긴다. 아이가 학교에 비옷을 두고 오면 다음날 비에 젖도록 내버려 둔다. 이런 방법은 아이에게 시간을 잘 지키라거나 물건을 잃어버리지 말라고 가르치는 방법이다. 하지만, 여기서 아이가 받아들이는 교훈은 우리가 도와줄 수 있었는데도 도와주지 않았다는 점이다. 나쁜 일이 벌어져도 방관하는 자세로 일관한다면, 아이는 잘못된 일에 더 크게 실망하고, 당신은 사고를 예방할 능력은 있지만 관심이 없는 모습으로 아이에게 비칠 것이다. '자업자득' 방법도 실제로는 처벌의 한 유형이다.[7]

처벌의 가장 눈에 띄는 점은 애정철회나 긍정적 강화에서 살펴본 바와 같이 악순환을 낳는다는 점이다. 처벌받은 아이가 분노와 고통으로 강하게 저항할 때, 즉 처벌이 상황을 전혀 개선하지 못할 때, 우리가 할 수 있는 유일한 방법은 더 강도 높은 벌을 주는 것이라고 생각한다. 흥미로운 점은 부모의 초기 개입 때보다 아이가 최초 요구에 불응한 후 처벌받을 때, 가장 부정적인 효과가 나타난다는 사실이다. 이는 아이와 이미 한바탕 싸우고 나서 반발로 처벌했다는 뜻이며, 가장 걱정스러운 부분이기도 하다. 그러므로 화가 나거나 실망했을 때일수록 처벌을 자제하는 것이 무엇보다 중요하다.[8]

그러나 주목해야 할 악순환은 아이와 싸우는 순간이 아니라 시간이 지나고 나서도 아이와 싸우는 일이 계속 이어질 때 발생한다. 반복적으로 어린아이를 처벌하면 아이는 반항적인 청소년으로 자란다. 그러면 우리는 더 강하게 처벌하라는 말을 듣는다. 예를 들어, 반항하는 아이에게는 외출금지 명령을 내리고, 용돈을 삭감하고, 아이가 책임감 있게 행동하도록 권력을 이용하라는 말을 듣는다. 이런 방법이 실패로 돌아가면 우리는 흔히 방법 자체에 문제가 있다기보다는 아이에게 문제가 있다고 생각한다.

숨을 고르고 우리가 한 행동을 다시 생각해봐야 한다. 그렇지 않으면 우리는 아이에게 고통으로 교훈을 주겠다는 생각 전반에 문제가 있다는 사실을 깨닫지 못하고, 단지 방법을 잘못 사용했다고 생각하게 된다. 그럼 여기서 기너트의 다음과 같은 말을 음미해보자.

"나쁜 행동과 처벌은 서로 상쇄하는 반대 개념이 아니다. 오히려 이 둘은 서로를 낳고 강화한다."[9]

처벌은
왜 실패하는가?

여러 증거로 볼 때, 아이를 처벌하는 방법이 효과가 없다는 사실을 부인하기는 어렵다. 효과가 없는 이유를 분명히 밝히기는 더 어렵다. 하지만, 몇 가지 추측은 가능하다.

처벌은 사람을 화나게 한다

다른 형태의 통제와 마찬가지로 처벌은 받는 사람이 누구든 상관없이 몹시 화나게 한다. 그리고 자신이 아무것도 할 수 없다는 무력감 때문에 고통은 배가 된다. 역사를 보면 그 국가를 알 수 있듯이, 심리를 보면 그 사람에 대해 알 수 있다. 기회 있을 때마다 희생자라고 말하는 사람은 결국 가해자가 될 수 있다.

처벌은 권력 사용을 미화한다

체벌이 아이에게 보여주는 본보기는 폭력이다. 즉, 힘을 이용해 문제를 해결하는 본보기가 된다. 실제로 모든 처벌은 비슷한 것을 가르친다.

"다시는 A를 하지 마."

이처럼 말하며 아이를 처벌했을 때, 아이는 우리가 의도했던 교훈을 배울 수도 있고, 그렇지 않을 수도 있다. 하지만 자신에게 가장 중요한 롤모델인 부모가 문제가 생길 때, 권력으로 다른 사람을 불행하게 해서 문제를 해결한다는 점만은 확실히 배울 것이다. 그러므로 처벌은 아이를 화나게 하는 동시에 아이에게 적개심을 표출하는 방법도 알려준다.[10] 다시 말해, 처벌은 처벌이 옳다고 가르친다.

처벌의 유효성은 결국 사라진다

아이가 자람에 따라 효과적인 처벌을 찾기가 점점 어려워진다. 마찬가지로 아이의 마음을 끄는 보상 또한 찾기가 점점 어려워진다. 어느 시점이 되면 협박도 의미가 없어진다.

"외출금지야!", "이번 주에는 용돈 없어!"

아이는 이런 말을 그냥 무시해버린다. 그렇다고 이런 행동이 아이가 거칠어졌다거나 고집불통이 되었다는 의미는 아니다. 또 아이를 괴롭히기 위해 더 극단적인 방법을 찾아야 한다는 의미도 아니다. 오히려 아이의 나쁜 행동을 처벌해서 훌륭히 키우고자 했던 생각이 처음부터 어리석었음을 의미한다.

어린아이가 자신이 왜 착하게 행동해야 하고 어떤 유혹은 뿌리쳐야 하는지 궁금해할 때, 부모는 조건 없는 사랑으로 쌓아온 존중과 신뢰를 바탕으로 아이의 행동이 타인에게 어떠한 영향을 미치는지를 이유를 들어 설명할 수 있다. 아니면 바로 권력을 이용할 수도 있다.

"그렇게 하지 않으면 혼날 줄 알아."

권력을 이용하는 방식의 문제는 일단 권력이 줄어들기 시작하면 당신에게 남는 것은 아무것도 없다는 데 있다. 토마스 고든 박사가 지적한 그대로다.

"아이가 어릴 때, 아이를 통제하기 위해 계속 권력을 이용하면, 당신은 아이에게 영향을 미치는 방법을 결코 배우지 못하게 된다. 따라서 권력에 의지하면 할수록 아이의 인생에 미치는 실질적인 영향력은 점점 줄어든다."[11]

처벌은 아이와의 관계를 악화시킨다

처벌을 사용할 때 아이가 우리를 따뜻한 동반자로 생각하게 하는 일은 매우 어렵다. 동료 의식은 건강한 발달을 위해서 반드시 필요하다. 하지만, 처벌을 사용하면 아이의 눈에 우리는 피해야 할 집행관이 된다. 아주 어린 아이는 자신이 전적으로 의지하는 존재인 부모가 고의로 자신을 힘들게 한다는 생각에 빠진다. 즉, 아이는 다음과 같이 생각한다.

'나를 안아 주고, 달래 주며, 먹여 주고, 눈물을 훔쳐 주는 이 커다란 존재가 때로는 방향을 바꿔 내가 좋아하는 것을 빼앗고, 내가 가치 없는 사람이라고 느끼게 할 뿐 아니라 내 엉덩이를 때리기도 해. 나한테는 늘 말로 해야 하다면서 말이지. 내가 한 행동 때문에 그렇게 하는 거라고 말하지만 믿을 수 없어. 내가 안전한지도 확실히 모르겠어. 화를 낸다거나 잘못을 시인하는 멍청한 짓은 다신 하지 않을 거야. 그럼 타임아웃을 받을지도 모르고, 사랑이라곤 전혀 없는 냉정한 말을 들을지도 몰라. 심지어 맞을지도 몰라. 엄마 아빠와 거리를 좀 둬야겠어.'

처벌은 아이가 중요한 문제를 잊게 한다

동생을 때린 벌로 좋아하는 텔레비전 프로그램을 보지 못하고 방으로 들어가라는 말을 들은 아이가 있다고 가정해보자. 아이의 머리맡에 앉아 살짝 엿본다고 했을 때, 아이가 어떤 생각을 할 것이라고 보는가?

'그래, 사람을 때리는 건 잘못된 거야.'

자신에게 이렇게 말하며 자신의 행동을 반성할 것이라 생각한다면, 아이가 잘못된 행동을 할 때마다 무슨 수를 써서라도 방으로 보내라.

하지만, 실제 아이를 키우는 사람은 이는 어처구니없는 이야기라고 말한다. 그렇다면 왜 처벌하는가? 타임아웃은 아이에게 생각할 시간을 주기 때문에 허용해도 되는 교육법이라는 생각은 현실적이지 못한 전제에서 비롯된 것이다. 대개 처벌받은 아이는 자기가 한 행동에는 관심이 없다. 그렇게 행동한 이유나, 대신 했어야 하는 행동에는 더더욱 관심이 없다. 아이는 부모가 얼마나 사악한지, 그리고 자신을 곤경에 처하게 한 아이에게 어떻게 복수할지에 대해서만 생각한다.

무엇보다 아이는 처벌 자체에 신경을 곤두세운다. 처벌이 얼마나 불공평한지, 다음에는 어떻게 처벌을 피해 갈지를 고민한다. 앞으로 또 화나게 하면 똑같이 혼낸다고 협박하면서 아이를 처벌한다면, 아이는 부모에게 들키지 않을 방법만 찾게 된다.

"다시는 네가 이렇게 행동하는 것을 보고 싶지 않아!"

부모가 이렇게 말하면,

'알았어요. 다음엔 들키지 않을게요.'

아이는 이렇게 생각한다. 이런 생각은 거짓말에 강한 동기를 부여한다. 반대로 처벌받지 않는 아이는 자신이 한 일을 인정하는 데 그다지 두려움을 느끼지 않는다.

그래도 아이가 뻔한 거짓말을 할 때가 있다.

"내가 하지 않았어요! 이미 깨져 있었어요!"

처벌에 익숙한 부모는 아이의 이런 거짓말을 들으면, 자신이 가한 처벌에 의문을 갖기보다는 아이를 다시 처벌한다. 이번에는 거짓말에 대한 처벌이다.

처벌은 자기중심적인 아이로 만든다

"아이는 자신의 행동에는 대가가 따른다는 사실을 배워야 한다."

'대가'라는 말은 처벌에 대한 완곡한 표현과 함께 처벌에 대한 변명으로 주로 논의된다. 하지만, 누구를 위한 대가인가? 답은 바로 당신이다. 아이의 관심은 규칙을 어기거나 어른 말을 거역하면 자신에게 어떤 영향이 미칠지, 즉 걸리면 자신이 어떤 대가를 치를지에 쏠려 있다. 다시 말해 처벌을 하면 아이는 다음과 같은 의문을 갖는다.

'힘 있는 부모가 내게 원하는 게 뭐지, 내가 그렇게 하지 않으면 나는 어떻게 되지?'

이 말은 착하게 굴면 상을 주겠다고 약속하는 가정이나 교실에서 일어나는 의문과 같다.

"내게 원하는 게 뭐지, 그렇게 하면 나는 무엇을 얻지?"

두 질문 모두 전적으로 이기심과 관련돼 있으며 우리가 바라는 다음과 같은 질문과는 전혀 다른 것이다.

"나는 어떤 사람이 되어야 할까?"

처벌받는 아이는 도덕발달에 문제가 있다는 사실을 발견한 연구자는 처벌은 행위자, 즉 아이 자신을 위한 행동을 하게 한다고 지적했다.[12] 우리가 타임아웃을 포함한 처벌이나 칭찬을 포함한 보상 등에 의존하면 할수록, 아이는 자신의 행동이 타인에게 미치는 영향에 대해서는 생각하지 않게 된다. 그러나 아이는 비용편익분석, 즉 걸려서 처벌받을 때의 위험과 해서는 안 되는 일을 할 때의 즐거움을 비교할 가능성이 크다.

위험을 계산하고, 걸리지 않을 방법을 터득하고, 자신을 보호하기 위해 거짓말을 하는 것은 아이의 관점에서 보면 그럴 듯한 일이다. 아이는 지극히 합리적이다. 그렇지 않은 부분이 있다면 바로 도덕적인 면인데, 모든 처벌은 본래 도덕적 사고를 방해한다. 기존의 교육법을 옹호하는 사람은 아이가 '진짜 세상'에 나가면 자기 행동에 대한 대가를 반드시 치른다고 주장한다. 그렇다면 저 진짜 세상에서 자신의 잘못된 행위가 드러나 대가를 치르고 나서야 비윤리적인 행동을 단념하는 어른은 대체 어떤 사람인가를 먼저 물어야 한다. 우리 대부분은 우리 아이는 절대 그렇게 되지 않길 바랄 것이다.

내가 하는 이 주장은 실질적인 주장이다. 어떤 기준으로 보아도 처벌은 그다지 효과를 보지 못하며, 더 많은 처벌, 또는 다른 어떤 처벌로도 그 결과를 뒤집을 순 없다. 하지만, 어떤 부모는 설명이나 설득, 공감 등을 통해 얻는 효과가 제한적이기 때문에, 아이에게 대가를 치르게 해야 한다고 주장한다. 그래야 부모 말의 효력도 높이고, 주의력도 집중시킨다고 말한다. 이렇게 주장하는 부모에겐 어떻게 대응해야 할까?

우선, 이런 주장은 강압적인 방법을 쓰지 않으면 아이는 세상에서 가장 중요한 사람 말을 무시할 것이라는 전제를 두고 하는 말이다. 이 말은 증명하기 어려운 주장이다. 물론 아이가 우리 말을 무시할 때가 있다. 우리가 아이를 부르거나 청소하라고 말하면, 아이는 따를 때도 있고 따르지 않을 때도 있다. 그렇다고 아이가 우리 말이나 행동을 의식하지 않는다는 의미는 아니다. 오히려 지극히 부드러운 부모의 말이라도 단지 부모가 했다는 이유만으로도 큰 영향력을 갖는다.

그럼에도, 위협과 처벌이 다른 방식으로는 아이의 이목을 끌 수 있지 않을까? 그럴 수 있다. 하지만, 그 방식은 우리가 의도하지 않은 방향으로 나타난다. 간과할 수 없는 처벌의 특징이 바로 이를 강하게 뒷받침한다. 아이가 처벌을 통해 아는 것은 고통이다. 자신이 의존하는 누군가가 그 고통을 주었다는 사실과 함께 말이다. 이런 상황에서는 우리가 기대하는 효과가 나타나지 않는다.

어떤 부모는 아이를 진정으로 사랑한다면서도 아이를 처벌한다. 부모의 사랑은 의심할 여지가 없다. 하지만, 아이는 이런 상황을 굉장히 혼란스러워한다. 아이는 자신을 좋아하는 사람이 때로는 자신을 고통스럽게 하는 이유를 이해하지 못한다. 이런 상황은 아이가 사람을 괴롭게 하는 것도 사랑의 일부라는 생각을 갖게 한다. 또한 아이는 사랑은 항상 조건적이어야 하며 상대방이 원하는 행동을 했을 때만 사랑이 지속된다고 배운다.

또 다른 합리화는 이유가 합당하고 그 이유를 아이에게 충분히 설명하는 한, 처벌은 해롭지 않다는 주장이다. 처벌이 설명의 바람직한 효과를 최소화하는 것처럼 설명이 처벌의 부정적인 효과를 최소화하지는 못한다.[13]

아이에게 자신의 행동 때문에 다른 사람이 느낄 감정에 대해 생각하도록 돕는다고 가정하자. 당신은 이렇게 말할 수 있다.

"애니, 네가 제프리 레고를 빼앗으니까 제프리는 이제 레고를 가지고 놀 수 없어서 속상할 거야."

하지만, 당신이 나쁜 행동에 대해 벌주는 습관이 있다면 어떨까? 설명의 바람직한 효과는 사라진다. 경험을 통해 애니가 타임아웃 의자에 가야 한다거나 뭐가 불쾌한 일을 당할 수 있다는 사실을 안다면, 애니는 제프리에 대해 생각하지 않게 된다. 애니는 단지 자신에게 일어날 일만을 걱정한다. 애니가 처벌을 걱정하면 할수록 의미 있는 도덕적 교훈을 얻을 가능성은 더 작아진다.

이 장의 내용과 2장의 논의 사항을 종합해보면, 더욱 광범위한 패턴을 알 수 있다. 조건적 양육을 포함해 그동안 설명한 '일방적인' 교육법은 실제로 다음과 같은 형태로 존재한다.

심한 체벌　　가벼운 처벌　　기타 처벌　　물질적 보상　　말로 하는 보상

아이를 때리거나 "잘했어!"라는 말이 도덕적인 면에서 같다는 의미는 아니다. 하지만, 개념은 서로 관련이 있다. 내가 우려하는 점은 이 개념에 전제된 가정뿐만 아니라 이 모든 방법에 있다. 경험으로 볼 때, 부모가 도표의 오른쪽에 있는 '일방적인' 옵션 중 하나만 선택해도 충분하다고 생각하는 한 '함께하는' 대안을 찾을 가능성은 매우 낮아진다. 이것이 바로 내가 이 전체 모델을 거부하는 것이 얼마나 중요한지를 그토록 오랫동안 강조한 이유다.

사실 나는 '다다익선多多益善'의 관점에 대해서도 반론을 제기했었다. 이 관점은 특정 양육방식이 바람직하지 않다면 다른 양육방식으로 바꾸어야 한다는 생각을 못 하게 한다.

"둘 다 사용하면 되지 않는가? 도구상자에 있는 어떤 것도 버릴 이유가 없지 않는가? 모두 유용하게 사용하면 되지 않는가?"

어떤 사람이 이렇게 묻는다면 우리는 다시 물어야 한다.

"무엇에 유용하며, 그 대가는 무엇인가?"

하지만, 진짜 문제는 서로 다른 방법이 때로는 목적을 어긋나게 한다는 데 있다. 한 가지 방법이 다른 방법의 긍정적 효과를 없앨 수 있다. 그러므로 두 방법을 혼합하여 사용하면, 효과가 좋은 양육법의 장점이 줄어든다.[14]

속담에 미꾸라지 한 마리가 온 웅덩이를 흐리게 한다는 말이 있다. 기

존의 양육법이 발산하는 심리적 효과는 미꾸라지 한 마리가 일으키는 흙탕물과 비슷하다. 가장 좋은 결과를 얻기 위해서는 단순히 한 가지 방식에 더 나은 방식을 덧붙일 게 아니라 특정 방식을 없애야 한다. 우리는 좋은 방식이 효과를 내도록 처벌이나 보상과 같은 나쁜 방식을 버려야 한다.[15]

제 5 장
성공 강요하기

공부를 잘해야 한다
운동을 잘해야 한다
해야 한다는 '압박감'

'스트레스'라는 단어는 누군가의 감정 상태를 설명할 때, 사실 은유적으로 사용하는 표현이다. 이 용어는 원래 금속이나 기타 물질의 과학적 연구에 한정돼 있었다. 사전을 찾아보면, 이 단어는 과도한 힘에 의한 '긴장 또는 변형'을 의미한다. 철근은 압력을 견디다 결국 끊어진다.

그렇다면 이와 비슷하게 아이가 받는 압력은 무엇인가? 그리고 이것이 '끊어질' 때 어떤 일이 벌어지는가?

아이가 십 대가 되면 교육은 더 힘들어진다. 청소년이 더 많은 문제를 일으키기 때문이다. 그리고 아이가 통제에 저항하면 부모는 더 엄하게 규제하고 처벌한다. 하지만, 더 큰 아이는 또 다른 이유로 스트레스를 받는다. 아이는 점차 말을 잘 듣는 것에 그치지 않고 성공해야 한다는 소리를 듣는다.

지난 20년간 정신건강 전문가와 작가들이 쓴 책을 보면, 우리 아이들이 점점 바빠지고, 스트레스도 많이 받으며, 과도한 스케줄에 쫓기고 있다고 경고한다. 2002년에 발표한 한 연구에서는 고소득층 지역에 사는 11세, 12세 아이의 음주율(특히 소년)과 우울증(특히 소녀)이 눈에 띄게 높아졌다는 결과도 있다. 연구자들은 이런 현상의 원인은 아이가 일찍부터 상위권 대학에 들어가려고 아등바등하기 때문이라고 지적했다.

게다가 부모가 학업 성취를 매우 중요시하는 중학교 1학년은 더 많은 고민을 하고 있으며 '부적응적 완벽주의(자신의 수행에 지나치게 비판적이고, 자신의 사소한 실수도 용납하지 않으며, 심지어 최선을 다해 얻은 성취에도 만족하지 못하는 성향 – 옮긴이)' 성향을 보였다. 반면 아이의 성적보다 행복을 더 중요시하는 부모 밑에서 자란 아이는 이런 문제가 훨씬 적게 나타났다.[1] 이 두 가지 목표, 성적과 행복은 전혀 다른 것일 뿐 아니라 때로는 우리를 정반대 방향으로 이끈다는 점을 기억해야 한다. 심리학자 에리히 프롬 Erich Fromm은 비탄에 잠겨 이런 말을 했다.

"아이의 성공보다 행복에 더 많은 관심을 기울일 용기와 자주성을 지닌 부모는 드물다."[2]

극단적인 경우 '성공'에 병적으로 집착한 결과, 아이의 현재는 본래 미래를 위해 헌신해야 한다는 생각에 이른다. 하버드를 가기 위해 의미 있거나 즐거운 활동은 희생당한다. 이런 부모는 아이 장래에 얼마나 도움이 되는가에 따라 학교나 방과 후 아이의 모든 활동을 결정한다. 이들은 아이를 움직이는 이력서 정도로밖에 생각지 않으며, 고등학생이 될 무렵이면, 아이는 자신의 관심사를 무시하거나 감각을 완전히 잃어버리고 오직 대학 입학위원회 마음에 드는 활동에만 전념한다. 그리고 학교 성적이나 수능 점수를 몇 점 더 올리는 일에만 매진한다. 이런 아이는 교사에게 "이것은 무슨 의미인가요?"라고 묻기보다는 "이것을 알 필요가 있나요?"라고 묻는다.

성적에 대한 압력은 품행이 단정하고 부모나 교사를 절대로 실망시키지 않는 아이의 가정에서 주로 나타난다. 특히 경제적으로 성공한 부모는 아이에게 종종 비현실적인 요구를 하는 경향이 있다. 〈특권이자 압력, 풍족한 청소년에 관한 연구〉라는 제목으로 11세, 12세 아이를 조사한 결과, 상대적으로 부유한 십 대가 저소득층 아이보다 약물을 남용하거나 불안감을 느끼는 비율이 높게 나타났다.[3] 십 대 전후의 아이가 있는 고소득층 부모라면 이 점을 인식해야 한다. 특출한 아이로 키우기 위해 치러야 할 대가를 경고하는 책은 주로 고소득층을 겨냥한 내용이 많다.

모든 아이가 최고 경영자CEO가 되려고 과외수업을 받는 것은 아니다. 아이 대부분은 성인이 되어 직업을 구하기 위해 과외수업을 받는다. 음악에서 체육에 이르기까지 고급 과외 스케줄 짜는 일을 걱정하는 가정이 있는 반면, 어떤 가정에서는 갚아야 할 자동차 할부금을 더 걱정한다. 온통 아이의 '이력'만 신경 쓰는 부모는 그런 시간적 여유와 돈만 있다면 얼마나 좋을까 하고 걱정하는 부모도 있다는 사실을 잊지 말기 바란다.

아이가 경험하는 압력은 이웃 환경에 따라 다양하게 나타난다. 부유한 아이만이 압박감을 느끼지는 않는다. 힘겹게 살아가는 노동자 부모도 자신이 받아보지 못한 기회를 아이에게는 줘야겠다고 마음먹고, 아이가 이 기회를 최대한 활용하도록 다그친다. 그 결과 나타나는 스트레스는 부유한 아이가 느끼는 것과 같진 않지만, 이것 역시 스트레스다.

그리고 수입 정도나 인종에 상관없이 아이가 잘해야 하는 것이 아니라 친구보다 더 잘해야 한다는 압력을 받는다면, 그 결과는 특히 좋지 않다. 이런 아이는 주변 모든 사람을 성공의 장애물로 여기게 된다. 결과는 소외감이나 공격성, 승자에 대한 시기와 패자에 대한 경멸로 나타난다. 그리고 이런 아이는 자존감에도 상처를 입는다. 만약 당신의 능력이 다른 사람을 이겨야만 빛을 발한다고 생각한다면, 당신은 승리할 때 외에는 자기 확신을 갖지 못할 것이다. 당연히 모든 사람이 다 승리할 수는 없는 일이다.

1980년대 심리학자 두 명이 800여 명의 고등학생을 조사한 결과 다음과 같은 사실을 발견했다.

'경쟁심이 강한 아이는 평가 및 성과를 기준으로 하는 가치에 크게 의존한다.'

다시 말해, 이 아이들은 어떤 일에서 자신이 얼마나 잘했는지, 그리고 다른 사람이 자신에 대해 어떻게 생각하는지에 따라 자신을 평가했다는 말이다.[4] 경쟁은 조건적이고 불확실한 자존감을 낳고, 이는 승자와 패자 모두에게 나타난다. 그리고 이러한 조건적이고 불확실한 자존감은 '과도한' 경쟁에만 국한되지 않는다. 오히려 다른 사람이 실패해야 자신이 성공한다는 생각으로 아이들이 서로 반목할 때마다 나타난다. 바로 심리적인 대가가 따른다는 의미다.

우리는 새로운 시각으로 이런 사실이 보내는 경고 메시지를 봐야 한다. 우리는 아이를 위해 너무 많은 것을 하며, 아이를 버릇없이 키우고, 아이의 삶에 과도하게 관여한다. 하지만 내가 논하고자 하는 진짜 문제는 우리가 얼마나 많이 하는가가 아니라 무엇을 하는가이다. 또래보다 뛰어난 아이로 키우려고 아이가 더 많이 성취하는 데 열중했다면, 이제는 그 속도를 늦춰야 한다. 그렇다고 부모 역할이 줄어든다는 의미는 아니다. 더 나은 양육, 즉 더 협력적이고 덜 통제하는 양육을 해야 한다는 의미다. (이 방법은 7장부터 10장에 걸쳐 자세히 설명한다)

우리가 아이에게 너무 많이 해주는 것은 아닌지를 자문하기보다는 다소 불안감이 들더라도 우리가 '누구를 위해' 하고 있는지를 물어야 한다. 먼저 '열성 부모(hyperparenting, 아이의 모든 부분을 세세히 계획하고 관리하는 부모. 대부분 과도한 스케줄로 아이를 지치게 한다 – 옮긴이)'에 관해 최근 어떤 책에서 말한 것처럼 압력을 가하는 부모는 자신의 행복보다 아이의 행복을 우선시한다는 점에서는 전혀 가책을 느끼지 않는다. 하지만, 다시 생각해보자. 혹시 이런 부모는 '반사된 영광 누리기BIRG, Basking in Reflected Glory' 효과를 기대하는 것은 아닌가. 이 용어는 자신이 응원하는 팀이 승리했을 때 느끼는 만족감과 환희를 일컫는 말이다. 하지만, 이 말은 아이의 성공을 통해 대리 만족을 얻는 부모를 묘사하는 데 더 적당한 표현인 듯하다. 이런 부모는 만난 지 몇 분도 안 돼 자신의 아이가 영재 프로그램에 들어갔다는 둥, 테니스 대표팀에 있다는 둥, 일류 대학에 조기 입학했다는 둥 이런 이야기를 꺼내는 부모들이다.

우리 아이를 자랑스럽게 여기는 데는 아무런 문제가 없다. 하지만, 자랑이 지나치거나 그 횟수가 잦으면 부모의 정체성이 아이의 성취에 따라 좌우될 가능성이 크다. 특히 자랑이 아이에 대한 애정보다 승리감으로 들릴 때는 더욱 그렇다. 이런 부모는 단순히 아이가 똑똑해야 하는 것이 아니라 다른 아이보다 더 똑똑해야 한다는 경쟁의식에 사로잡혀 있는 것이다.[5]

이런 부모의 말을 듣고 있으면, 엄마나 아빠가 항상 곁에서 아이를 심하게 몰아붙이고, 사랑도 조건적으로 줘야 아이가 성공하는 것은 아닐까 하는 의문이 든다. 이런 아이가 과연 부모에게 그런 감동을 주지 못해도 여전히 사랑받을 수 있다고 믿을지 궁금하다.

"우리 아이의 성공이 곧 내 성공이야.", "아이의 성공 요인은 나야."

이런 무의식적인 등식은 바로 긍정적 강화의 선별적 사용으로 이어진다. 이때 아이는 부모에게 안기고 부모의 미소를 보기 위해 성공해야 하고, 부모가 있는 그대로의 자신이 아닌 자신이 한 일을 자랑스러워한다는 사실을 깨닫는다.

내가 어렸을 때를 돌이켜보면, 어떤 부모는 일 년 일찍 아이를 유치원에 보내 아이가 한 학년을 건너뛰어 앞서 나가도록 했다. 오늘날은 이런 부모가 아이의 학교 입학 시기를 일 년 늦추려고 노력한다. 아이의 나이가 또래보다 많으면 친구보다 더 능숙하게 잘할 것이라는 생각 때문이다. (이런 방식을 레드셔팅redshirting이라 부르며 경쟁이 심한 운동경기에서 따온 말이다. 대학 1학년 신입 선수를 시합에 바로 내보내지 않고 1년간 예비 선수로 놓고 훈련을 시킴으로써 총 5년간 선수 생활을 하게 한다. 대부분 5년째 되는 해에 몸도 좋아지고 실력도 향상되기 때문에 관행적으로 시행하고 있다 – 옮긴이) 방법이 180도 바뀐 것은 아주 우스꽝스러운 일이다. 하지만, 두 경우 모두 아이에게 최선이 무엇인지를 고려한 결정인지 깊이 생각해봐야 한다.[6] 다시 한번 강조하지만, 우리는 부모가 얼마나 관여하는지가 아니라, 어떤 형태로 관여하고 그 동기가 무엇인지를 물어야 한다.

공부를 잘해야 한다

아이에게 최선의 이익이 무엇인가에 관심을 갖고 기존의 교육법에 의문을 제기한다면, 성공의 본질에 관한 보편적인 가정 몇 가지를 뒤집을 수 있다. 성적을 예로 들어보자. 사려 깊게 아이를 존중하는 부모조차도 아이가 좋은 성적을 받으면 좋은 징조라고 믿는다. 따라서 이런 부모도 아이의 성적이 좋으면 몹시 기뻐한다. 그러나 아이의 좋은 성적을 위해 부모가 어떤 방법을 사용하는지 관찰하기에 앞서, 나는 성적 전반에 관해 경고하고자 한다.

동기에도 여러 가지가 있으며 모두 바람직한 것은 아니다(59~60쪽 참조). 좋은 점수를 얻는 게 목적인 학생과 문제를 이해하는 게 목적인 학생은 상당한 차이가 있다. 한 연구에 따르면, 아이가 학교 성적을 올리는 데만 매진하면 세 가지 현상이 일어난다고 한다. 즉, 학습에 대한 흥미가 떨어지고, 도전적 과제를 피하고, 깊고 비판적으로 생각하는 능력이 떨어진다.[7] 이런 현상에 대해 각각 알아보자.

(1) 착한 행동으로 보상받은 아이가 착한 행동을 덜하는 것과 마찬가지로 100점을 받은 학생이나 100점을 받는 것이 목표인 학생은 학습에 대한 흥미가 떨어지는 경향이 있다. 물론 모든 아이가 다 그렇다는 말은 아니다. 선천적으로 점수의 부정적인 효과에 면역력을 가진 학생도 있다. 하지만, 아이 대부분이 이런 위험성에 노출돼 있다. 내가 아는 바로는 이 문제를 탐구한 모든 연구 결과는 같았다. 과제에 점수를 매긴다는 말을 들은 학생은 점수에 대한 언급 없이 과제를 하는 학생보다 과제를 하면서 느끼는 즐거움도 덜하고, 스스로 끝까지 하고자 하는 의욕도 적었다. 마찬가지로 멋진 이야기나 흥미진진한 과학도 100점이나 상을 받아야 한다고 인식하면 흥미가 금세 떨어진다. 아이가 점수에 신경 쓸수록 세상에 대한 호기심은 사라지기 시작한다.

(2) 선택권이 주어지면, 아이는 더 좋은 점수를 얻으려고 가장 쉬운 과제를 고른다. 점수를 매긴다는 사실을 강조하면, 아이는 불필요한 위험을 감수하려 하지 않는다. 아이는 쉬운 과제를 하면 더 좋은 결과를 얻는다는 사실을 빨리 알아차린다. 아이는 형편없는 과제를 제출하지 않기 위해 분량이 적은 책이나 자신에게 친숙한 주제를 고른다. 이런 현상은 아이가 '동기부여가 없다'거나 게으르다는 의미가 아니다. 오히려 아이가 합리적이라는 의미다. 학습보다는 성공이 더 중요하다는 메시지를 보내고 있는 어른에게 아이도 좋은 점수를 얻으려 노력한다는 메시지를

보내고 있는 것이다. 연구에 따르면 다른 목표보다도 성적에 가치를 둔 부모는, 아이가 '새로운 것을 많이 배우지만 그만큼 실수도 따르는' 과제보다는 '최소의 노력으로 성공적인 결과를 얻는' 과제를 선택하기를 바란다고 한다.[8] 반대로 부모가 결과보다 학습과 학습에 대한 즐거움이 더 중요하다는 사실을 분명히 밝히면, 아이는 그 결과에 상관없이 흥미롭고 새로운 일에 흠뻑 빠진다.

(3) 좋은 점수를 얻으려는 학생은 가끔 편협하고 피상적인 방법을 생각해낸다. 이들은 책을 읽을 때도 필요한 부분만 대충 읽고 덮어버린다. 또한, 시험에서 100점을 받기 위해 편법을 쓰기도 한다. 심지어 부정행위를 저지르기도 한다. 이런 게임에 능숙한 아이는 시험에 통과해 100점을 받아 부모를 기쁘게 한다. 하지만, 과연 이들이 배운 것을 기억할까? 새롭고 창의적인 방법으로 문제를 풀 수 있을까? 교사가 하는 말에 풍부한 사고를 펼치거나, 책에 있는 내용을 비판적으로 생각할 수 있을까? 다양한 의견 간의 관련성을 찾고 다양한 각도로 주제를 탐구할 수 있을까? 때로는 그럴 수도 있다. 하지만, 연구에 따르면 어떤 것을 이해하기보다 찬란한 성적표를 받는 것이 중요할 경우 그 가능성은 희박하다. 일반적인 보상에 관한 학문적 기사 제목이 이를 잘 설명한다.

'탐구의 적'

요약하면 이렇다.
① 단어나 숫자, 생각에 진심으로 흥미를 느끼는 평생 학습자가 되고

② 쉽고 안전한 길에 기대지 않으며

③ 깊이 생각하는 아이로 만들고 싶다면, 아이가 점수에 대해서는 잊도록 도와야 한다. 그러나 더 좋은 방법은 교사나 교장을 설득하여 점수 사용을 최소화하거나 아예 없애는 것이다.

나는 전국의 교육자와 함께 일하는 한 사람으로서, 높은 수준의 학습 분위기를 조성하는 데 열정을 다하며, 아이가 학습에 대한 흥미를 잃지 않도록 노력하는 많은 학교가 문자나 숫자로 아이를 평가하지 않는다는 사실을 안다. 이런 학교는 아이가 얼마나 잘하고 있으며, 어떤 도움이 필요한지를 부모에게 알리기 위해 의견서나 면담 등 더 유익한 방법을 찾는다. 그리고 점수로 평가받지 않는 이런 학생도 아무런 문제 없이 대학에 잘 들어간다.

그래도 이런 학교는 여전히 적다. 학교가 전형적인 성적표에 의존하는 것과 부모가 좋은 성적에 안심하고 나쁜 성적을 걱정하는 것도 이해할 만 한다. 우리가 풍조에 휩쓸려 아이의 성적에 민감하다는 것도 안다. 좋은 점수를 학업 성취의 가장 훌륭한 지표처럼 생각하고, 점수의 부정적인 효과나 이를 대신할 대안을 들어본 사람이 드물다는 것도 안다. 게다가 우리도 학창시절에 점수로 평가받지 않았는가. 하지만, 우리가 당연하다고 여기는 방식의 해로움을 인식하고, 아이가 학습보다 점수를 더 중요하게 생각하진 않을까 하는 점을 걱정해야 한다.

점수에 일차적인 문제가 있다. 하지만 아이에게 더 좋은 점수를 받도록 강요할 때, 잘못된 목표에 잘못된 방법이 더해지면, 그 피해는 배가 된다.

과도한 통제가 아이의 정신 건강뿐만 아니라 학교생활에 미치는 부정적인 영향력을 보면 그 피해를 확실히 알 수 있다. 부모가 결정권이나 자결권을 주지 않으면 아이가 일정 수준의 성적을 낼 가능성이 낮아진다.[9] 특히 학교 과제를 부모가 과도하게 통제하면 확실히 부정적 결과가 나타난다. 이런 사실은 부모가 아이의 숙제를 도울 때, 통제 방식을 띠면 아이의 학습 능력이 더 떨어진다는 연구에서 나온 결과다(100쪽 참조).

그러므로 이제 점수와 관련한 통제 역시 좋지 않다는 사실을 덧붙이자. 어떤 부모는 아이가 좋은 성적표를 받아 오면 사탕이나 용돈, 장난감에 이르기까지 무엇이든 주겠다고 약속한다. 어떤 부모는 성적이 좋지 않으면 여러 가지 벌을 주겠다고 아이를 위협한다. 두 방법 모두 도움이 되지 않으며 최악에는 문제를 더 악화시킨다는 점이 두 연구 결과 일치했다. 특히, 좋은 성적에 상을 받거나 나쁜 성적에 벌을 받은 아이는 점점 학습에 흥미를 잃어 성취도가 떨어졌다. 이는 분명 부모의 간섭이 일으킨 직접적인 결과였다. 부모가 아이의 성적에 관심을 보일수록 아이의 성적은 떨어졌다.[10]

물론 이런 모순은 엄격한 교육방법 탓에 아이가 반항아로 자라는 점과 비슷하다. 이 두 상황을 통해 우리는 통제가 어긋난 결과를 가져오는 과성을 보고 있다. 성적에 대해서는 우리가 이미 알던 사실을 연구를 통해 다시 확인했을 뿐이다. 아이에게 숙제를 강요하면 아이는 가끔 노골적인 반항이나 수동적인 저항으로 자신의 자율성을 찾으려고 한다. 아이는 공부를 게을리하고 불평하며 다른 일을 찾는다. 성적이 중요하다고 말하면 할수록, 성적을 위해 당근과 채찍에 의존하면 할수록 아이는 통제에 더욱 분노하고 점수는 점점 더 떨어진다.

문제는 단순히 아이의 점수가 낮아진다는 데 있지 않다. 나는 지금껏 성적은 큰 의미가 없다고 주장했다. 오히려 문제는 아이가 공부를 잘해야 한다는 압력에 대한 반항으로 노력을 게을리하면 많은 것을 배우지 못한다는 데 있다. 성적표가 실망스럽더라도 신경 쓰지 마라. 아이를 심하게 몰아붙이면 아이는 결국 깊이 생각하지 않고 행동하게 된다.

물론 강압이 성공하는 경우도 있다. 우리가 압력을 가하면 아이는 열심히 공부해서 우리가 원하는 성적을 낼 수도 있다. 우리가 선택한, 아니 아이가 선택한 대학에 들어갈 수도 있다. 하지만, 이런 교육방법은 성공에 대한 대가가 따르기 마련이다. 우리가 간섭한 결과 아이는 자신을, 그리고 부모를 어떻게 생각할까? 이런 스트레스가 아이의 정신 건강에 어떤 영향을 미칠까? 독서와 사색에 대한 아이의 흥미는 또 어떤가? 점수 때문에 학습을 따분한 일로 여기고 있는데, 점수를 올리라는 부모의 압력이 더해지면 그 효과가 어떻게 나타날지 상상해보라.

뉴욕에 사는 어느 교사는 이런 말을 했다.

"아이가 독서를 좋아하도록 돕는 방법을 이야기하는 부모들을 본 적이 없다. 부모들은 아이가 조금이라도 더 일찍 읽도록 가르치는 방법만을 이야기한다."[11]

이렇게 뒤바뀐 우선순위의 결과를 예측하기는 어렵지 않다. 한 예로 일전에 내 친구는 자신이 상담한 고등학생에 대해 이야기한 적이 있다. 그 학생은 우등생이었으며 성적 또한 놀랄 만큼 좋았다.

"자, 감명 깊게 읽은 책에 대해 이야기해보자. 과제를 위해서가 아니라 재미로 읽은 책에 대해 이야기해보자."

친구인 상담가가 말했다. 어색한 침묵이 흘렀다. 거론할 책이 한 권도 없었다. 즐거움을 위한 독서 개념이 이 일류 학생에게는 생소했던 것이다. 나는 부모, 교육자를 위한 강연에서 이 이야기를 했고, 모든 청중이 고개를 끄덕이며 수긍하는 모습을 보았다. 이 학생의 이야기는 예외라기보다는 일반적인 경우다. 필요하지도 않고, 점수도 없고, 시험도 없고, 의미도 없는 책을 왜 읽으려 하겠는가?

아이러니하게도 어떤 부모는 더 열심히 노력하도록 아이를 몰아세우거나 훈계할 필요가 없어지면 기뻐한다. 어느 시점이 되면 아이는 말하지 않아도 이런 압력을 내면화하고 직접 자신을 몰아세운다. 이런 아이는 성공하지 못하면 자기에게 무슨 문제가 있다고 느낀다. 이쯤 되면 공부하고 성취하려는 동기는 있으나 본질적인 동기는 아니다. 이들은 스스로 공부하고 성취하지만, 자유롭게 선택했다는 기분은 들지 않으며 즐거움도 느끼지 못한다. 우리가 두려워하고 예방해야 하는 것이 바로 이런 종류의 내면화다. 어린이에게 샘솟는 호기심은 아기의 젖니처럼 자연스럽게 사라지지 않는다. 가정이나 학교에서 일어나는 불필요한 일로 인해 이런 호기심이 무뎌질 뿐이다.

이렇듯 점수는 나쁜 것이다. 점수를 올리라고 통제하는 것은 더 나쁘다. 최악은 이런 통제에 조건적 양육이 더해질 때다. 어떤 부모는 아이가 전부 100점을 받았을 때, 용돈을 주는 대신 애정을 쏟는다. 결과적으로 이 부모도 아이가 성공하게 하는 수단으로 자신의 사랑을 이용하고 있는 것이다. 결국, 아이는 자신의 평균 점수에 따라 자신에 대한 부모의 좋은 감정이 오르내린다는 사실을 알게 된다.

한 연구자가 지적했듯이 사랑이 '높고 비현실적인 기준에 따라 달라질 때', 불길한 상황이 전개된다. 부모가 자신을 자랑스럽게 여기도록 끊임없이 감동적인 일을 해야 한다고 생각하는 아이는 똑같이 조건에 따라 자신을 받아들인다. 유아교육 전문가인 릴리안 카츠Lilian Katz는 이렇게 말했다.

"어떤 아이는 부모를 실망시킬지도 모른다는 끝없는 두려움을 안고 살아간다."

실제로 새로운 연구에서, 부모가 애정철회 방식을 이용한 아이는 실패에 대해 병적인 두려움을 갖고 있을 가능성이 큰 것으로 나타났다. 흥미롭게도 이 연구에서, 부모가 애정철회 방식을 이용하는 이유는 부모 자신이 가지고 있는 실패에 대한 두려움과 관련이 있음을 암시했다.[12]

심리적인 역효과 외에도 이런 상황은 부모의 의도와는 달리 비생산적인 결과를 불러온다. 예를 들면, 어떤 아이는 '자기 불구화(self-handicapping, 어떤 일이 실패할 가능성이 크다고 생각할 때, 다른 이유를 핑계나 구실로 들어 자존심을 보호하는 일 – 옮긴이)' 현상에 빠진다. 이런 아이는 성공하지 못한 변명을 위해 일부러 노력을 멈춘다. 이렇게 해서 아이는 자신이 똑똑하다는 생각을 유지한다. 그리고 자신이 공부했다면 굉장히 잘했을 것이라고 자신에게 말한다. 자존감이 약할수록, 단순히 포기함으로써 자존감을 지키려는 충동이 더 강해진다. 달리 말하면, 자신의 성과에 핸디캡을 주면, 실패할 확률은 높지만 자신을 실패자로 받아들일 필요가 없고, 사랑받을 가치가 없는 사람으로 생각할 필요가 없게 된다.

운동을
잘해야 한다

    어떤 가정에서는 공부보다 운동으로 성공하는 데 더 신경을 쓴다. 하지만, 성공에 대한 압력과 그 대가는 크게 다르지 않다. 웬디 그롤닉은 자신의 과학적 연구 결과뿐 아니라 주변에서 목격한 사실에도 충격을 받았다. 그 예로 그롤닉은 수영장에서 어떤 소년의 엄마와 대화한 내용을 들려주었다. 대화하면서 이 엄마는 인칭을 복수로 사용했다.

    "우리는 올해 수영 대회에 나가기로 했어요."

    마침 그때 그녀의 아들이 물에서 나와, 엄마에게 다가오면서 화난 목소리로, 그동안 충분히 대회에 나갔다고 말했다. 엄마는 눈에 보일 정도로 침착해지려고 애쓰며 주변을 살피고 나서, 아이에게 좋든 싫든 계속 수영을 해야 한다고 말했다. 아이가 저항하자 엄마가 말했다.

    "오늘 수영하지 않으면 그걸로 끝이야. 다신 수영하자고 하지 마."

    소년은 불쌍히 흐느끼며 울었다.[13]

야구장이나 축구장, 또는 하키 링크에 가 본 사람이라면 누구나 이같이 끔찍한 부모의 행동을 경험했을 것이다. 심판이나 코치, 상대팀, 심지어 자기 아이에게도 소리 지르는 부모는 어디에나 있다. 이것은 이제 흔한 모습이 돼버린 듯하다. 하지만, 승리는 그다지 중요하지 않다고 부드럽게 말하는 부모가 어쩌면 더 많은 이야기를 하는지도 모른다. 이들은 독설을 내뿜는 부모의 행동을 혐오하면서도 자신의 아이에게는 경쟁적인 스포츠에 참여해야 한다는 사실을 어떻게든 전달한다. 성공에 대한 기대도 빠뜨리지 않고.

내 강연을 듣고 나서 어떤 부모가 나를 찾아와 말했다.

"우리는 단지 아이에게 최선을 다하라고만 해요."

이에 대해 내가 하는 첫 번째 대답은 게임에서 최선을 다하는 것과 단순히 즐기는 것은 전혀 다르다. 두 번째 대답은 이 달래는 듯한 말 속에 다른 뜻이 있다는 것을 아이도 확실히 안다. 나는 이렇게 묻고 싶다.

"아이가 집에 돌아와 최선을 다했다고 말할 때와 아이가 트로피를 안고 집에 돌아왔을 때, 똑같이 반응하겠는가? 그렇지 않다면 아이는 부모의 관심과 기쁨이 자신의 성과, 더 정확히 말하면 다른 아이를 누른 승리와 관련이 있다는 사실을 깨달을 것이다."

트로피나 100점, 골을 넣거나 우등생 명단에 오르는 것 등에 대해 우리가 말을 하느냐 하지 않느냐는 중요치 않다. 문제는 이런 가정의 아이는 성공해야만 사랑받을 수 있다고 느낀다는 점이다.

극단적인 경우, 자신이 성취감을 느끼기 위해 아이가 성공하기를 바라는 부모가 있다. 그렇지 않다고 자부하는 부모도 결국은 자신의 행동을 돌아보고 자신의 행동과 아이에 대한 바람을 비교하려 한다. 아이가 성공하면 우리의 목표가 이루어지는가? 아이가 우리를 위해 성공하려 한다면 어떻겠는가? 아이가 전혀 행복하지 않다고 말하길 두려워한다면 어떻겠는가?

수년 전, 나는 유명한 토크쇼에 초대를 받아 나간 적이 있다. 내 옆에는 카일이라는 일곱 살짜리 소년이 앉아 있었다. 카일의 부모는 많은 시간과 상상을 초월하는 돈을 들여 카일을 테니스 스타로 키우려 하고 있었다. 카일의 어머니도 테니스 스타였다. 카일이 두 살 때부터 강도 높은 훈련을 시작했는데, 이는 전적으로 카일의 선택이었다고 주장했다. 우리는 카일이 하루에 두 시간에서 다섯 시간가량 연습했다는 사실을 알았으며, 카일이 힘차게 서브를 받고 코트 주변을 달리는 모습이 녹화된 테이프도 보았다. 프로그램이 끝나고 마지막 자막 화면이 올라가는 중에 한 관객이 카일에게, 경기에 졌을 때 어떤 기분이었는지를 물었다. 카일은 고개를 푹 숙이고 작은 목소리로 말했다.

"수치스러웠어요."

이 조용한 대답 한 마디로 나는 아이를 억압한 결과에 대해 생각해보았다. 감사하게도 카일의 경우처럼 극단적인 부모는 거의 없다. 하지만, 카일이 경기에 져서 기대했던 사람을 실망시켰을 때 느끼는 수치스러움은 우리 주변의 많은 아이가 흔히 느끼는 감정이다.

테니스 같은 스포츠에도 일부 문제는 있을 것이다. 나는 아이의 학교 생활을 점수로 매기는 방법보다 더 나은 방법이 있듯이 다른 사람을 누르고 성공을 거두는 경기보다 아이가 즐기면서 신체 기술을 익히는 경기도 있다고 믿는다.[14] 이런 대안을 고려하지 않는 부모라도 아이가 스포츠를 놀이보다는 일에 가깝다고 생각하지는 않는지, 만약 그렇다면 그 이유는 무엇인지에 대해 생각해봐야 한다.

해야 한다는
'압박감'

    1980년대 초, 나는 경쟁 효과에 대해 수년간 조사하면서 그 결과에 대해 몇 가지 추측을 했다. 나는 경쟁이 심리적 건강이나 인간관계에 좋지 않을 것으로 생각했다. 내 생각이 옳았다. 그리고 늘 들어오던 사실도 확인할 것으로 생각했다. 즉, 경쟁은 사람이 최선을 다하도록 동기를 부여한다. 따라서 경쟁이 없다면 직장이나 학교에서 성취도가 떨어질 것이다. 하지만, 잘못된 생각이었다.

    연구 결과, 경쟁은 사람이 온 힘을 다해 일하고 배우는 데 걸림돌이 되는 것으로 나타났다. 여러 이유로 업무 대부분은 최상의 성과를 내기 위해 서로 무너뜨릴 필요가 전혀 없다. 오히려 최상의 결과는 이런 순위 싸움에서 벗어날 때 나온다. 어떤 교환 조건도 없다. 최종 결과가 그렇게 신경 쓰이면 경쟁보다는 협력이 낫다.

    조건 없는 양육에서도 이런 종류의 교환이 가끔 이루어진다고 믿는 사람들이 있다. 그들의 주장은 이렇다. 우리가 열심히 일해서 성과를 낼 때만 인정받는다는 인식이 쌓이면, 우리는 그렇게 하려고 노력한다. 반면 어떤 그룹의 심리학자는 이런 질문을 했다.

"사람이 모든 생활 영역에서 조건 없는 사랑을 받는다면, 그때도 여전히 성공에 집착할까?"[15]

이 질문은 매우 중요하다. 나는 네 가지로 이에 대해 답하고자 한다.

첫째, 이런 사고에 일리가 있다 하더라도 이는 오직 성인에게만 해당하는 문제다. 아이는 조건 없이 사랑받을 필요가 있다. 다시 한번 말하지만, 성공할 때만 인정받는다는 느낌을 가져야 한다는 말이 좋은 현상이라 해도, 아무런 조건 없이 인정받는 안정적인 토대에서 인생의 첫발을 내딛는 것이 중요하다.

둘째, 누군가에게 가치가 있느냐 없느냐를 결정하는 기준이 정확히 무엇인가를 알아야 한다. '열심히 일하는 것'과 '성과를 내는 것'은 실제로 매우 다르다. 만약 우리가 성과를 원해서 온 힘을 다했지만, 자신이 통제할 수 없는 이유로 목적을 달성하지 못한 사람은 어떻게 해야 하나? 아니면 열심히 일한 점을 기준으로 인정한다면, 그 기준을 어디에 두고 인정해야 하나. 어떤 사람은 더 오래 일했지만, 다른 사람이 더 열심히 일했을 수도 있다. 결국, 노력과 같은 무형을 비교하기 위해 사랑이나 인정을 조율하려는 것은 참으로 어리석은 일로 보인다.

셋째, 조건적 인정으로 성과를 냈다 하더라도 그 뒤에 숨겨진 대가, 즉 효과 이면에 숨은 폭넓고 깊게 오래 나타나는 부정적 결과도 고려해야 한다. 얻는 것이 있으면 잃는 것이 있듯이, 조건적 인정의 부정적인 면은 긍정적인 면보다 크다. 이런 부정적인 면은 1장과 2장에서 이미 자세히 설명했다. 사람이 조건 없는 사랑을 받는다면, 그때도 여전히 성공에 집착할까? 집착의 의미를 이해하는 사람이라면 "그렇지 않기를 빌자."라고 답할 것이다. 하지만, 집착하지 않는다고 해서 이들이 성공하지 못한다는 뜻은 아니다.

넷째, 경쟁의 경우와 마찬가지로 성공에 대한 집착도 교환 조건이 성립하지 않는다. 조건적 인정이 대개 효과가 없기 때문이다. 설령 제한된 목표의 성과를 이룰지라도 그 효과는 몇몇 사람들, 몇몇 업무, 몇몇 경우에만 해당된다.

이와 달리 생각하는 사람은 잘못된 수많은 가정을 내놓았다. 우선 이들의 생각은 처음부터 유능하다고 믿고 자란 사람은 무언가를 성취할 이유가 없다는 것이다.

"인간의 본성은 가능한 한 적게 일하는 것이다."

나는 이런 말로 이런 믿음을 지지하는 사람을 본 적이 있다. 이런 편견은 몇몇 연구자의 반박을 받는 게 아니라 동기부여를 다루는 심리학계 전체의 반박을 받는다.[16] 흔히 행복하고 만족한 삶을 사는 사람은 자신과 사회에 대해 더 많이 배우려 노력하고, 자부심을 느낄 수 있는 일을 하려고 노력한다. 가능한 한 적게 일하려는 욕구는 평범한 현상이 아니며 무언가 잘못됐다는 신호다. 이는 누군가 위협감을 느끼고 대책을 세우거나, 보상과 처벌로 인해 하던 일에 흥미를 잃었거나, 특정 업무를 무의미하고 지루한 일로 생각한다는 의미다.

예를 들어, 아이가 학교에서 '가능한 한 적게' 활동한다고 가정해보자.

이런 현상은 우리가 이미 알아본 바와 같이 자기 불구화의 한 예로 생각할 수 있다. 어쩌면 아이는 자신이 바보 같다는 생각에 자기가 열심히 했더라면 성공했을 거라고 스스로를 설득하기 위해 어떤 노력도 하지 않는 건지도 모른다. 또한 외적 동기의 악영향일 수도 있다. 좋은 성적을 얻으려는 아이는 자신이 이미 아는 문제에 충실함으로써 좋은 성적을 얻을 수 있다고 믿기 때문이다. 또한 아이가 학습을 의미 있는 일로 여기는 대신에 지루한 연습문제를 풀거나 따분한 교과서를 읽어야 하는 일로 여겨, 아이가 적게 활동한다고 말할 수도 있다. 아이가 활동하지 않으려는 다른 이유도 분명 있다. 이런 모든 이유를 생각하다 보면, 아이의 교실이나 가정에서 벌어지는 일에 의문이 생긴다. 아이의 반응이 '인간 본성'의 불가피한 결과라는 가정은 전혀 정당성이 없다.

이미 지적했듯이, 조건 없는 사랑을 받은 아이는 자신을 조건 없이 받아들인다. 그러나 긍정적인 자기애와 오만한 자기만족을 혼동하지 말아야 한다. 자신에 대한 신념이 있고, 스스로 좋은 사람이라는 확신이 있는 사람은 빈둥대며 아무 일도 하지 않는 사람이 되지는 않는다. 조건 없는 자존감이 게으르게 한다는 어떠한 증거도 없으며, 높은 기준에 부응하지 못했다고 자신을 혐오할 이유도 전혀 없다. 오히려 자신의 성과에 상관없이 사랑받는다고 믿는 사람은 훨씬 더 많은 것을 성취한다. 조건 없는 인정은 위험을 감수하고 새로운 일에 도전해도 좋다는 자신감을 키워준다. 깊은 만족감에서 성취에 필요한 용기가 나온다.

이 말은 조건적 인정을 지지하는 사람들의 가정과 배치된다. 조건적 인정을 지지하는 사람들은 무언가를 이루기 위해 끊임없이 자신을 회의

하는 불안 에너지가 필요하다고 생각하는 듯하다. 즉, 실패에 대한 두려움이 사람을 발전시킨다는 의미다. 우리가 동기부여와 학습에 서로 모순점이 있다고 상상하기는 어렵다. 우리는 아이가 실패에서 다시 일어서기를 바란다. 하지만, 아이가 반드시 그렇게 하지는 않는다. 그리고 아이 대부분은 또다시 비슷한 일에 형편없는 결과를 예상한다. 이런 예상은 자기 충족적 예언(self-fulfilling prophecy, 주위의 기대가 자신에게 영향을 미쳐 그 기대와 일치하는 행동을 한다는 개념 - 옮긴이)대로 행동하게 한다. 아이는 무능감과 심지어 무기력감까지 느낀다. 이로 인해 아이는 자신이 옳다는 것을 증명하는 방식으로 행동하게 된다. 또한 이들은 쉬운 일을 선호하고, 자신이 하는 일이 무엇이든지 그 일에 흥미를 느끼지 못한다.[17] 실패해도 진정으로 사력을 다해 노력하는 아이조차도 학습이 즐거워서가 아니라 스스로 더 만족해야 한다는 불안감과 강박감에 그렇게 열심히 노력한다. 그러므로 아이가 오늘 읽은 내용을 그런대로 이해한다 하더라도 내일 또다시 읽고 싶어 하진 않을 것이다.

이 점은 한 번만 생각해도 명백한 사실로 드러난다. 실패에 대한 두려움은 성공을 받아들이는 것과는 전혀 다르다. 오히려 실패에 대한 두려움은 성공을 받아들이는 데 방해만 될 뿐이다. 우리는 이미 조건적 양육과 조건적 자존감이 건전하지 않다는 점을 많은 증거로 확인했다. 이젠 여기에 비생산적이라는 말도 덧붙여야겠다. 연구자 둘이 지적했듯이 조건적 양육과 조건적 자존감은 '문제 중심적 대처보다는 감정 중심적 대처와 자기회복'을 낳는다. 다시 말해, 실패에 대한 두려움을 생각하는 데만 급급한 나머지 성공을 위해 필요한 시간과 에너지는 남지 않는다.

이런 실질적인 문제 외에도, 성공했을 때만 자신을 긍정하는 아이로 키워야 한다는 생각에는 다음과 같은 의미가 담겨 있다.[18]

'어떤 아이의 낮은 자존감은 정당한 것이며, 사회적 개념에서 성공하지 못한 아이, 예를 들면 좋은 성적을 받지 못했거나 운동을 잘하지 못하는 아이는 당연히 자신을 가치 없는 인간이라고 믿는다.'

아이가 듣는 다른 치명적인 메시지와 더불어 위와 같은 메시지는 대중매체 및 우리 사회, 때로는 아이의 교사, 코치, 또래로부터 나온다. 하지만, 잘해야 한다는 압력, 다른 사람보다 더 잘해야 한다는 압력은 가정에서 시작된다고 해도 과언이 아니다. 어쨌든 이런 압력에 맞서고, 조건적 인정을 거부하며, 무슨 일이 있어도 아이가 사랑받는다고 느끼게 하는 일이 아이의 부모인 우리가 해야 할 몫이다.

제 **6** 장

무엇이 우리를
방해하는가?

우리가 보고 듣는 것
우리가 믿는 것
우리가 경험한 것
우리가 두려워하는 것

지금까지의 내용을 종합해보면, 한 가지 의문이 든다. 우리는 왜 그렇게 행동하는가? 조건적 양육과 통제에 바탕을 둔 양육이 말한 것처럼 그토록 나쁘다면, 그리고 이런 부작용이 과학적 연구나 경험을 통해 입증됐다면, 이런 양육법이 이처럼 보편적인 이유는 무엇인가? 달리 말하면, 우리가 더 나은 부모가 되는 길을 방해하는 요인은 무엇인가?

지금쯤 당신은 대안이 듣고 싶을 것이다. 하지만, 우리가 그토록 오랫동안 다르게 행동한 이유를 알지 못한다면, 아이에게 이렇게 행동하라거나 저렇게 말하라는 조언은 진정한 도움이 되지 못한다. 우리 행동을 새롭게 하려면, 우리 생각을 새롭게 해야 한다. 이는 기존의 조건적 양육 방식의 원인을 알아야 한다는 의미다. 이 단계를 외면하면, 우리는 어떤 이유를 들어서라도 새로운 의견에 반대하며, 설사 새로운 의견을 받아들인다 해도 어려움이 닥치면 자신에게 익숙한 방식으로 돌아가게 된다.

우리가 지금과 같이 아이를 키운 이유는 크게 네 가지로 나뉜다. 우리가 보고 듣는 것, 우리가 믿는 것, 우리가 느끼는 것, 그리고 이 모든 결과로 우리가 두려워하는 것들이다. 이런 분류가 아주 정확한 것은 아니며, 설명 자체도 서로 중복된다. 그렇더라도 우선 표면에 드러난 우리 행동에 영향을 미치는 요소를 알아야 현 양육방식을 이해할 수 있다. 그런 다음 이런 요소에 내재된 몇 가지 믿음과 문화 규범을 살필 수 있다. 마지막으로 우리가 자라온 방식에 의해 형성된 욕구와 두려움이 우리 아이와의 관계에 어떤 영향을 미치는지를 알 수 있다.

우리가 보고 듣는 것

우리는 가끔 부모의 말투와 목소리 톤까지 똑같이 아이에게 말하는 자신을 보고 적잖이 놀랄 때가 있다. 그럴 때마다 나는 이렇게 말한다.

"우리 어머니가 어떻게 내 속에 들어왔지?"

우리가 지금처럼 아이를 대하는 이유가 바로 여기에 있다. 우리는 부모가 우리를 키우는 모습을 보면서 아이 키우는 법을 배웠다. 우리는 '집 안에서 뛰지 않기', '저녁을 다 먹기 전까지 후식 먹지 않기' 등과 같은 특별한 규칙을 정하는 법과 다음과 같은 표현들을 배웠다.

"내가 이렇게 하라고 몇 번이나 말했니?", "알았어. 대신 울면서 보채지 마."

게다가 우리는 부모의 역할, 즉 엄마나 아빠가 아이에게 어떻게 행동해야 하는지도 자연스럽게 배웠다.

우리가 이런 학습 과정을 제대로 깨닫지 못한다면, 우리 부모의 양육방식이 올바른지 생각해보지도 않고 같은 방식을 되풀이하게 된다. 한 걸음 물러나 어떤 가치와 규칙을 아이에게 적용할지, 어떤 방법이 적절치 못하거나 해로운지를 가려내는 데에는 적잖은 노력과 생각, 용기가 필요하다. 하지만 이런 노력을 기울이지 않으면, 결국 맹목적으로 정해진 방식을 따르게 된다. 우리는 프로스트Robert Frost의 시 〈담장 고치기 Mending Wall〉에서처럼 아버지의 말을 따져보지도 않고 그대로 받아들이는 바람에 어둠 속에서 지내는 담쌓는 이웃과 다를 바가 없게 된다.

"아이를 왜 그렇게 대합니까?"

이런 질문을 받으면,

"글쎄요, 그게 제가 자라온 방식입니다."

이렇게 중얼거리기보다는 정확한 이유를 들어 대답해야 한다.

많은 부모가 다른 길을 택하기 어려운 이유는 아이는 이렇게 키워야 한다는 그들 부모의 노골적인 판단과 암시가 여전히 자신에게 영향을 미치기 때문이다. 마찬가지로 친구 또는 심지어 처음 보는 사람도 신문 칼럼니스트, 토크쇼 진행자, 교육서 저자들처럼 열심히 우리에게 조언을 한다. 소아과의사도 마찬가지다. 이들이 단지 자격증이 있다는 이유로 우리는 이들의 심리학적 선입견이나 직감을 무조건 받아들인다. 나는 최근 한 아이의 엄마인 소아과의사에게서 이메일을 받았다. 그녀는 처벌과 보상 교육법의 파괴적인 효과를 읽은 후 깨달은 바를 적어 보냈다.

이런 내용을 수련의 시절에 배우지 못했다는 점이 놀라울 따름이에요. 우리는 일반적인 행동주의나 타임아웃 등에 대해서는 배웠어요.

내심 그런 방법이 그렇게 올바르지 않다는 생각은 했지만, 그 이유는 정확히 알지 못했어요. 내가 아주 어렸을 때부터 알고 지내던 아이가 다섯 살이 되었을 때, 아이의 부모가 찾아와 다음과 같이 말하는 소리를 들었어요.

"이건 별로 효과가 없어요."

아이의 행동을 바로잡으려면 다른 방법을 사용해야 한다는 생각을 잠시 했습니다만, 쓰신 글을 읽어보니 이렇게 끔찍한 방식으로 아이를 키웠다는 사실이 믿기지 않네요.

의사나 이웃, 가족의 조언이 모두 다르다면, 이런 지혜는 서로 충돌할 가능성이 있으며 어쩌면 효과가 없을 수도 있다. 우리가 친척의 말에 휘둘리지 않는다면, 상대적으로 영향도 적게 받는다. 또한 우리가 다양한 소스를 통해 들은 내용도 사실 그렇게 다양하지 않다. 때론 예외가 있긴 하지만 일반적으로 우리가 들은 조언은 한 방향으로 쏠리는 경향이 있다. 이런 방향이 바로 내가 의문을 가져야 한다고 말하는 방향이다.

예를 들면, 갓 부모가 된 사람은 아기가 울 때, 바로 안아주면 버릇이 나빠진다는 말을 자신의 부모에게 자주 듣는다. 하지만 많은 연구에 따르면 이 말은 잘못된 상식이다. 또한 아이가 자기 일을 스스로 결정하도록 하면 부모는 사람들로부터 다음과 같은 험한 말을 듣기도 한다.

"아이가 당신을 쥐락펴락하는군요."

친구나 이웃은 성격에 따라 솔직히 말할 수도, 돌려 말할 수도 있다. 하지만, 이들 역시 당신의 아이가 규칙을 어기면 엄하게 다스려야 한다고 생각한다. 이들은 더 많은 규칙과 '한계 설정'으로 당신의 문제가 해결될 것이라고 믿는다. 심지어 당신은 공공장소에서 처음 보는 사람도 당신을 비판하고 있다는 기분이 들 수도 있다. 이들 대부분은 당신이 아이를 지나치게 통제한다고 비판하기보다는 아이에게 지나치게 관대하다고 비판한다. 우리가 아무리 자기만의 양육방식으로 아이를 키운다 해도 주변의 일관된 양육방식은 우리에게 큰 영향을 미친다. 전형적인 방식이 보편화되면 우리는 그 방식이 옳다고 믿게 된다.

앞서 지적했듯이 자녀교육서를 쓴 작가 대부분도 이런 불균형을 바로잡는 데 별다른 도움을 주지 못했다. 그러므로 조언을 줄 전문가를 찾아도 우리가 했던 가정을 다시 확인하는 데 그칠 가능성이 크다. 대신 전문가나 지인이 우리에게 문제를 제기하고, 우리 행동이 아이에 대한 조건 없는 사랑이라고 확신하는지를 물었다면, 그리고 처벌과 보상이 비생산적이며 불필요한 것임을 상기시켰다면, 우리는 당연히 우리 행동에 대해 다시 생각했을 것이다.

이렇듯 우리와 아이의 관계가 바람직하지 않은 이유가 우리가 보고 들은 것 때문이라는 말은 어느 정도 설득력이 있는 듯하다. 하지만, 여기서 의문이 하나 생긴다.

"좋아요, 우리는 다른 사람의 영향을 받습니다. 하지만, 그 사람들은 왜 아이를 그렇게 대하는 거죠? 그토록 많은 부모가 그 방식을 선택하고 추천하는 이유는 뭘까요?"

당신이 말한 이 최악의 교육법을 자세히 살펴보면, 그 속에 답 일부가 있다. 매우 사려 깊은 사람조차도 이치에 맞지 않은 일을 할 수 있다.

첫째, 나쁜 교육은 쉽다. 우리는 힘 안 들이고 아이의 잘못된 행동을 벌할 수 있다. '일방적인' 방법은 대개 생각이 필요 없다. 반대로 '함께 하는' 방법은 우리에게 더 많은 것을 요구한다. 당연히 우리가 함께하는 방법에 익숙하지 않고, 다른 방법을 알지 못한다면, 일방적인 방법을 고집하게 된다.

둘째, 나쁜 교육도 '효과적'일 수 있다. 이 말은 뇌물이나 위협, 혹은 다른 강압적 개입으로 아이를 잠시 어른에게 순종하도록 하는 상황이 많다는 뜻이다.

"지금 당장 컴퓨터 게임 그만 두지 않으면, 토요일 파티에 갈 생각은 꿈도 꾸지 마!"

이런 말로 아이가 게임을 못하게 할 수도 있다. 이런 방법에 의존할 때마다 부정적인 효과가 쌓이지만, 그 효과가 바로 나타나진 않는다. 그래서 우리는 다시는 그런 방법을 쓰길 주저할 만큼 부정적인 면을 보지 못하는 것이다.

우리가 믿는 것

아이를 키우는 전형적인 방식에서 나타나는 단기적이고 피상적인 효과를 보면, 우리가 주변 사람의 영향을 얼마나 많이 받는지를 알 수 있다. 하지만, 나는 이런 방식을 적극적으로 받아들이는 사람의 공통적인 믿음이나 가치는 무엇인가를 알아야 한다고 생각한다.

아이에 대한 생각

우리 사회는 아이에게 진정 우호적인가? 당연히 우리 모두는 자기 아이를 사랑한다. 하지만, 다른 아이를 철저히 무시하는 부모를 보면 종종 놀라울 때가 있다. 부모가 아닌 사람까지 더하면, 우리 문화는 일반적으로 아이에게 따뜻하지 않다. 귀엽지 않거나 행동이 바르지 않으면 아이를 좋아하지 않는다. 애정이 있다 해도, 조건적 애정뿐이다. 어느 신문 기사에서 '십 대뿐만이 아닌 어린아이 모두에 대한 적개심'이라고 표현한 것처럼 실제 이런 현상이 성인을 대상으로 한 연구 결과에서 계속 나타난다. 많은 사람이 모든 아이를 버릇없고 게으르고 무책임할 뿐만 아니라 기본적 가치관이 부족하다고 말하며 못마땅해한다.[1]

정치인과 사업가는 '세계적인 수준'의 학교가 필요하다고 목소리를 높이지만, 이 말은 이런 학교에 다니는 학생의 욕구를 충족하는 말이기보다는 높은 점수와 적절한 능력을 갖춘 직원이 필요하다는 말이다. 사회과학자인 그룹Grubb과 래저슨Lazerson이 지적하듯이, 일부 수입이 넉넉한 부모가 아이에게 많은 돈을 쏟아부으며 아이 중심의 사회라는 개념을 만들고 있다. 광고주나 엔터테인먼트 기업이 아이를 목표로 한 광고를 많이 제작한다는 사실을 보면, 이런 인상이 짙어진다.

하지만, 그룹과 레저슨은 다음과 같이 말한다.

아이를 위한 공공 소비는 불충분하며 항상 논쟁에 휩싸여 있다. 그리고 이러한 논쟁의 중심에는, 아이는 그 자체로는 가치가 없으며 성인이 되어야 가치가 있다는 이상한 인식이 작용한다. 아이는 국가의 가장 소중한 자원이라는 감상적인 통념은 다른 아이에 대한 적대감과 마지못한 인정을 보면, 거짓말임이 드러난다.[2]

최근 몇 년간 미국의 집 없는 아이가 130만 명을 넘어섰다. 어린아이 중 22~26%가 가난한 아이로 분류됐으며, 이는 다른 산업사회의 비율보다 훨씬 더 높은 수치다.[3] 미국인은 이런 통계 수치가 의미하는 실질적인 고통을 계속 묵인하고 있다. 이런 통계는 '요즘 아이'에 대해 불평하는 많은 사람들과 마찬가지로 아이에 대한 우리의 태도를 여실히 보여준다.

핵심은 여기에 있다. 주변의 아이를 존중하지 않으면, 부모는 더 쉽게 자기 아이를 존중하지 않게 된다. 또한, 우리가 아이에게 비관적인 관점을 갖는 한, 1장에서 말한 것처럼 다른 아이는 물론 자기 아이에게조차 조건 없는 사랑을 주지 못한다. 이는 아이가 그 사랑을 이용하고 가능한 한 벌을 피하려 한다는 두려움 때문이다. 당신이 아이를 믿지 못하면, 비정상적으로 아이를 통제하게 된다. 이처럼 절대적 순종을 요구하는 권위적인 부모가, 아이는 고분고분하지 않은 특징이 있다고 생각한다는 말 또한 우연이 아니다. 삼백여 명의 부모를 대상으로 한 연구에서도 인간 본성에 대해 부정적인 시각을 가진 사람이 자기 아이를 통제할 가능성이 큰 것으로 나타났다.[4]

아이를 대하는 태도

부모는 아이가 제멋대로 행동하도록 두기보다는 아이를 불필요하게 제한하고, 고함치며, 위협하는 경우가 훨씬 많다고 앞서 설명했다. 하지만, 사람들 대부분은 이렇게 생각하지 않는다. 보편화된 처벌식 양육을 모른 체하고 가끔 아이를 인정하고 수용하는 사례를 강조하는 것이 일반적이다. 때로는 이렇게 받아주다 보니 심지어 아이가 버릇이 없어졌다고도 말한다. 역사의 모든 세대가 이와 비슷한 말을 했다는 사실은 흥미롭고도 놀랍다.

하지만, 이렇게 왜곡된 자화상은 심각한 결과를 가져온다. 요즘 아이들이 통제를 벗어났다는 인상을 주는 말은, 이젠 아이를 버릇없이 기르지 말고 전형적인 교육법으로 돌아가야 한다는 조언을 위한 사전 작업이다. 이와 같이 아이를 충분히 통제하지 못한다는 말을 들은 부모는 더 많이 통제해야 한다는 처방을 적극적으로 받아들인다.

우리가 아이를 인생의 역경으로부터 보호하는 데 너무 열중한 나머지, 요즘 아이들은 너무 쉽게 피난처를 찾는다는 불평도 마찬가지다. 이런 주장은 뚜렷한 증거 없이 부모의 일상적인 대화에서 나온 말이다. 특별한 증거도 없고, 영양가도 없는 과거의 양육법을 정당화하는 말은 그것이 사실이라기보다는 유용하기 때문에 널리 퍼져 나가는 듯하다. 게다가 이렇게 입을 맞춘 덕에 우리는 우리가 직면한 문제의 원인을 깊이 생각하기보다는 부모나 아이를 비난하게 된다.[5]

우리의 관심에서 벗어나 멋대로 방치되어 어른과 의미 있는 관계를 형성하지 못하는 아이가 있다는 사실은, 우리가 아이 중심적이라든가 아이에게 관대한 문화라는 말이 틀렸다는 증거다. 또한, 아이는 살면서 그다지 좌절을 경험하지 않는다는 말과도 배치된다. 사실 아이는 충분히 좌절감을 맛본다. 아이의 관점 대부분이 받아들여지지 않기 때문이다. 아이가 다른 사람을 괴롭히거나 못된 행동을 해도 신경 쓰지 않는 부모는 아이의 욕구에도 관심을 두지 않는다. 이는 더 강한 교육이 필요하다는 의미가 아니라 아이와 더 많은 시간을 보내고, 더 많이 지도하며, 아이를 더 존중해야 한다는 의미다.

경쟁에 대한 집착

사람들은 경쟁을 국가적 종교라고 말한다. 직장에서나 학교에서, 심지어 가정에서도 1등에 대한 끊임없는 요구에 다른 목표와 가치는 퇴색된다. 따라서 자신의 아이를 또래보다 특출나게 키우기 위해 조건적 양육법을 따르는 부모가 많은 것도 놀라운 일이 아니다.

게다가 아이와의 관계는 제로섬(zero-sum, 어떤 부분에서 이익이 생기면 다른 부분에서 그만큼 손해가 생겨 결국 득실이 영이 된다는 의미 - 옮긴이)의 관계로 볼 수 있다. 수많은 교육서들은 아이와 싸움에서 이기는 방법이나 아이의 허를 찌르고 아이가 우리의 요구에 순응하게 하는 방법 등을 조언한다. 하지만, 진짜 문제는 우리가 진심으로 아이를 패배시켜야 할 적으로 보길 원하는가 하는 점이다. 부모 자식 간의 관계가 종종 적대적인 이유가 궁금하다면, 경쟁이 극에 달한 사회에서 나타나는 증상으로 이 문제를 이해해야 한다. 아이를 통제하려 하고, 아이에게 가장 큰 피해를 주는 엄마와 아빠는 승리에 사로잡힌 사람들이다.

아이의 능력

아이를 엄하게 대한다는 말은 아이가 할 수 있는 일을 제대로 평가하지 않으며, 아이를 자기만의 특별한 관점이 있는 사람으로 보지 않는다는 의미다. 하지만 한편으로는 전형적인 교육법에 의존하는 사람이 아이가 할 수 있는 일을 과대평가하는 경향도 있다. 이런 부모는 아이가 어느 정도 크기 전까지 흘리지 않고 먹을 수 없다거나 공공장소에서 조용히 있을 수 없다는 사실을 이해하지 못한다. 또는 아예 무시해버린다. 어린아이는 성인이나 책임감 있는 큰 아이처럼 자신의 행동에 책임질 능력이 아직은 부족하다.

연구 결과, '품행이 바르지 못한 아이에게 더 많은 능력과 책임이 따라야 한다'고 생각하는 부모는 아이에게 화를 내며 나무라고 처벌할 가능성이 더 큰 것으로 나타났다. 이런 부모는 부적절한 행동에 실망한 나머지 아이의 당연한 행동을 더 엄하게 단속한다. 이런 장면을 보면 가슴이 아프다. 반대로 아이의 발달 한계를 이해하는 부모는 아이의 부적절한 행동을 보면, '차분히 설명'하는 쪽을 택한다.[6] 이런 부모는 자신의 의무가 가르치고 인내하는 것이라는 사실을 잘 알고 있다.

아이를 꾸짖고 강압적인 방법에 의존하는 부모 대부분은 아이 행동에 비현실적으로 높은 기대를 갖고 있기 때문에 그렇게 행동한다. 이처럼 비현실적인 기대는 때로 아이의 지적 능력에도 나타난다. 다섯 살짜리 아이에게 정확한 철자법을 기대하는 부모는 아이가 차츰차츰 말을 깨우친다는 사실을 이해하지 못한 결과다. 그리고 부모의 이런 높은 기대 때문에 아이는 글쓰기를 하기 싫은 일로 여기게 된다. 흔히 아이에게 '높은 기준'을 적용하는 일에 자긍심을 느끼는 부모는 아이에게 너무 많은 것을 기대하며, 자신의 기대가 충족되지 않으면, 다양한 통제 방법을 사용해 상황을 더욱 악화시킨다.

순응

연구 결과 아이가 전통적인 규칙과 권위에 순응하기를 바라는 문화에 사는 사람일수록, 아이를 체벌할 가능성이 큰 것으로 나타났다. 미국은 흔히 자기 독립성과 자기 방향성에 가치를 두는 나라로 묘사된다. 하지만, 미국에서도 여전히 순응을 높이 평가하는 사람이나 집단이 있다. 순응을 높이 평가하는 가정일수록 그 부모는 아이를 제한하고 통제하기 위해 더 엄격한 교육법을 사용한다.[7]

인과응보

많은 사람들이 누구든지, 심지어 어린아이도 잘못하면 그 일은 반드시 자신에게 되돌아온다고 믿는다. 범죄자는 자신이 저지른 죄에 대한 대가를 받아야 한다는 생각은 원시사회의 '피의 복수'에서 비롯되었다.[8] 또한 사랑을 포함한 모든 것은 노력으로 얻어야 한다는 인간 상호 간의 경제 법칙과도 관련이 있다(34~37쪽 참조). 처벌이 효과가 있는지, 혹은 바람직한 교훈을 전달하는지, 아이의 가치관이나 행동에 건설적인 결과를 가져오는지 등은 잊어라. 많은 부모가 처벌을 도덕적으로 반드시 필요하다고 생각하기 때문에 계속 사용한다. 사실, 좋지 않은 대가를 아이에게 부과하지 않고 아이의 잘못된 행동을 바로잡으려면 시류를 역행해야 한다.

종교적 신념

종교적 신념과 양육 철학 사이에 일대일로 대응하는 점은 없다. 다양한 신념을 지닌 사람과 종교와 관련이 없는 사람 모두 자신이 상상하는 방식으로 아이를 대한다. 그렇다 하더라도 권위주의적인 방식은 특정 종교의 신념에 뿌리를 두고 있다는 사실을 부인하기는 어렵다. 어떤 전문가는 이렇게 말한다.

"아이의 의지를 꺾는 일은 전도자가 세대를 거듭하며 부모에게 부여한 의무다. 성서에 근거한 이들의 교육 원칙에는 아집은 악이며 죄스러운 행동이라는 믿음이 반영돼 있다.[9]

궁극적으로 이 말은 인간 본성의 어두운 면을 강조한 말이다. '사랑'이라는 말이 때론 아이를 복종하게 하는 냉혹한 과정을 정당화하는 데 사용된다.[10]

게다가 많은 종교인이 종교적 절대성과 자신의 신념을 동일시하지만, 이런 종교적 신성이 조건적 사랑의 극치를 보여줄 때가 있다. 구약과 신약 모두 제대로 경배하는 자에게는 크나큰 보상을, 그렇지 않은 자에게는 엄청난 벌을 약속한다. 신은 당신이 신을 사랑할 때만, 당신이 다양한 기준에 합당할 때만 그 사랑을 돌려준다. 들은 대로 행하라. 그러면 너희는 부유해지고 적들이 죽는 모습을 보게 될 것이다. 믿음을 저버려라. 그러면 너희는 성경이 말하는 여러 가지 고통을 겪을 것이다.[11] 또한, 어떤 신봉자는 사후 훨씬 큰 축복이나 저주가 그를 기다리고 있다고 믿는다. 통제를 기본으로 하는 조건적 양육을 특정 종교의 전통과 연관 짓는 것은 결코 무리가 아니다.

이분법적 사고

의문스러운 교육방법을 사용하는 데 가장 크게 기여한 신념 체계를 하나 꼽으라면, 아마 아이를 키우는 방법은 단 두 가지밖에 없다는 생각일 것이다. 당신은 이것 아니면 저것을 해야 하며, 한 가지 선택이 호응을 얻지 못하면 나머지 하나의 선택만 남는다. 여기서 늘 통제가 뒤따른다.

"아이는 단호하게 대하고 아이가 하고 싶은 일을 하지 못하게 할 필요가 있다."

 이런 말을 들으면 우리는 아이를 벌하거나, 아니면 아이가 원하는 대로 내버려 둔다. 하지만 아이가 부적절한 행동을 하면, 우리 대부분은 그냥 지나치지 않고 무슨 행동을 취해야 한다고 느낀다. 이때 우리가 처벌을 우선순위에 두고 있는 한 우리는 결국 처벌을 택하게 된다.

 역설적이게도 내버려 두는 것과 처벌하는 것은 정반대의 현상이 아니다. 둘 다 아이에게 필요한 부모의 관심이 빠져 있으며, 생산적이지도 않다. 그도 그럴 것이 어떤 부모는 처벌과 방치를 번갈아 사용한다. 두 가지 방법 중 하나가 실패하면, 나머지 하나로 태도를 바꾼다. 한 엄마는 이런 고백을 했다.

 "나는 도저히 참을 수 없을 때까지는 아이를 풀어주는 편이에요. 그런데 그다음에는 너무 권위적으로 바뀌어 나 자신도 어찌할 바를 모르겠어요."[12]

 또 다른 가정의 경우는 부모가 두 가지 역할 중 하나씩 맡는다. 한 명은 엄격한 교육자가 되고 다른 한 명은 내버려 두는 쪽을 택한다. 마치 이 두 가지 잘못된 방법이 생산적인 하나의 방식으로 바뀔 것처럼 말이다.

 두 가지 중 하나를 선택해야 한다면 처벌이 방치보다 낫다는 말도, 연구 결과 확실하지 않다.[13] 하지만, 반드시 둘 중에서 선택할 필요는 없다. 다른 방법도 있기 때문이다. 추운 날씨가 불편하다고 해서 우리는 찌는 듯한 더위를 참고 견딜 필요는 없다. 이는 다음과 같은 억지스러운 선택에도 적용된다.

 "아이가 잘못하면 아이를 벌하거나 비난하는 데 집중하지 말고, 아이가 착한 일을 했을 때 상을 주거나 칭찬하는 데 집중하라."

문제는 보상과 처벌이 실제로 동전의 양면과 같다는 점이다. 또한, 이 동전으로는 그렇게 많은 것을 얻을 수 없다. 다행히 당근과 채찍의 양자택일을 대신할 대안이 있다.

이론상으로 두 개보다는 세 개의 대안 중에 하나를 선택하는 것이 낫다. 하지만, 여기서도 조심해야 한다. 양육법에 대해 저술한 수많은 저자들은 두 가지 극단적인 방법 사이의 '중도'적 입장을 취함으로써 호응을 얻으려 한다. 이를 '골디락스 전략(Goldilocks Gambit, 가격이 아주 비싼 상품과 싼 상품, 중간 가격의 상품을 함께 진열하여 중간 가격의 상품을 선택하도록 유도하는 판촉기법 - 옮긴이)'이라 부른다. 말하자면 이렇다. 어떤 방법은 너무 이쪽으로 치우쳐 있고, 어떤 방법은 너무 저쪽으로 치우쳐 있다. 하지만, 내 방법은 정중앙이다. 여기서 '이쪽'은 대개 처벌적이고 권력에 기초한 양육이며, '저쪽'은 제멋대로 두는 느슨한 자유방임의 변형이다.

우리 대부분은 막연히 양극단 사이가 더 좋다는 생각에 동의할 것이다. 나 또한 특정 문제에 대해서는 실제로 '제3의 방법'을 권한다. 하지만, 단지 두 극단 사이의 입장을 취한다는 이유로 그 의견을 무조건 받아들여서는 안 된다. 더욱이 어떤 저자는 전제가 애매한 질문으로 이야기를 시작한다. 예를 들면 이렇다.

"우리가 아이를 어느 정도 통제해야 하는가?"

하나를 고르시오. (가) 지속적으로 과도하게 통제한다. (나) 전혀 통제하지 않는다. (다) 적당하게 통제한다. 이 문제는 저자의 질문 프로그램에 실제로 나오는 문제다. 우리는 이 중에서 한 가지를 바로 선택하기보다는 이 문제를 다루는 방식에 의문을 가지고, 통제라는 전체 개념에 대한 대안을 먼저 생각해야 한다.

사실 '합리적인 절충' 방식은 그 진가를 두고 평가했을 때 전혀 합리적이지 않을 수 있다. 이런 교육방법의 예가 바로 의사뿐만 아니라 많은 연구자가 채택하는 다이애나 바움린드Diana Baumrind의 도식이다. 그녀는 양육 형태를 분류하면서 한편에는 '권위주의적인authoritarian' 양육이, 다른 한편에는 '관대한permissive' 양육이, 중간에는 '권위 있는authoritative' 양육이 있다고 설명한다. 실제로 그녀가 좋아하는 방식은, 예상하듯이 권위주의적인 방식은 아니더라도 엄격함과 따뜻함이 혼합된 전형적인 통제 지향적 방식이다. 사실 바움린드의 연구를 자세히 들여다보면 특히, 그녀가 추천하는 '엄격한 통제'에 대한 의문이 생긴다.[14]

더 중요한 점은, 양육에 관한 논의가 이루어진 방식, 특히 하나 혹은 다른 두 개의 방식을 거부하면 나머지 대안을 받아들여야 한다는 믿음 때문에 우리가 특정 방식에 이끌린다는 점이다. 아이를 키우는 데는 훨씬 더 많은 방법이 있다는 사실을 명심하고, 다양한 개념의 타당성에 의문을 제기한다면, 결국 우리는 이전보다 훨씬 더 합리적이고 새로운 지혜를 얻게 된다.

우리가 경험한 것

　우리의 부모는 우리에게 말하고 행동하는 방법을 직접 보여줌으로써 양육하는 법을 우리에게 가르쳐 주었다. 이러한 경험은 어떤 양육법보다도 영향력이 커 우리가 어떤 어머니, 아버지가 되느냐를 결정한다. 아이를 키우는 일은 요리나 목공 일처럼 단순하게 습득하는 기술이 아니다. 그 안에 포함된 심리적 요인이 이 문제를 훨씬 더 복잡하게 한다. 그리고 이런 심리적 요인은 우리가 모르는 사이에 작용한다.

　솔직히 나는 이 문제를 깊이 파고들고 싶지 않다. '내면의 어린이(inner child, 어른의 마음속에 존재하는 어린 시절의 기억-옮긴이)'를 열정적으로 언급하는 많은 토론에 이미 신물이 났기 때문이다. 하지만, 이것 말고는 달리 방법이 없는 듯하다. 당신이 자라온 방식이 당신의 내면 구조를 어떻게 형성하는지를 생각해보지 않고서는, 더 좋은 부모가 되는 데 방해가 되는 원인을 이야기하는 것은 무의미하다. 당신이 자라온 방식은, 당신이 아이와 함께하는 일에만 영향을 미치는 게 아니라 당신이 아이와 함께 하지 않는 일에도 영향을 미친다. 이는 당신이 배우자와 어떻게 양육 분담을 할 것인지, 딸과 아들을 다르게 대우할 것인지 말 것인지 등을 결정하는 데에도 영향을 미친다. 당신의 일상적인 행동이 아이를 존중하는 형태로 나타날지, 존중하지 않는 형태로 나타날지에도 영향을 미친다. 당신을 화나게 하거나 슬프게 하는 것, 그리고 이런 감정을 표현하는 방식에도 영향을 미친다.

물론 우리가 부모로서 하는 나쁜 선택을 해명하는 데 항상 심리학적 설명이 필요한 것은 아니다. 인내심을 요구하는 아이 때문에 더는 참을 수 없을 때도 있다. 아이는 대개 시끄럽고 산만하며 자기중심적이다. 서두에서 강조했듯이, 아이를 키우는 일은 나약한 사람이 할 수 없는 일이다. 그리고 다른 아이보다 더 키우기 어려운 아이도 있다. 그러나 이렇게 특별한 아이가 많다는 이유로 부모가 애정철회나 다른 통제 방법을 사용한다는 것은 충분한 이유가 되지 못한다. 부모의 기본적인 양육방식은 '아이와 직접 경험을 쌓기 전에 이미 결정되어 있다'는 많은 연구 결과가 있다. 기본적인 양육방식은 부모가 오래전에 겪은 경험에 깊이 자리 잡고 있다.[15]

한 남성이 최근 내 웹사이트에 다음과 같은 메시지를 남겼다.

"친구가 어렸을 때 자기에게 상처를 준 부모의 행동과 똑같이 자기 아이에게 하는 것을 보았어요. 마치 열차 사고의 구경꾼이 된 기분이었습니다. 좋은 모습은 아니더군요."

이런 일이 발생하는 원인을 찾는 일은 단순한 문제가 아니다. 그가 말하는 친구도 아마 의식적으로 아이를 과거의 자신과 같이 불행하게 할 생각은 없었을 것이다. 이런 반복 행위에는 분명 다른 설명이 필요하다. 자신의 부모를 심하게 비판하는 사람이 자신이 도망친 곳과 똑 닮은 가정을 꾸린다는, 이런 이상하고도 비논리적이며, 심지어 비극적이기까지 한 사실을 설명할 수 있는 다른 무언가가 분명히 있을 것이다.

앨리스 밀러가 그 이유 중 하나를 설명했다.

"많은 사람들이 자신이 어렸을 때 겪었던 잔인한 행동과 사고방식을 계속 대물림하는 이유는, 그래야만 자신의 부모를 계속 이상화할 수 있기 때문이다."[16]

밀러의 전제는 부모가 우리에게 한 모든 행위가 사실은 우리를 위해, 우리를 사랑해서 한 일이라는 것을 무의식적으로 확고하게 믿어야 한다는 의미다. 부모가 선의로 한 행동이 아닐 것이라는 의심을 품는 것조차 우리에겐 위협이 된다. 따라서 의심을 지워버리기 위해 우리는 부모가 우리에게 했던 방법과 같은 행동을 우리 아이에게 하는 것이다.

이 문제를 설명하는 또 다른 방법은 애착이론 분야에 기여한 영국의 정신분석학자 존 보울비John Bowlby의 주장이다. 보울비는, 부모가 감정이입을 바탕으로 한 양육을 경험하지 못했다면, 그런 부모가 되기는 어렵다고 주장했다. 조건 없는 사랑도 마찬가지다. 당신이 조건 없는 사랑을 받지 못했다면, 조건 없는 사랑을 주지 못한다. 어렸을 때 조건에 따라 인정받은 사람은 자신의 아이뿐만 아니라 다른 사람도 같은 방식으로 인정하게 된다. 실제로 이런 주장이 사실이라는 증거가 있다(42쪽 참조). 이런 부모는 사랑을 아껴 써야 하는 귀한 물건으로 생각한다. 이들은 자신이 그랬던 것처럼 아이도 엄하게 통제받아야 한다고 생각한다.

기본적인 정서적 욕구가 충족되지 않으면, 나이 든다고 해서 이 욕구가 그냥 사라지는 것은 아니다. 대신 간접적이고 복잡한 방식으로 이 욕구를 충족하려고 노력한다. 이렇게 노력하는 과정에서 당신은 똑똑하고, 매력적이며, 사랑받을 만한 사람이라는 것을 증명하기 위해 자신에게 더 집중하게 된다. 그러나 정작 당신의 관심을 받아야 하는 사람, 특히 당신의 아이는 당신에게 정서적 안정감을 느끼지 못한다. 이유는 당신이 자신의 부족한 점을 채우느라 너무 분주하기 때문이다. 또한 캐나다 연구자 두 명이 증명한 것처럼, 주로 자신의 욕구와 목적만을 생각하는 부모는 아이나 가정의 욕구 전체에 관심을 두는 부모보다 아이를 받아들일 가능성이 낮으며, 처벌과 통제의 방법으로 아이를 다룰 가능성이 높다. 또 습관적으로 자신의 욕구를 우선시하는 사람은 아이의 잘못된 행동이 특정 상황에서 비롯한 것이 아니라 아이의 본성 또는 성격이 본래 그렇다고 믿는 경향이 있다.[17]

아이는 부모를 기쁘게 하고, 안심시키며, 부모가 능력 있는 사람이라고 느끼게 하는 일이 자신의 소명이라고 생각한다. 때로 부모는 배우자나 심지어 자신에게서 얻지 못한 것을 얻으려고 아이에게 미묘한 압력을 가하며, 어른과 같은 친구 관계를 맺으려고도 한다. 아이는 부모에게 친구, 심지어는 부모 역할을 하도록 조종당하기도 한다. 아무도 모르는 사이에 이 모든 일이 벌어질 수 있다. 하지만, 아이가 부모의 욕구를 충족시켰느냐 못 시켰느냐에 상관없이 어른의 욕구가 중심을 차지하면, 아이의 발달은 더디 진행되거나 그릇될 수 있다.

우리가 두려워 하는 것

개인적으로나 문화적으로, 의식적으로나 무의식적으로 우리에게 영향을 미치는 모든 감정, 신념, 행위를 생각하다 보면, 우리는 이런 것들에 두려움을 느껴 양육방식에 영향을 받는다. 실제로 어떤 사람의 두려움은 다른 사람의 두려움보다 더 강하고 논리적이지 못한 경우가 있다. 하지만, 이런 두려움이 지금까지 설명한, 아이를 다루는 방식을 이해하는 데 도움이 된다.

부모로서 부적합하다는 두려움

솔직히, 나는 앞으로 펼쳐질 일을 모르는 상태에서 부모가 되는 일을 걱정했었다. 아내와 나는 점점 다가오는 공포 탓에 급증하는 아드레날린과 유도분만 주사제도 소용이 없던 때를 선명하게 기억한다. 나는 병원 밖에서 한참을 기다려 겨우 얻은 갓 태어난 아기를 카시트에 눕히고, 마치 헤드라이트 앞에 선 사슴처럼 바들바들 떨며 생각했다.

'무언가 잘못된 게 틀림없어. 난 아이를 어떻게 키우는지도 모르는데.'

그 순간 우리가 단지 아이 하나를 집에 데려가는 것이 아니라, 이 아이가 세 살, 여덟 살, 열네 살이 된다는 사실을 깨달았다면, 상황은 더 심각했을 것이다.

나쁜 부모로 시작하는 사람은 아무도 없다. 우리 모두는 아이를 사랑하고, 아이에게 안전이나 행복 이상의 것을 주고 싶어 한다. 하지만, 일이 계획대로 되지 않거나, 부모로서 할 일을 해낼 수 있을까 하는 의문이 들 때는 무력감과 혼란스러움, 좌절을 느낀다. 답이 없다는 두려움 때문에 여러 가지 문제가 발생한다. 이런 부모는 그럴듯해 보이는 해로운 조언에 속아 넘어가기 쉽다.

"어떻게 해야 좋을지 모르겠어. 장모님 말을 들어야 할 것 같아. 아이가 울어도 그냥 둬야 한다고 말씀하셨잖아."

"아이가 말을 잘 들을 때마다 별 스티커를 주라는 전문가 말을 따라야겠어."

무능하다는 두려움[18] 때문에 어떤 부모는 아이의 요구를 모두 들어준다. 물론 이런 방식은 아이의 욕구를 채워주고 함께 문제를 해결하는 방식과는 매우 다른 것이다. 반면, 어떤 부모는 절대적인 주도권을 가진 것처럼 행동하며 자신의 의심을 덮어버린다. 이런 권위적인 부모는 통제하는 역할에 너무 익숙해져 그것이 단지 역할이라는 사실을 잊어버린다. 그리고 왜 그런 역할을 택했는지도 잊어버린다. 이런 부모는 마치 자신이 할 일을 잘 알고 있다고 스스로, 그리고 모든 사람들에게 확신시키려는 듯 엄격한 규칙을 적용하며 아이들에게 어떠한 질문이나 자격도 허용하지 않는다.

나약하다는 두려움

우리 모두 한번쯤은 나약해진 나머지 누군가에게 의지해본 적이 있다. 어떤 사람은 무의식중에 어른으로서 나약함이 드러나면 과거로 돌아가 다시 나약해질 것을 두려워한다. 이들은 나약하지 않은 척하며 이 두려움을 이겨낸다. 그리고 통제력을 잃는다는 것은 이들에게 끔찍한 일이기 때문에 항상 자신이 통제하고 있다고 믿는다.

안타깝게도 이런 현상은 다른 사람을 통제하고, 정상에서 승리감을 느끼고자 하는 욕구로 쉽게 변질된다. 심지어 자신의 아이조차 이겨야 하는 전투 상대로 보게 된다. 이들은 양보하고, 마음을 바꾸어 자신의 잘못을 시인하고, 단호한 태도를 철회하면 모든 것을 잃는다고 두려워한다.

부모의 말이 곧 법이었던 가정에서 자란 사람일수록 이런 현상이 두드러지게 나타난다. 이런 경험 때문에 아이는 '대립하는 상황에서 아무도 자신의 욕구와 바람을 들어줄 수 없다는 사실'을 알게 된다. 이렇게 발생한 무력감은 절대 사라지지 않으며, 시간이 지난 후 자신의 아이를 통제하면서 어느 정도 이런 무력감을 보상받으려고 노력하게 된다.[19] 그러므로 역설적으로 들리겠지만, 자신의 능력이 부족하다고 생각하는 부모일수록 강압적인 통제 방식을 이용할 가능성이 매우 높다.[20]

어떤 사람은 타인에게 휘둘리는 두려움을 떨치기 위해 강한 모습과 행동으로 자신을 표현한다. 다른 사람을 통제하려는 마음은 아이에게만 국한하지 않는다. 이들은 다른 성인에게도 자신의 우월함을 증명해야 한다고 느낀다. 하지만, 아이를 통제하는 일이 더 수월하며 사회적으로도 용인되는 일이다. 통합교육과 비강압적 방식에 관한 워크숍을 여는 노르만 쿤크Norman Kunc는 이렇게 지적했다.

"우리가 아이에게 '행동 문제'라고 일컫는 행동 대부분은 아이의 정당한 반항이며, 우리가 아이보다 더 많은 권력을 가졌기 때문에 이를 행동 문제라고 부른다."

아마 당신은 배우자에게 행동 문제가 있다고는 말하지 못할 것이다.[21]

연구 결과에 따르면, 학대하는 부모는 '자신을 아이의 악의적인 행동의 피해자로 생각'하는 경향이 강하다고 한다. 하지만, 무엇이 먼저인가? 행동인가, 믿음인가? 이런 부모는 자신을 희생자로 생각하거나 아이가 얼마나 교묘한지를 이야기하면서 아이에게 있는 부정적인 동기를 부각시켜 부모의 학대를 정당화하고 있는 것이다.[22]

학대하지 않는 부모도 통제의 유혹과 통제력을 잃을까 하는 두려움을 느낀다. 우리는 누군가 하룻밤 사이에 힘없는 우리 아이를 자기 의지가 강한 아이로 바꿔놓는 것을 보면 불안감을 느낀다. 한때 너무도 귀여웠던 아이가 이제 우리의 요구에 저항할 수 있는 용기가 생긴 것이다. 우리가 아이보다 한 수 위라는 사실을 알려주고 싶은 유혹을 뿌리칠 수 있을까? 아이에게 일방적인 부모에서 아이와 함께하는 부모가 될 수 있을까? 이런 시험에 우리 모두가 통과하지는 못한다. 또한 아이의 자율성이 급증하는 10년 후에, 우리는 또다시 이런 시험대에 놓인다. 이때는 아이의 머리도 커지고 더 현명해져 아이의 순종을 얻는 일이 더 어려워진다.

우리는 두려움 때문에 종종 우리 의견을 고집하는데, 이는 크나큰 실수다. 어느 날 저녁, 세 살 난 아들 녀석이 게임을 끝내고 잠옷으로 갈아입으라는 내 말을 계속 무시하며 반항했다. 몇 분이 흐르고 나서 나는 아이에게 직접 셔츠를 벗든지, 아니면 내가 벗겨 주겠다고 말했다. 아이가 대답하지 않기에 나는 아이의 옷을 벗기고 위층으로 데려갔다. 아이는 혼자 하려고 했다며 집이 떠나갈 듯 큰 소리로 울어댔다. 나는 아이에게 그렇게 할 기회가 있었는데도 그렇게 하지 않았다는 사실을 부드럽고 합리적으로 이야기했다. 하지만, 아이는 영락없는 세 살 아이처럼 계속 울었고, 나는 혼자 얘기하고 있었다.

아이는 아래층으로 내려가 다시 옷을 입은 다음, 스스로 옷을 벗겠다고 말했다.

"안 돼. 이미 늦었어."

나는 앞일을 생각했다. 또다시 치워야 하는 옷과 식고 있을 목욕물을 생각했다. 하지만, 아이는 앞일을 생각하기엔 아직 너무 어렸다. 우리는 막다른 상황에 놓였다. 그러다 어느 순간, 나도 아이만큼이나 합리적이지 못하다는 사실을 깨달았다. 내 방식대로 해야 한다고 고집할 경우, 우리 둘의 기분이 상하는 것은 물론 시간도 낭비였다. 그래서 우리는 이렇게 했다. 먼저 아래층으로 내려가 셔츠를 입고, 아이 혼자 셔츠를 벗고 다시 위층으로 올라와 목욕을 했다. 하지만, 내가 통제하기를 빨리 포기하지 않은 탓에 아이가 다시 웃음을 찾고, 우리 관계가 회복되기까지 한 시간을 넘게 소비했다.

평가받는다는 두려움

어떤 부모는 친구나 친지뿐만 아니라 다른 사람이 자신의 아이, 더 나아가 자신의 양육방식에 대해 어떻게 생각할까 하는 두려움을 안고 살아간다. 이 두려움은 앞서 언급한 두 가지 두려움에 더해져 극에 달한다. 하지만, 상대적으로 두려움이 적은 부모조차도 때로는 누군가 어딘가에서 다음과 같이 수군댈지도 모른다는 생각에 불안해한다.

"저 엄마는 도대체 뭐하는 거야. 저 애 좀 봐!"

우리가 아이에게 하는 행동이 다른 사람이 어떻게 생각할까 하는 걱정에서 비롯된 것은 아닌지 생각해봐야 한다. 타인이 내 아기에게 무언가를 건넬 때 우리는 습관처럼 말한다.

"고맙습니다, 해야지?"

사실 아기는 너무 어려 '고맙습니다'라는 말을 할 수 없는데도 우리는 흔히 이렇게 말한다. 이때 우리의 실제 행동은 우리가 아이를 올바르게 키우는 방법뿐만 아니라 상대방에 대한 예의도 분명히 알고 있다는 사실을 아이를 통해 전달하고 있는 것이다.

앞서 말한 것처럼, 현재를 살아가는 우리는 많이 통제하는 부모보다 적게 통제하는 부모를 비난하며, 호기심 많은 아이보다 '행실 바른' 아이를 더 좋아한다. 그러므로 평가에 대한 부모의 걱정과 이런 평가의 방향을 결합하면 하나의 결론에 이른다. 즉, '우리는 다른 사람과 있으면 강압적인 방식에 기대게 되고, 그 결과 아이를 통제하는 데만 온 신경을 쓰게 된다.'[23] 다른 두려움과 마찬가지로 이것도 자기 충족적 예언으로 이어진다. 따라서 타인의 평가에 대한 두려움으로 인해 아이를 엄하게 다

스럼으로써, 우리는 누구에게도 보여주고 싶지 않은 행동을 하게 된다.

아이의 안전에 대한 두려움

모든 부모는 신문을 통해 머리털이 곤두서는 끔찍한 일이 착한 사람에게 일어나는 기사를 볼 때마다 자신의 아이를 걱정한다. 나는 부모가 되기 전에는 이런 걱정이 적절할 때와 지나칠 때를 구별하지 못했다. 또 이에 대한 반응으로 적절한 예방조치와 과잉보호를 분간하지 못했다.

하지만, 어떤 부모는 통제하지 않으면 끔찍한 일이 일어난다는 전제 하에 아이를 지나치게 통제하고, 이를 합리화한다. 나는 아이에게 무슨 일이 벌어지는지 잘 살펴보고 적절한 한계를 정하는 문제에 대해 이야기하는 것이 아니다. 분명 이 문제도 중요하다. 하지만, 3장에서 설명한 통제의 종류, 즉 아이를 보호한다는 명목으로 아이에게 자신의 일을 결정할 기회를 주지 않는 부모에 대해 말하고 있는 것이다. 심할 경우, 이런 부모는 물건, 즉 소유물이 망가질까 하는 두려움 때문에 아이를 과잉 통제하기도 한다. 이런 통제는 아이와의 관계뿐 아니라 아이의 자신감에도 큰 상처를 준다.

응석받이로 키운다는 두려움

화장실 사용법을 빨리 가르치려는 부모는 단순히 기저귀를 갈아 주는 일에 신물이 났기 때문이 아니다. 유치원생 자녀를 둔 부모가 단순히 아이에게 문자의 아름다움을 알려주려고 글자를 가르치지 않는 것과 같다. 나는 아기에게 기어다닌다고 나무라며, 걸음마를 가르치고, 이제는 혼자

계단을 올라가야 한다고 안달하는 사람을 보았다. 포크를 손에 쥐어주며 형처럼 먹으라고 말하는 소리도 들었다.

빠르면 빠를수록 좋다는 생각은 늦음에 대한 두려움에서 나온다. 이 두려움은 아이를 응석받이로 키워서는 안 된다는 믿음으로 이어진다. 어떤 부모는 지금이 바로 아이의 젖을 떼고, 변기 사용법을 가르치고, 걷고 말하고 스스로 더 많은 일을 하도록 가르칠 때라고 말한다. 부모는 흔히 아이가 어리광을 부리면 걱정한다. 그 이유는 무엇일까? 장기적인 안목을 가진 내 친구는 이렇게 말한 적이 있다.

"정말, 아이가 중학생이 돼서도 기어다니고, 턱받이를 할 거라 생각하는 거야? 왜 그렇게 서둘러?"

혹시, 이런 부모가 중학생이 된 아이에게 빨리 커서 화장도 하고, 어른이 없는 파티에도 참석하고, 성에 대해서도 적극적이고, 자동차면허도 서둘러 따라고 재촉할까?

천천히 가는 법을 적극적으로 받아들이는 사람들은 대부분 발달 장애가 있는 아이의 부모들이다. 이들은 자신이 겪어야 할 엄청난 두려움을 맞서 이겨내야만 했다. 하지만 다른 모든 부모도 아이를 편하게 해주고, 아이가 자신의 능력에 맞는 속도로 가도록 해야 한다. 피곤해서 어린 아이를 안아 주지 않는 것과, 그 또래 아이는 안아 줘서는 안 되며, 더 나아가 아이는 항상 자신이 할 수 있는 일은 스스로 해야 한다는 생각에 아이를 안아주지 않는 것은 별개다.

요즘 내 열 살짜리 딸아이는 자기보다 훨씬 어린 아이가 보는 텔레비전 프로그램에 푹 빠져 있다. 처음엔 걱정이 됐다. 하지만, 몇 가지 사실을 깨달았다.

첫째, 아이는 하루 종일 충분히 머리를 사용했기 때문에 머리를 식힐 오락 거리를 즐길 자격이 있다. 어른은 시시한 시트콤이나 공포 소설로 휴식을 취하는데, 4학년 아이가 유치원생 프로그램을 보면서 쉬지 못할 이유가 무엇인가?

둘째, 아이와 함께 이런 프로그램을 보면서, 나는 아이가 나름대로 이야기 전개를 예측하고, 모순점을 지적하며, 주인공의 행동에 대해 다른 방안도 생각한다는 사실을 알았다. 그리고 아이는 상상력을 자극하는 다양한 기술적 기교까지도 알아내고 있었다.[24]

셋째, 가장 중요한 부분인데, '자기 수준보다 낮은' 텔레비전 프로그램을 보거나 책을 읽는다고 해서 아이가 더 멍청해지지는 않는다.

진짜 위험은 아이에게 더 빨리 자라라고 재촉하는 데서 시작된다.

응석받이로 키운다는 두려움은 아이가 뒤처질 거라는 두려움과 밀접한 관련이 있다. 이는 《신생아가 알아야 할 것What Your Two-Day-Old Should Know》과 같은 두려움을 조장하는 해로운 책이 유행한다는 사실을 보면 알 수 있다. 다른 아이는 어떤 것을 빨리 익혔는지 유심히 관찰하는 부모를 볼 때마다, 나는 아이가 후식을 받고 언니나 동생의 후식이 더 크지는 않은지 먼저 확인하는 모습이 떠오른다. 비교하려는 강박관념은 경쟁에 열광하는 사회가 만들어낸 두려움을 반영한다. 유년기부터 경쟁이 시작된다는 생각으로 행동하는 사람은 어쩔 수 없이 아이에게 비생산적인 압력을 가하게 된다.

자유방임에 대한 두려움

우리 아이가 또래보다 뒤처진다는 걱정이 성공에 대한 병적인 압박감과 관련 있듯, 자유방임에 대한 두려움 또한 위험한 과잉 통제를 조장할 수 있다. 이미 살펴보았듯이, 우리 문화에서 가장 심각한 문제의 원인은 자유방임이 아니라 자유방임에 대한 두려움이다. 자녀교육서가 종종 이런 두려움에 불을 지핀다. 토마스 고든 박사는 이에 대해 이렇게 지적했다.

"우선, 자녀교육서는 자유방임을 부도덕한 범죄인 양 취급한다. 그래서 여기에 불안감을 느끼는 부모는 자유방임을 극복하는 유일한 길은 엄격한 규칙과 한계를 정하고 체벌을 사용하고 복종을 요구하는 등 강하게 자신의 권력을 행사하는 것이라고 믿는다."[25]

우리는 이런 가정과 두려움을 경험하면서 우리의 양육방식을 확립해왔다. 예를 들어, 애정을 너무 쏟으면 어린아이의 버릇이 없어진다고 믿는 엄마는 실제로 아이에게 협력적이지 않는 경향이 있다.[26] 하지만 다른 방법은 너무 자유방임적이라는 생각에 권위적으로 지시하거나 조건에 따라서만 인정하는 부모가 큰 아이에게 일으키는 피해 역시 가능할 수 없다. 이런 두려움에서 자유로워지는 것이 자신이 줄 수 있는 모든 사랑을 주는 부모로 거듭나는 길이다.

경험상, 정말 훌륭한 부모의 특징은 현재 자신의 행동과 자신에게 일어난 일에 대한 난처한 질문을 기꺼이 받아들이는 데 있다. 이들은 아이와의 갈등 해결을 위한 더 좋은 의견을 들으면, 다음과 같이 방어적으로 대답하지 않는다.

"글쎄, 우리 부모님이 내게 그렇게 해왔고 나도 그 방법이 좋은 것 같은데요."

우리가 아이를 키우는 방법을 더 발전시키기 위해서는 불쾌한 의견에도 마음을 열고 적극적으로 받아들이면서, 부모의 방식을 제대로 평가하고 개선점을 찾아야 한다. 다행히 존중받으며 자란 사람은 자신의 아이 또한 똑같이 존중하려고 노력한다. 하지만, 그렇지 못한 사람도 우리가 자란 방식으로 아이를 대하지 말고 당시 우리가 원했던 방식으로 아이를 대해야 한다.

인과응보나 종교, 경쟁, 순응과 관련한 가정을 열거한 내 논지는 단순히 이런 믿음을 반박하기 위한 것이 아니다. 이런 믿음이 실제로 우리 양육방식에 영향을 미치고 있는지 깊이 생각해보라는 의미에서 이야기한 것이다. 또 내 목적은 개인적인 일과 관련해서는 제한적일 수밖에 없다. 다른 많은 작가의 조언에도 불구하고, 책 한 권을 읽고 의미 있는 변화를 기대하기는 어렵다. 나는 '통찰력이 변화의 첫 걸음'이라는 프로이트의 생각이 옳았으면 하고 바랄 뿐이다. 진정으로, 머리뿐 아니라 가슴으로 이해한다 해도 아이에 대한 우리의 행동을 변화시키기는 어렵다. 하지만, 반드시 필요한 일이다.

결론적으로 우리가 다음과 같은 질문을 할 준비가 되어 있지 않으면 아이를 위한 우리의 장기적인 목표를 이룰 가능성은 희박해질 것이다.

"아이에게 방금 한 행동이 아이의 이익보다는 내 욕구나 두려움, 그리고 나 자신이 자라온 방식과 더 관련이 있지는 않은가?"

당연히 '아니다'라고 답할 것이다. 그리고 사람들은 앞으로도 이 질문에 '그렇다'보다는 '아니다'라고 답하길 원할 것이다. 하지만, 우리는 이 질문을 계속해야 한다. 일단 우리의 행동 방식에 대한 적절한 이유를 찾는다면, 다음은 더 나은 부모가 되는 구체적인 방법으로 나아갈 수 있다.

제 7 장
조건 없는 양육의 13가지 원칙

1. 반성하라
2. 자신의 요구를 재고하라
3. 장기적인 목표에 집중하라
4. 관계를 우선시하라
5. 행동이 아닌 시각을 바꾸어라
6. 존중하라
7. 진실하라
8. 적게 말하고 많이 질문하라
9. 아이의 나이를 잊지마라
10. 아이에게는 나름 분명한 동기가 있다고 생각하라
11. 불필요한 반대를 고집하지 마라
12. 융통성 없는 사람이 되지 마라
13. 서두르지 마라

먼저 당신에게 경고해 두는 것이 좋겠다. 이어지는 내용은 '착한 아이로 키우는 방법'에 대한 단계별 방책은 되지 못할 것이다.

첫째, 실패할 확률이 없는 최종적인 양육방식을 다른 사람에게 전달하기에 앞서 나부터 완벽한 부모가 됐어야 했는데, 그렇지 못했다.

둘째, 이런 방책이 모든 경우에 적합할지는 의문이다.

다음과 같은 구체적인 제안은 부모와 아이를 똑같이 무시하는 말이다.

"아이가 A라고 말하면, B의 입장을 취하고 C의 목소리 톤으로 말해야 한다."

아이를 키우는 일은 홈시어터 장치를 설치하거나 가재도구를 마련하는 일과는 다르다. 이런 일은 전문가의 설명서를 따르기만 하면 된다. 모든 가정에 유효한 만능 공식은 어디에도 없으며, 무한한 상황을 예측할 수도 없다. 기적 같은 치료제를 찾는데 필사적인 엄마, 아빠는 이런 책에 열광할지 모르겠지만, 이런 공식을 제안하는 책은 대개 유용하기보다는 해롭다고 해야 한다.

내가 이 장과 다음 장에서 말하고자 하는 내용은 폭넓은 몇 가지 원칙과 기존 양육방식의 대안을 찾는 방법이다. 이 방법은 다른 조언가의 연구를 분석하고, 내 경험과 관찰, 연구를 통해 얻은 결과다. 당신은 내 각 의견이 합리적인지를 먼저 판단하고, 만약 합리적이라면, 당신 아이를 키우는 데 어떻게 적용할지를 생각해야 한다. 그리고 앞으로 제안할 내용은 다른 책에서 본 내용보다는 다소 어려울 수 있다.

단순히 아이를 사랑하기보다 아이가 조건 없이 사랑받는다고 느끼게 하기는 어렵다. 아이의 행동에만 초점을 맞추기보다 내면의 복잡한 심리를 파악해 대응하기는 어렵다. 당근과 채찍으로 아이를 통제하기보다 아이와 함께 문제를 해결하고 아이가 올바른 일을 해야 하는 이유를 제시하기는 어렵다. 아이 스스로 이유를 생각하도록 돕는 일은 말할 것도 없다. '함께하는 것'은 '일방적인 것'보다 우리에게 더 많은 것을 요구한다.

이상하게도 사람들은 '함께 한다'는 개념에는 더 높은 기준이 담겨 있다고 생각한다. 어린아이가 흔히 그만하라는 말을 들어도 못된 행동을 계속한다는 사실에 주목한 한 연구자는, 부모들이 '아이는 말해도 소용없다'고 단정 짓는 것을 보았다. 하지만 그 연구자는 체벌을 포함한 처벌 역시 보통은 효과가 없다는 점을 지적한다. 실제로 연구에 따르면 부모가 처음에 어떤 반응을 보이느냐에 상관없이 유아 중 절반이 2시간 안에 다시 못된 행동을 했으며, 이들 중 4/5가 하루가 지나기 전에 또다시 못된 행동을 했다. '차이점은 아이를 때려도 효과가 없는데도 부모는 그 효율성을 의심하지 않는다는 데 있다.'[1]

사실 이럴 때, 전통적인 교육이 더욱 필요하다고 생각하는 것이 일반적이다. 그러나 부모나 다른 사람의 간섭이 효과적이라는 보장은 어디에도 없다. 우리 뜻을 아이에게 강제하려고 하면 화난 아이의 일시적인 순종만 이끌 뿐이다. 3장에서 보았듯이, 이런 방법은 일시적인 순종조차 이끌어내지 못할 때도 있다. 내가 설명하려는 방법은 아이의 건전한 발달이나 아이와 우리의 관계에 덜 해로우면서도 성공 가능성은 훨씬 높은 방법이다.

그러나 이전 방법에서 탈피하려면, 우선 우리의 목적 전환이 이루어져야 한다.

"어떻게 하면 아이가 내 말을 잘 듣게 할까?"

우리가 중요하게 생각하는 이 질문을 다음과 같이 바꾸어야 한다.

"아이에게 필요한 것은 무엇이고, 그것을 어떻게 채워줄까?"

내 경험으로 보면, 이 질문 중 부모가 어떤 질문을 더 중요하게 생각하는가를 아는 것만으로도 당신은 그 가정에서 일어나는 많은 일을 예측할 수 있다. 심지어 당신은 그 답을 알 필요조차도 없다. 즉, 부모가 순종을 얻기 위해 어떤 방법을 사용하는지, 혹은 아이에게 필요한 것이 무엇이라고 생각하는지 몰라도 된다는 말이다. 문제는 무엇이 중요한가 하는 점이다.

아이의 욕구에 집중하고, 이를 채워주기 위해 아이와 함께 노력하다 보면 아이를 진지하게 받아들이게 된다. 이는 아이의 감정과 욕구, 질문을 중요시하면서 아이를 대한다는 의미다. 아이가 바라는 것을 항상 만족시킬 수는 없지만, 아이를 항상 생각하고, 아이의 욕구를 무시하지 않을 수는 있다. 아이도 자신의 관점이 있고, 우리와 다르지만 두려움과 걱정거리가 있으며, 단순히 '귀여운' 아이가 아닌 자기만의 방식이 있는 하나의 인격체로 봐야 한다.

나는 교육 전문가가 무심코 하는 무감각한 조언을 혐오한다. 왜냐하면, 이들은 아이를 존중하지도, 심지어 좋아하지도 않는 것처럼 보이기 때문이다. 나는 부모들 또한 아이를 이렇게 대하는 것은 아닌지 지켜본다. 나는 모든 부모가 나와 똑같은 선택을 하거나 똑같은 방법을 사용하는 데는 그다지 관심이 없다. 하지만, 부모의 행동이나 말, 목소리 톤이 아이를 진지하게 대하는가에는 관심이 많다.

다음 세 장에서 세 가지 방식, 즉 아이를 진지하게 받아들이기 위해 조건 없는 사랑을 표현하고, 아이에게 결정할 기회를 더 많이 주며, 아이의 관점에서 현상을 바라보는 방법을 제안한다. 이에 앞서 먼저 13가지 원칙을 제안하고자 한다. 각 원칙에는 요약한 문장보다 더 놀랍고 흥미로운 의미가 담겨 있다.

13가지 원칙은 다음과 같다.

1. 반성하라.
2. 자신의 요구를 재고하라.
3. 장기적인 목표에 집중하라.
4. 관계를 우선시하라.
5. 행동이 아닌 시각을 바꾸어라.
6. 존중하라.

7. 진실하라.

8. 적게 말하고 많이 질문하라.

9. 아이의 나이를 잊지 마라.

10. 아이의 행동에는 나름 분명한 동기가 있다고 생각하라.

11. 불필요한 반대를 고집하지 마라.

12. 융통성 없는 사람이 되지 마라.

13. 서두르지 마라.

1. 반성하라

좌절의 시기에 내 아내는 많은 부모들이 직면하는 딜레마에 빠진 적이 있다. 아내는 말했다.

"아이가 말을 잘 듣게 하려면 어쩔 수 없이 바람직하지 않은 방법을 써야 할 것 같아요."

이 문제에 대한 쉬운 해결책은 없다. 하지만, 우리가 피해야 할 해결책 한 가지는 있다. 방법을 바람직하게 보이기 위해 우리의 행동을 합리화하는 일이다. 이렇게 하면 우리가 모르는 사이에 딜레마는 사라진다. 마찬가지로 어떤 부모는 자신이 확립한 규칙은 무엇이든 아이에게 이득이 된다고 스스로에게 설득한다.

최고의 부모는 자기반성을 할 줄 알며, 기꺼이 힘든 시간을 감당한다. 죄책감과 무능함을 느끼라는 말이 아니다. 때론 너무 비생산적으로 자기를 비판하는 사람들이 있으니 말이다. 하지만, 내일은 오늘보다 더 나은 부모가 되기 위해 아이에게 한 행동을 돌아보는 시간을 갖는다면, 분명 도움이 될 것이다.

  지금의 양육방식을 택한 동기가 무엇인지 알려고 노력하라. 스스로 솔직할수록, 즉 자신의 욕구와 경험이 아이를 다루는 방식에 어떤 영향을 미치는지를 이해할수록, 당신은 발전할 수 있다. 예를 들면, 아이의 특정 성격에 과민 반응을 보이며 화를 내는 부모는 그 특정 성격이 가장 싫어하는 자신의 성격과 같은 경우가 많다. 덴마크 시인이자 과학자인 피에트 하인Piet Hein은 이렇게 말했다.

  "타인의 용서할 수 없는 실수는 바로 자신의 실수와 같은 실수다."

  자신의 동기에 대해 스스로 솔직해져라. 자신을 괴롭히고 혼란스럽게 하는 일이라고 무조건 그 일에서 벗어나려고 하지 마라. 더불어 당신이 아이에게 하는 행동 방식이 자신도 모르는 사이에 통제로 이어질 수 있다는 점에 유의하라.

2. 자신의 요구를 재고하라

  매우 걱정되는 가능성 하나가 있다. 당신의 요구를 아이가 듣지 않을 때, 어쩌면 문제는 아이에게 있는 것이 아니라 당신의 요구에 있다는 점이다. 부모를 위한 책 중에 이런 가능성을 제기한 책은 별로 없다. 대다수는 부모가 아이에게 원하는 것을 시작점으로 순종을 얻어내는 방법을 말한다. 이런 방법 대부분은 '긍정적 강화'나 '대가', 즉 뇌물이나 위협을 수반한다. 경우에 따라서는 부모가 아이를 대할 때, 좀 더 사려 깊고, 존중이 담긴 방식을 포함하기도 한다. 하지만, 대부분은 부모가 자신의 요구를 재고해보라고 권하진 않는다.

예를 들어, 최근 어떤 책을 보면 윈윈협상win-win negotiation에 좀 더 적극적이고 능숙해져야 한다는 점을 강조한다. 그 구체적인 의견은 유용하며, 전체적인 접근법은 신선하고 인간적으로 보인다. 하지만, 이 작가가 아이를 잠자리에 들게 하고, 채소를 먹게 하는 방법을 묻는 부모에게 한 조언을 보면, 그 목적이 문제가 될 가능성에 대해서는 생각해보지 않은 듯하다. 우리가 아이에게 건강에 좋은 음식을 먹이고 있다면 아이에게 어떤 음식을 먹으라고 강요할 필요가 있을까? 왜 아이만의 세계가 부모의 기준에 따라 좌우돼야 하는가? 다소 진보적인 책도 부모의 바람대로 아이를 이끌기 위해 그 '사실 여부'보다는 '방법'에 초점을 맞추는 경향이 있다.

또한, 부모가 특정 나이의 아이가 할 수 없는 요구를 할 때도 있다. 아이가 할 수 있는 일이라 하더라도 아이가 그 일을 하고 싶어 하는지를 물어야 한다. 어떤 부모는 아이에게 피아노 연습시키는 법을 알고자 한다. 하지만, 더 시급한 문제가 있다. 그 과정이 아이에게 고통이 된다면, 왜 피아노 레슨을 강요하는가? 아이를 위한 것인가, 당신을 위한 것인가? 아이가 음악을 싫어하게 되지는 않을까? 이렇듯 많은 문제가 계속된다.

물론 기준은 서로 다르겠지만, 우리가 아이에게 합리적인 일을 기대할 때도 있다. 핵심은, 아이가 우리의 말을 따르도록 하는 방법을 찾기에 앞서 우리 요구의 가치나 필요성에 대해 먼저 생각해봐야 한다는 점이다.

3. 장기적인 목표에 집중하라

아이가 원하는 것을 깊이 생각하고, 특정 양육방식이 당신의 목표를 실현하는 데 방해가 될 가능성은 없는지 고려해보라는 말로 이 책을 시작했다. 그동안 몇 가지 양육방식을 살펴봤으므로 이젠 당신의 장기적인 목표와 이러한 양육방식을 비교해 볼 시간이 됐다.

예를 들어, 당신은 아이가 도덕적이고, 건전한 관계를 유지할 줄 알며, 지적 호기심이 강하고, 자신에게 만족하는 사람으로 자라길 바란다고 가정하자. 이때 타임아웃을 통해 사랑을 멈추고, 당신이 좋아하는 행동을 선택적으로 강화하고, "내가 엄마니까!"라고 말함으로써 과연 당신이 원하는 목표를 이룰 수 있을지 자신에게 물어봐야 한다. 사실, 일상적으로 아이에게 하는 모든 행동은 당신의 궁극적인 목표를 기준으로 판단해야 한다.

하지만, 이런 반성이 항상 체계적으로 이루어지진 않는다. 다시 말해, 우리가 진심으로 추구하는 목표를 명심해야 한다는 말이다. 우리는 일상의 사소한 일, 또는 말다툼이나 좌절로 인해 너무 쉽게 중요한 문제들을 등한시한다. 부모는 넓은 관점에서 목표를 마음에 세우고, 지금 이 순간 아이를 복종하게 하기보다 더 원대한 목표에 집중해야 한다. 그러면 더 나은 양육방식을 선택할 가능성이 높고, 더 나은 결과도 얻을 수 있다.[2] 앞을 내다보는 시야를 길러야 한다. 아이가 오늘 초콜릿 우유를 쏟았는지, 화를 냈는지, 아니면 숙제를 잊었는지 따위는 중요하지 않다. 아이가 예절 바르고, 책임감 있으며, 동정심 많은 사람이 되도록 당신이 도왔는지 돕지 않았는지가 중요하다.

4. 관계를 우선시하라

최고의 목표 중 하나는 아이와 형성하는 관계의 중요성이라는 말은 아무리 강조해도 지나치지 않다. 내 친구 대니는 최근 아버지로서 몇 년간 깨달은 바를 한마디로 요약했다.

"올바른 것이 반드시 중요한 것은 아니다."

당신이 방에 들어섰을 때 아이의 태도가 어색해진다면, 옳고 그름은 그다지 중요하지 않다.

현실적인 면에서도, 아이가 잘못 행동한 이유를 우리에게 설명할 수 있을 만큼 우리에게 편안함을 느낄 때, 문제 해결이 쉬워진다. 이렇게 되면 아이는 어려움에 처했을 때 우리에게 와서 조언을 구하고, 선택의 갈림길에 섰을 때도 우리와 함께 시간을 보내려 할 것이다. 게다가 아이가 우리를 신뢰할 때, 우리가 정말 중요한 일이라고 말하면 우리의 요구를 들어줄 것이다

물론 사랑이 넘치는 확고한 관계를 단순히 쓸모 있다는 이유로 정당화해서는 안 된다. 이런 관계는 그 자체가 목적이 돼야 한다. 따라서 아이를 잠자리에 들게 하거나, 변기를 사용하도록 하고, 예절을 가르치기 위해 이런 관계를 무너뜨릴 가치가 있는지를 잘 생각해봐야 한다. 올바른 일을 위해 단호한 태도를 보여 아이가 실망하는 모습을 봐야 할 때도 있다. 하지만, 통제와 간섭으로 아이를 불행하게 만들기에 앞서, 그리고 분명히 조건적 사랑으로 보이는 행동을 하기에 앞서, 이 일이 아이와의 관계를 망가뜨려도 좋을 가치가 있는 일인지를 꼼꼼히 따져봐야 한다.[3]

5. 행동이 아닌 시각을 바꾸어라

조건 없는 부모는 단순히 처벌하지 않음으로써 달리 행동하는 것이 아니다. 이런 부모는 같은 사안을 다른 시각으로 본다. 조건적 부모는 아이가 부적절한 행동을 하면 이를 위반으로 간주하고, 위반에는 당연히 '대가'가 따른다고 믿는다. 조건 없는 부모는 이런 행동을 해결해야 할 문제로 생각한다. 즉, 아이를 괴롭힐 기회가 아닌 가르쳐야 할 기회로 본다. 다시 말하지만, 이는 단순히 '일방적인' 방식과 대조되는 '함께하는' 방식을 택했다는 뜻이 아니다. 벌어진 일을 어떻게 이해하느냐에서 비롯된 반응이다. 또 아이의 행동을 '가르칠 수 있는 순간'으로 보면, 아이를 문제 해결 과정에 참여시킬 수 있다. 당연히 이 과정은 훨씬 좋은 결과를 가져온다.

6. 존중하라

아이를 진지하게 받아들이라는 말은 존중하는 마음으로 아이를 대하라는 말이다. 나는 모든 사람이 그런 대접을 받을 자격이 있다고 생각한다. 또한 존중받는 아이가 부모는 물론 다른 사람도 존중할 줄 안다고 믿는다. 하지만 아이를 끔찍이 사랑하는 부모조차도 항상 아이를 존중하는 마음으로 대하진 않는다. 어떤 부모에게는 경멸과 냉소가 느껴지기도 한다. 이런 부모는 아이의 요구를 무시하고, 아이의 분노를 잊어버리며, 아이의 두려움을 하찮게 생각한다. 이들은 다른 어른에게는 꿈도 꾸지 못할 방식으로 아이에게 끼어들면서도 아이가 자신을 방해하면 몹시 화를 낸다. 또한, 아이를 얕잡아 보는 투로 말하기도 한다.

"우리 애는 변덕이 죽 끓듯 해.", "그렇게 하면 그냥 무시해버려."

존중하는 마음으로 아이를 대한다는 뜻은 위와 같은 말을 하지 않는 노력을 의미한다. 그리고 어떤 문제에 대해서는 우리보다 아이가 더 잘 안다는 사실을 깨닫는다는 의미이기도 하다. 단지 어떤 공룡이 육식공룡인지를 아이가 더 잘 안다는 의미가 아니다. 토마스 고든 박사는 이렇게 말했다.

"아이는 때로 졸리거나 배고픈 때를 부모보다 더 잘 안다. 친구의 성격에 대해서도 더 잘 알고, 자신의 포부와 목표, 그리고 많은 교사가 자신을 어떻게 대하는지도 더 잘 안다. 또한, 신체적 자극과 욕구, 자신이 좋아하는 사람과 좋아하지 않는 사람, 가치 있는 것과 가치 없는 것을 더 잘 안다."[4]

어떤 경우라도, 나이가 많다는 이유로 부모가 아이보다 아이 자신에 대해 더 잘 안다고 단정할 순 없다.

따라서 화난 목소리로 오빠가 싫다고 말하는 아이에게 다음과 같은 말은 아이를 존중하지 않는 말이다.

"왜 그렇게 말하는 거야? 당연히 그러면 안 되지!"

이런 말은 도움이 되기는커녕, 아이는 이 말을 조건적 인정으로 받아들일 가능성이 높다. 결국 아이는 자기 감정은 중요하지 않으며, 이런 감성을 갖는 자신에게 뭔가 문제가 있다고 믿게 된다. 또한, 엄마가 화를 내도 좋다고 생각하는 일에만 화를 내야 사랑받을 수 있다고 믿게 된다.

7. 진실하라

어떤 사람들은 아이와 친구처럼 지내려고 하는 부모를 비난한다. 나는 이런 혼란은 부적절하며 도움이 되지 않는다는 의견에 동의한다. 하지만, 우리는 친구 이상으로 늘 아이 주변에 있는 사람이 돼야 한다. 엄마, 아빠라는 역할 때문에 우리의 인간성, 혹은 인간적 관계가 사라져서는 안 된다.

그렇다고 우리 삶의 소소한 일들을 모두 아이에게 털어놓아야 한다는 말은 아니다. 아이가 충분히 클 때까지 말하지 않을 일이 있고, 절대로 말하지 말아야 할 일도 있다. 하지만, 부모가 아이를 대하는 방식에 가끔 빠져있는 진실성이 문제다. 진실성이 없는 상황에서, 아이는 부모와의 관계에 무엇이 부족한지 확실히는 모르지만, 예민하게 느낄 수 있다.

사람은 자기만의 욕구가 있다. 따라서 좋아하는 행동도 있고, 싫어하는 행동도 있다. 아이도 이런 사실을 알아야 한다. 사람은 때로 혼란을 겪기도 하고, 방황도 하며, 지치기도 한다. 사람은 항상 확신을 가지고 행동하진 않으며, 때로는 생각 없이 말하고 나중에 후회하기도 한다. 우리는 실제보다 더 능력 있는 것처럼 행동해서는 안 된다. 우리도 잘못을 저지르면 이를 시인해야 한다.

"있잖니, 엄마가 어젯밤에 한 말을 생각해봤는데 엄마가 잘못 생각했더구나."

최소한 한 달에 두 번은 아이에게 반드시 사과하라. 왜 한 달에 두 번일까? 모르겠다. 내게는 그만큼이 적절해 보인다.

사과하는 이유에는 두 가지가 있다.

첫째, 확실한 본보기가 된다. 아이가 미안함을 느끼지도 않는데 미안하다는 말을 하게 하는 일은 이치에 맞지 않는다고 앞서 강조했다. 아이에게 사과의 개념을 가르치는 가장 효과적인 방법은 사과하는 모습을 직접 보여주는 것이다.

둘째, 사과는 당신이 완벽한 부모라는 토대에서 벗어나 당신도 우를 범할 수 있다는 사실을 아이에게 가르쳐준다. 사과는 망신을 당하거나 무력감을 느끼지 않고도, 우리도 실수하고 때론 일을 그르친다는 사실을 상대방에게 인정할 수 있다는 점을 아이에게 보여준다.

사과가 중요한 이유는 부모 대부분이 사과하지 않기 때문이다. 존경받는 자리, 즉 마지막까지 권위 있는 위치에 있으면 우리는 우선 안심이 된다. 미안하다는 말은 자신을 약한 존재로 만들며, 말하기도 쉽지 않다. 우리가 어린 시절에 경험한 극도의 나약함이 미안하다는 말을 하기 싫어하는 한 이유가 되기도 한다.

게다가 많은 부모가 아이와 진실하고 따뜻한 관계로 발전하면 아이를 통제하기 어려워질까 걱정한다. 조건적 양육의 경우, 이 두 가지 목표가 충돌할 때 관계보다 통제를 우선시한다.

우리의 한계를 솔직히 인정하고 진심으로 아이에게 이야기한다 하더라도, 또 우리가 어른의 특권이나 지혜를 가지고 있다 하더라도, 우리 역시 아이처럼 세상에서 자신의 길을 개척하고, 타인의 욕구를 헤아리며, 배우기 위해 노력하는 사람일 뿐이라는 사실을 아이가 안다 하더라도, 아이는 여전히 우리를 존경할 것이다. 우리가 아이에게 진실할수록, 아이는 우리에게 진정으로 존경하는 마음을 가질 것이다.

8. 적게 말하고 많이 질문하라

아무리 좋은 방식이라도 아이에게 일방적으로 지시하는 것은 아이의 생각과 반론, 느낌을 이끌어내는 것보다 생산적이지 못하다. 아이에게 잘못한 일에 대해 이야기하면서 우리가 원하는 결과를 얻지 못했다면, 이는 더 강한 교육법이 필요하다는 의미가 아니다. 이야기 대부분을 우리가 했다는 의미일 수 있다. 우리는 아이에게 우리의 관점을 주입시키기에 바빠 아이 말을 진지하게 듣지 못한 것이다. 훌륭한 부모는 설명보다 듣기를 더 중요하게 생각한다.

온타리오에 사는 한 아버지는 자신의 네 살 된 딸아이가 과자 한 봉지를 들고 유치원에서 돌아왔을 때의 일을 나에게 적어 보냈다.

아이가 과자를 쏟아 거실 바닥을 엉망진창으로 만들어 놨습니다. 나는 아이에게 과자를 다시 봉지에 담아 식탁 위에 올려놓으라고 했지요. 아이는 싫다고 했습니다. 처음 든 생각은 아이가 내 권위에 도전하고 있다는 것이었습니다. 아이가 내게 순종하지 않았기 때문에 벌을 줘야 한다고 생각했습니다. 그렇게 하지 않으면, 아이는 나중에 또 내 말을 듣지 않을 것 같았습니다. 하지만, 나는 아이에게 물었습니다.
"왜 이 과자를 치우지 않는 거야?"
아이가 대답했습니다.
"먹고 싶단 말이야."
문제는 바로 풀렸습니다. 나는 이렇게 말했습니다.

"과자를 봉지에 넣은 다음에 먹어도 돼. 아빠가 바라는 건 거실이 깨끗했으면 하는 거야."

아이는 바로 과자를 봉지에 담아 식탁에 올려놓더군요.

일반적으로 우선순위는 근본적인 문제, 즉 아이가 무엇을 원하는지부터 파악해야 한다. 예를 들어, 두세 살 된 아이는 아기에서 하나의 인격체로 성장하는 험난한 과정 속에 종종 충동적인 행동을 한다. 아이는 자유와 독립 그리고 새로운 일을 할 수 있는 능력을 갈망하는 동시에, 자기 의지를 행사하는 데 방해가 되는 제한과 맞서 싸운다. 아이는 자신에게 주어진, 때로는 자신이 감당할 수 있는 능력보다 더 많은 자율성을 원한다. 또한 아이는 부모와 떨어지거나 대립하는 상황을 두려워한다. 이런 혼돈 속에서 한계를 정하고 통제하려고만 하는 부모는 필요치 않다.

문제를 일으키는 행동 원인은 아이나 상황에 따라 다르다. 아이가 너무 어려 이유를 설명은커녕 이해조차 못 할 때, 우리는 무슨 일이 일어났는지를 이해하기 위해 도움이 될 만한 단서를 찾아야 한다. 내 아들 에이사가 3학년이 되어 변덕스럽고 집착하는 모습을 보였을 때, 우리는 아이가 태어날 때부터 돌봐준 보모가 그만둔 일과 관련 있을 거라 생각했다. 아이는 보모를 몹시 그리워할 뿐 아니라 엄마나 아빠도 어느 날 갑자기 사라지지는 않을까 하고 걱정하고 있었다. 만약 아이에게 소란 좀 그만 피우라고 했다면 효과도 없이 아이의 좌절감만 키워줬을 것이다.

문제는 아들 에이사가 화를 내는 이유나 불쾌한 이유를 우리에게 설명할 만큼 충분히 자랐을 때, 편한 마음으로 우리에게 그 이유를 설명할 수 있느냐 하는 점이다. 우리 의무는 이런 안정감을 주고, 편견 없이 들어주며, 아이가 한 일을 우리에게 말한다고 해서 곤욕을 치르거나 그 감정이 비난받지 않는다는 확신을 주는 것이다. 나는 사람이 하는 모든 일은 정당하며, 누군가 판단할 수 없는 일이라고 믿는 상대론자의 입장에서 이렇게 말하는 것이 아니다. 나는 현실론자로서 이렇게 말하는 것이다. 우리는 문제를 풀기 위해 그 문제의 원인을 알아야 한다. 또한, 판단받기를 두려워하는 사람은 솔직하게 말할 가능성도 낮고, 문제의 원인을 이해하는 데 필요한 정보를 줄 확률도 낮다. '적게 말하고 많이 질문하라'는 이 원칙을 진지하게 받아들여야 하는 이유가 여기에 있다.

반면 모든 유형의 질문이 다 생산적인 것은 아니다. 속 깊은 반응을 이끌어낼 목적이 아닌 수사의문문(내용상 굳이 의문 형태를 취하지 않아도 되는데 의문 형태를 취하는 문장 - 옮긴이)은 의미가 없다. 예를 들면 이런 말이다.

"사람들이 너한테 말할 때, 왜 그 사람을 쳐다보지 않는 거지?"

가장 나쁜 질문은 아이에게 깊이 생각할 기회를 주는 게 아니라 이미 정답을 마련해두고 당신이 생각하는 답을 추측해 보라고 강요하는 것이다. 예를 들면 이런 말이다.

"누나와 부딪혔을 때, 뭐라고 해야지?"

작가 바바라 코로로소는 별 도움이 되지 않는 이 같은 질문 몇 가지를 언급한 후, 무언가를 묻기 전에 '묻는 이유를 생각해보라'고 말했다. 동기를 들춰 보면 질문할 가치가 있는지를 알 수 있다.[5] 요령은 이렇다. 아이가 할 말을 완전히 확신하지 못할 때, 우리 반응이 한 가지 이상으로 나타날 때, 그때가 바로 질문이 가장 유용한 때다.

가끔은 말하거나 질문하기를 피하는 편이 더 나을 때도 있다. 많은 경우, 가장 좋은 조언이 침묵인 상황에서 우리는 부모로서 무언가 말해줘야 한다는 의무감 때문에 곤란을 겪는다. 아동 심리학자 엘리샤 리버만 Alicia Lieberman의 말을 들어보자.

"아이가 슬퍼할 때, 단지 말없이 옆에 있어 주는 것이 아이에게 도움이 될 때가 있다. 안아 주거나 손을 잡아 주는 행위가 말보다 훨씬 더 강한 감정을 전달한다. 이런 상황에서 언어 사용은 적절치 않다. 말할 시간은 나중에 충분히 있다."[6]

언제 말하고, 언제 침묵할지에 대한 비법은 어디에도 없다. 때로 우리는 아이의 불행이나 분노, 부적절한 행동 등을 다룰 때, 너무 많은 말을 하거나 너무 적게 말한다. 그리고 특별한 도움이 되지 않는 방식으로 말한다. 하지만, 전체로 볼 때 우리가 더 적극적으로 반응하고 협력하려면, 적게 말하고 많이 질문하라는 이 처방이 도움이 될 수 있다.

9. 아이의 나이를 잊지 마라

이 책에서 하는 조언이나 다른 곳에서 하는 모든 조언은 아이의 나이에 맞게 적용해야 한다. 따라서 우리가 아이에게 사용하는 방법은 아이가 자라면서 바뀌어야 한다. 예를 들어, 아이가 가지고 놀던 부적절한 물건을 치웠다고 아이가 울면, 새로운 게임이나 장난감으로 아이의 시선을 돌리는 것이 좋다. 하지만, 큰 아이에게 이런 시선 전환은 효과가 없으며, 심지어 아이에게 모욕감을 준다. 당신이 무언가 불만을 이야기할 때 배우자가 화제를 바꾸려고 하는 경우 느끼는 불쾌감과 같은 것이다.

이미 언급했듯이 통제하는 부모는 아이에게 비현실적으로 높은 기대를 갖는 경향이 있다. 이들은 이런 기대가 얼마나 비현실적인지를 이해하지 못하기 때문이다.[7] 이런 부모는 약속한 일을 하지 않았다며 아주 어린 아이에게 벌을 주거나, 유치원생에게 가족의 긴 식사 시간 동안 조용히 앉아 있으라고 다그친다. 현실적으로 아주 어린 아이는 약속이 수반하는 의무를 이해하지 못한다. 아이에게 그 행동에 대한 책임을 지우는 일은 유아 전문가의 말처럼 '발달상 부적절'한 것이다. 마찬가지로 아이에게 오랫동안 가만히 있으라는 기대 또한 비현실적이다. 아이들은 대개 들썩거리고 시끄러우며, 장난감 전원을 끄는 것을 잊고, 작은 변화에도 의기소침해하는 것이 정상이다. 우리는 우리의 기대를 아이의 능력에 맞추어야 한다.

10. 아이에게는 나름 분명한 동기가 있다고 생각하라

작가이자 교육자인 넬 나딩스Nel Noddings가 한 이 말은 내가 들은 가장 현명한 조언 중 하나다.[8] 이 말은 두 가지 사실에 근거를 둔다.

첫째, 우리는 보통 아이가 왜 그렇게 행동했는지를 잘 알지 못한다.

둘째, 아이의 행동 이유에 대한 우리의 자의적인 믿음 때문에 아이의 자기 충족적 예언이 만들어진다.

문제를 일부러 일으킨다거나, 벌을 얼마나 모면할 수 있는지를 확인하려는 악의적인 의도로 아이가 부적절한 행동을 한다고 생각한다면, 혹은 이런 행동을 보고 아이는 원래 말썽꾸러기라고 치부한다면, 아이는 우리가 두려워하는 바로 그런 아이가 된다. 아이는 자신의 동기를 우리가 어떻게 생각하느냐에 따라 자기 동기를 이론화하고, 그런 다음 행동에 옮긴다.

"내가 그저 나쁜 아이이고 항상 통제해야 한다고 생각하셨지요? 좋아요. 그대로 행동할 테니 잘 보세요."

가끔 나는 워크숍에서 참가자에게 자신이 잘못했거나, 잘못했다고 비난받던 어린 시절의 일을 떠올려 보라고 말한다. 그리고 어른들이 어떻게 말하고 어떻게 행동했는지, 그 결과로 어떤 일이 벌어졌는지 등에 대해 가능한 한 자세히 기억해 보라고 요청한다. 마치 그 일이 몇십 년 전이 아닌 몇 주 전에 일어난 일처럼 사람들이 생생하게 기억하는 것을 보면 놀랍다. 이 과정은 아이가 처벌을 어떻게 느끼는지, 처벌이 얼마나 해로우며 얼마나 무용한지를 깨닫게 해준다. 또한 나는 그들이 말하는 교사나 부모 대부분이 사실을 알지도 못하면서, 사실이 아님에도 불구하고 쉽게 아이의 잘못으로 속단한다는 말에 다시 한번 놀란다. 우리 아이가 자라 어느 날 워크숍에서 지금 우리와 똑같은 이야기를 하지 않길 바란다면, 이는 꼭 기억해야 할 교훈이다.

아이가 어리석거나, 버릇이 없어 그렇게 행동하는 것이라고 명확히 말하진 않아도, 부모가 이를 사실로 믿는다면 문제가 된다. 우리가 하는 말이 문제가 아니라 우리 마음속에 있는 생각이 문제다. 아이에게 나쁜 말을 내뱉지 않더라도, 아이의 동기에 대한 생각은 자신도 모르게 아이를 대하는 방식에 영향을 미친다. 아이의 동기에 대한 생각이 부정적일수록 아이를 불필요하게 통제하게 된다.

다행히도 이런 악순환의 고리를 선순환의 고리로 바꿀 수 있다. 방금 벌어진 일에 구체적인 증거가 없다면, 그 일에 악의가 없다는 생각은 왜 못하는가? 어쩌면 고의적으로 보이는 공격적인 행동이 사실은 우발적인 행동일 수 있다. 도둑질처럼 보이는 행동이 사실은 전혀 그렇지 않을 수 있다. 우리는 아이가 이미 훌륭한 가치관에 따라 행동한다는 생각으로 아이를 대함으로써 아이가 이런 훌륭한 가치관을 발달시킬 수 있도록 도와야 한다. 그러면 아이는 자신의 가장 큰 장점을 깨닫고, 자신에 대한 우리의 신뢰에 답하게 된다.

최선의 동기가 있다고 생각하는 가장 명확한 사례는 미숙함과 관련이 있다. 장난은 종종 단순한 기술이나 지도가 부족해서 발생하며, 탐구하고자 하는 순수한 욕망에서 발생한다. 그리고 부모가 장난을 어떻게 받아들일지를 예상하지 못한 데서 발생한다.

"도대체 왜 그렇게 했어? 너 그렇게 머리가 나빠?"

부모가 화를 내며 이렇게 말한다면, 아이는 다음과 같이 답할 것이다.

"아니야, 나쁘지 않아! 난 세 살이잖아!"

마찬가지로 한 살짜리 아이가 높은 의자에서 수저를 계속 밀어내는 바람에 바닥에 떨어진 수저를 계속 줍는 일에 지치더라도, 아이가 그런 행동을 계속할 것이라는 사실을 이해해야 한다. 아이가 이런 행동을 하는 이유는 아이가 부모의 '한계를 테스트'한다거나 엄마를 괴롭히려는 것이 아니다. 그 또래 아이는 원래 물건을 떨어뜨리는 일에 재미를 느끼기 때문이다. 아이의 행동이 당신에게 부정적인 영향을 미친다고 해서 아이가 의도한 행동이라고 말해서는 안 된다.

그렇다면, 어떻게 선순환의 고리를 현실화할 수 있을까? 큰 돌을 주어막 던지려는 듯 보이는 다섯 살짜리 소년을 한번 생각해보자. 근처에 있던 교사가 말했다.

"그 돌 이리 줄래."

그런 다음 돌을 아이 머리에 갖다 대며 이 돌이 친구 머리에 맞을 수도 있다는 점을 알려줬다. 그리고 교사는 돌을 아이에게 돌려주며 말했다.

"조심히 잘 가지고 있어야 해."

유아교육 전문가인 캐서린 루이스Catherine Lewis는 어느 일본 학교에서 실제로 있었던 이 일화를 들려준 후, 교사가 '아이에게 돌을 내려놓으라는 말도, 아이가 돌을 던지려고 했던 행동도 언급하지 않았다는 사실'에 놀랐다고 했다.

대신, 교사는 돌이 다른 사람을 다치게 할 수도 있다는 사실을 소년이 깊이 생각하지 않았다는 점을 넌지시 알려주었다. 또한, 교사의 행동은 소년이 자제력을 발휘할 수 있다는 믿음을 내포하고 있었다. 결국, 교사는 소년에게 돌을 다시 돌려주었다. 반대로 교사가 돌을 치워버리거나 소년에게 벌을 주었다면, 소년은 자신은 신뢰할 수 없는 사람이라거나 자제력이 없는 사람이라고 생각했을 것이다. 그리고 소년은 다른 사람을 다치게 할 수 있다는 교훈보다는 처벌을 피하기 위해 돌을 던지지 말아야 한다는 교훈을 얻었을 것이다.

루이스는 '만약 그 아이가 정말 친구를 다치게 할 의도를 가진, 학급에서 소외된 열두 살 소년이었다면, 교사가 자신에게 돌을 돌려주었을 때 어른은 참 바보 같다고 생각했을 것'이라는 점을 인정했다.[9] 마찬가지로, 악의를 가지고 다른 사람을 발로 찬 아이에게 해를 줄 마음은 없었다고 판단하는 것은 어리석거나 솔직하지 못한 생각이다.[10]

"아이에게는 나름 분명한 동기가 있다고 생각하라."

나딩스가 이렇게 말한 것도 바로 그런 이유에서다. 하지만, 우리는 그 동기를 알지 못할 때가 많으므로 우선 아이에게 유리한 방향으로 생각해야 한다.

이 조언은 특히 어린아이에게 중요하다. 어린아이의 나쁜 행동은 주로 그 나이 또래에 흔히 나타나는 행동이며, 어린아이의 자아 개념은 계속 형성되는 단계에 있다. 또한 긍정적이든 부정적이든 우리의 생각은 아이에게 큰 영향을 미친다. 하지만, 큰 아이라 하더라도 먼저 비난부터 해서는 안 된다.

"네가 그 애를 화나게 한 게 틀림없어."

이렇게 말하는 대신 아이와 교감하며, 아이가 그처럼 행동한 이유를 이해하려고 노력해야 한다.

11. 불필요한 반대를 고집하지 마라

요즘 부모는 아이들에게 '안 돼'라는 말을 잘 하지 않는다는 생각은, 자유방임이 만연해 있어 부모가 아이를 충분히 통제하지 못한 결과로 아이의 버릇이 나빠지고 있다는 주장의 한 단면이다. 이런 생각에 대해서는 이미 논의했지만, 여기서는 부모의 단호한 태도에 대한 구체적인 쟁점에 대해 알아보고자 한다.

현실은 부모 대부분이 계속 '안 돼'라는 말을 하고 있다는 점이다. 교육 연구에 따르면, 어린아이는 말 그대로 매 순간 하고 싶은 일을 하지 못하거나, 하고 싶지 않은 일을 억지로 하고 있다.[11] 믿지 못하겠다면 하루 종일 집안에서 벌어지는 일을 잘 지켜보라. 물론 책임감 있는 부모라면 이런 간섭을 전혀 안 할 수는 없다. 하지만, 우리가 너무 지나친 것은 아닌지 생각해 볼 필요가 있다.

예를 들어, 아이가 위험하다는 생각이 들면 어떤 좌절감을 주더라도 간섭을 해야 한다. 하지만, 위험하다는 생각의 경계가 항상 분명하지는 않다. 아이는 커가면서 위험을 인지하고 피할 수 있는 능력 또한 커진다는 사실을 알아야 한다. 아이가 필요한 지원과 신뢰와 존중을 받을 경우 이 능력은 더 발달한다. 이 말은 부모의 제약이 점점 필요 없어지고 범위도 좁아진다는 의미다. 문제는 제약이 필요하다고 느낄 때 어떤 식으로 간섭하는가 하는 점이다. 부드럽게 혹은 강하게? 공감하며 혹은 경멸하며? 설명과 함께 혹은 설명 없이?

아이가 아무리 어리더라도 아이가 하고 싶은 일이 정말 위험한가에 대해서는 논쟁의 여지가 있다. 때로 우리는 다른 이유로 '안 돼'라고 말하면서도 이 말을 정당화하기 위해 안전성 문제를 끄집어낸다. 우리는 아이에게 실제로는 해롭지 않은 일을 그만두라고 말할 때나 아이가 일반적이지 않은 일을 제안하면 본능적으로 '안 돼'라고 말한다. 때로는 단지 우리가 불편하다는 이유로 아이가 어떤 일을 하지 못하게 한다. 예를 들어, 유치원에 다니는 아이가 만들기 놀이를 하고 싶어 한다. 하지만 당신은 어질러 놓을 것을 뻔히 안다. 이때 '안 돼'라는 말이 타당할까? 여섯 살짜리 아이가 연극 놀이를 하는데 당신이 동물 역할을 해야 한다. 당신이 지금 당장 해야 할 일은 없지만 이런 놀이에 싫증이 나서 아이가 혼자 놀았으면 하고 생각한다. 열 살짜리 아이가 텔레비전을 보면서 과자를 가져다 달라고 말한다. 착한 일은 서로 주고받아야 한다는 본보기로 아이의 요청을 들어줘야 하는가, 아니면 아이 스스로 과자를 가져다 먹게 해야 하는가? 우리가 일에 열중하는 동안 아이가 바닥에서 잠들어도 괜찮은가? 저녁을 먹는 동안 아이를 의자에 거꾸로 앉히면 어떤가?

이런 예는 아이에게 필요한 것needs을 채워주는 예가 아니다. 이는 아이가 원하는 것wants을 말한다. 그러므로 부모의 올바른 반응을 미리 규정하기는 어렵다. 그렇다 해도 가능하면 언제나 '그래'라고 말하기를 권한다. 이런 반응이 우선돼야 한다. 그런 다음 아이의 요구를 들어주지 않거나, 간섭하고 금지할 마땅한 이유를 찾아야 한다. 물론 마땅한 이유가 과연 무엇인가에 대한 의문은 여전히 남는다. 하지만, 특히 아이의 요구 대부분을 거절하는 습관이 있다면, 먼저 '그래'라고 말하고 나서 문제를 다루는 것이 문제 해결을 위한 현명한 길이다. 쉽게 허락하거나 거절하는 것에 대한 대안으로 아이와 협상하는 방안이 있는데, 나중에 다시 이야기한다.

우리가 너무 자주, 혹은 불필요하게 '안 돼'라고 말하는 것은 아닌지 확인하라고 할 때, 우리의 편익이나 바람이 중요하지 않다는 말은 아니다. 이는 우리의 편익이나 바람에 너무 가치를 두어 아이를 까닭 없이 제한하거나, 아이가 하려는 행동을 막아서는 안 된다는 말이다. 솔직히 말해, 당신이 이런 일을 잘하고자 한다면, 아이를 키우는 과정이 꽤나 불편

할 것이다. 하지만, 당신의 자유 시간을 포기할 마음이 없고, 조용하고 깨끗한 집을 원한다면, 아이 대신 열대어를 키우라고 말하고 싶다.

어떤 부모는 아이에게 부족할 정도로 주는 것이 바람직하다고 말한다.

"아이는 좌절감에 익숙해져야 한다. 그래야만 살면서 원하는 모든 일을 할 수는 없다는 사실을 알게 된다."

부모가 '안 돼'라는 말을 합리화하기 위한 수단으로 이런 주장을 하는 듯하다. 하기야 이 말이 다른 이유보다 더 그럴듯해 보이기는 하다. 하지만 이런 주장을 진지하게 받아들이는 사람들은 '그래'라고 말하는 가정의 아이도 얼마나 좌절감을 느끼는지를 알아야 한다. 원하는 모든 것을 얻기란 불가능하다는 경험을 할 기회는 넘쳐난다. 부모가 '그래'라고 대답할 수도 있는 상황에서 '안 돼'라는 말로 이런 기회를 더 늘릴 필요는 없다. 그리고 아이가 '실제 세상'의 난관에 잘 대처하게 하는 가장 좋은 방법은 성공과 기쁨을 경험하게 하는 것이다. 어렸을 때 일부러 불행을 경험한다고 해서 커서도 불행에 잘 대처하는 것은 아니다.

우리가 '안 돼'라는 말을 줄일 때, 아이는 만족감을 느끼고, 세상을 즐겁게 탐구하며, 실패하더라도 새로운 일에 도전한다. 그리고 '안 돼'라는 말을 제한해야 하는 실질적인 이유가 또 있다. 사실 우리가 끊임없이 '안 돼'라는 말로 강제하기는 매우 어렵기 때문이다. 여기서 딜레마가 발생한다. 예를 들어, 우리가 아이에게 한 걸음 물러나 아이 방식대로 하도록 놔두면, 우리가 정말 선을 그어야 할 때 아이는 우리의 말을 심각하게 받아들이지 않을 것이다. 반면 다시 생각할 여지를 두지 않으면, 매우 많은 시간을 아이와 대립하며 보내야 한다. 이는 아이와 부모 모두에게 좋지 않은 일이다. 내 생각은 이렇다.

'싸울 가치가 있는 것에만 싸워라.'

그리고 이 문제는 '그래'나 '안 돼'라고 말하는 횟수만의 문제가 아니다. 어떤 상황에서는 어느 쪽의 대답도 현명하지 않다. 아이의 요구 대부분을 거절하는 습관이 생기는 것처럼 모든 요구를 쉽게 들어주는 습관도 생긴다.

"그래, 계속 과자나 먹으렴."[12]

이런 묵인은 종종 게으름에서 비롯된다. 특히, 아이의 요구를 어떻게 해결해야 할지 몰라 무력감과 혼란, 좌절을 느끼면, 우리는 쉽게 아이가 원하는 대로 내버려 둔다. 이런 행동은 때로 매정해 보일 수 있다.

가장 중요한 점은 결정을 내리는 이유다. 그 이유는 우리가 어느 정도까지 아이를 안내하고, 아이의 선택을 지지하며, 아이와 함께하는 데 중점을 두느냐에 달렸다. 이 모두는 단순히 '그래', 또는 '안 돼'라는 말보다 어렵다.

이것이 바로 세심하고 주의 깊은 양육이다. 이는 저절로 되는 부모와는 반대되는 개념이다. 이렇게 아이를 키우기 위해서는 상당한 관심과 인내가 필요하다. 어떤 경우에는 우리가 자라온 방식에도 의문이 들 것이다.

물론 우리가 여러 가지 일로 지쳐있을 때는 아이의 모든 요구를 심사숙고할 수 없으며, 할 수 있는 모든 반응의 의미를 생각할 수도 없다. 하지만, 늘 그럴 순 없더라도 최대한 그렇게 하도록 노력해야 한다.

마지막으로 요약하면 이렇다.

'반드시 그래야 할 때가 아니라면 '안 돼'라고 말하지 마라. 그리고 모든 대답에 이유를 생각하려고 노력하라.'

12. 융통성 없는 사람이 되지 마라
"지각없는 일관성은 효율성 없는 양육의 대표적 특징이다."

랠프 왈도 에머슨Ralph Waldo Emerson이 한 말이다. 특별한 상황에서는 규칙을 보류할 줄도 알아야 한다. 때로는 잠자리에 드는 시간을 어길 수도 있다. 경우에 따라서는 거실에서 밥을 먹을 수도 있다. 부모의 행동이 항상 그런 것은 아니지만, 사실 예외도 있다는 점을 아이에게 확실히 알려 줘야 한다. 전례를 만든다는 두려움으로 융통성 있고 자발적인 행동을 주저하지 말아야 한다.

아이의 잘못된 행동에 대응하는 방법에도 똑같이 적용할 수 있다. 우리는 모든 행동을 특정 상황과 이유에 맞게 이해해야 한다. 아이의 컨디션이 좋지 않거나, 당신이 조금 예민한 날에는 이런 상황을 더 고려해야 한다. 게다가 처벌을 사용하는 부모의 아이가 유연하지 못한 부모의 태도에 불만을 갖고 마치 변호사인 양, 처벌을 줄여야 하는 이유를 주장할 가능성이 있다는 점을 명심해야 한다. 반대로 상황을 처벌해야 할 위반이 아니라 풀어야 할 문제로 생각할 때, 놀랍게도 모두가 스트레스를 덜 받고, 덜 방어적이며, 획일적인 정당성도 주장하지 않게 된다. 또한, 처벌하지 않으면, 부모는 편파적이라는 비난을 받지 않고도 아이 각자에게 다르게 반응할 수 있다. 모든 아이를 똑같이 대하는 것이 항상 공평한 것은 아니다. 아이가 처벌을 걱정하지 않을 때, 융통성을 발휘하기가 훨씬 수월해진다.

일반적으로 아이가 앞일을 어느 정도 예측할 수 있을 때, 아이가 더욱 잘한다는 많은 관찰자의 말에 나도 동의한다. 그러나 이 말을 지나치게 해석하기 쉽다. 즉, 아이 역시 우선하는 욕구가 있다는 사실을 간과하기 쉽다는 말이다. 과도하게 통제하거나 존중하지 않으며, 오직 조건에 따라 사랑을 주는 가정과 같이 아이가 좋지 않은 환경을 예상한다면, 어떠한 의미도 없다. 중요한 점은 단순히 아이가 앞일을 예측할 수 있느냐가 아니라 아이가 예측한 일이 타당한가 하는 점이다.

마지막으로, 상황의 차이나 아이들 간의 차이 외에 부모 간의 차이도 중요하다. 엄마와 아빠가 인스턴트식품을 먹는 일이나 늦게까지 밖에서 노는 일에 대해 서로 다른 반응을 보이면, 아이는 누구에게 의지해야 할지, 혹은 어떤 태도를 보여야 할지 빠르게 파악한다. 이때 양육 지침서에서 일반적으로 권장하는 일관성이라는 말을 과도하게 사용하거나 잘못 적용할 가능성이 있다. 우리는 이런 방식을 '공동전선유지Keeping a united front'라고 부른다. 하지만, 엘리스 밀러가 지적했듯이, 아이는 두 거인이 협동하여 자신에게 맞선다는 느낌을 가질 수 있다.[13] 하지만, 어른도 때로는 의견이 다를 수 있다는 사실을 아이가 아는 것이 좋다. 이는 어른도 인간이라는 사실을 아이에게 분명히 전달한다. 그리고 의견의 불일치를 어떻게 해결하는 게 바람직한지를 보여주고, 차이점을 인정하는 방법도 아이에게 보여준다. 두 부모가 아이 앞에서 모든 문제에 항상 같은 입장을 취해야 한다고 생각한다면, 그 자체가 거짓말임은 물론, 이런 중요한 교훈도 주지 못한다.

13. 서두르지 마라

이 말은 어린아이가 있는 부모에게 내가 반농담조로 했던 조언이다. 물론 시간적 여유가 많았으면 좋겠지만, 우리 일정을 마음대로 조정할 수는 없다. 하지만 나는 강압적인 태도를 보이는 상황을 피하기 위해 우리가 할 수 있는 일의 중요성과 이 문제에 대해 진지하게 생각해보았다. 부모는 시간이 없으면 아이를 더 통제하게 된다. 마치 공공장소에서 아이를 더 통제할 때와 마찬가지다. 이런 두 조건이 결합되면 상황은 몹시 어려워진다.

조용한 시간에 배우자와 함께 앉아 아이를 잘 키우기 위해 일정을 조정할 수 있는지를 따져봐라. 15분 먼저 일어나면 어떨까? 식품점은 토요일에 가면 어떨까? 목욕 시간을 바꾸면 어떨까? 서두르게 될 상황을 피할 방법은 생각보다 훨씬 쉽다. 그 목적은 아이가 여유를 느끼고 아이다움을 즐길 수 있도록 하는 데 있다.

또 다른 이점도 있다. 일정을 재조정하면, 아이를 위협하거나 당신의 뜻을 강요하는 대신 아이가 반항하거나 저항할 때도 기다릴 수 있는 여유가 생긴다. 당신이 생각하기에 꼭 해야 할 일을 아이가 거부하면 이렇게 말할 수도 있다.

"미안하지만 외투는 입어야 해. 밖은 매우 춥고, 우리는 한참을 걸을 거야. 외투 입는 시간이 필요하다면, 괜찮아. 준비되면 말하렴."

당신이 한발 물러나 아이에게 시간을 주면, 아이는 대개 당신의 의견에 동의할 것이다. 하지만, 아이가 말을 따를 때까지 둔다 하더라도 여전히 당신의 뜻을 아이에게 강요하고 있다는 사실은 인정해야 한다. 그래서 이 방법을 마구잡이로 사용해서는 안 된다. 이 장의 두 번째 원칙 '자신의 요구를 재고하라'는 말처럼 당신의 요청이 정말로 양보할 수 없는지, 그리고 그 이유는 무엇인지를 진지하게 생각하고 나서 당신의 뜻을 주장해야 한다.

우리가 조금 서둘러야 하는 상황이라 해도 1분만 현명하면 1시간을 후회하지 않을 수 있다. 어린아이를 서두르게 하는 일은 헛수고다. 그러므로 더 많은 시간을 벌기 위해서는 잠시 여유를 갖는 것이 좋다.

하루는 두 살 된 아들이 슈퍼마켓 가는 길에 잠이 들어버렸다. 아이를 카트에 덜컥 앉히고 통로 사이를 마구 밀고 다녔다면, 아이는 몹시 괴로웠을 것이다. 그리고 아이가 괴로웠다면 분명 어떤 일이 벌어졌을 것이다. 나는 시간이 많지는 않았지만, 아이를 부드럽게 깨운 후 아이가 관심 있어 하는 물건을 가리키며 가게 안에서 몇 분 간 조용히 앉아 있었다. 이런 행동은 대개 아이가 서서히 잠을 깨는 데 도움을 준다. 우리는 꽤 빨리 쇼핑을 마칠 수 있었고, 어떤 소동도 일어나지 않았다.

여기에 중요한 의미가 있다. 대개 아이의 행동을 변화시키려고 애쓰기보다는 환경을 변화시키는 편이 낫다. 시간의 문제뿐만 아니라 공간의 문제도 마찬가지다. 아주 어린 아이가 마당을 나와 돌아다니지 못하게 혼을 내거나 설득하기보다는 대문을 잠그는 편이 낫다. 쉽게 말해, 문제를 막기 위해 당신이 할 수 있는 일을 하라는 말이다. 음식점에 갔을 때 아이가 가만히 앉아 있지 못할 것이 예상되면, 아이에게 조용히 있으라고 강요하기보다 책이나 장난감 등 다른 오락 거리를 가져가면 된다.

마지막으로, '서두르지 마라'는 말에는 느긋하게 아이와 함께 시간을 음미하라는 중요한 의미도 있다.

"애들은 빨리 자라잖아요."

첫아이가 태어났을 때 이렇게 말하는 옆 사람에게 우리는 똥 묻은 기저귀를 던져버리고 싶은 충동을 느꼈다. 그리고 우리는 불만 섞인 목소리로 대답했다.

"예, 예, 예."

하지만, 옆 사람 말은 사실이다.

제8장
조건 없는 사랑

조건 없는 사랑에 다가가기
최소화해야 할 것
최대화해야 할 것
위협 대신 할 수 있는 일
뇌물 대신 할 수 있는 일
아이의 성공과 실패
교사와 부모의 협력

조건 없는 인정이 바람직하지만, 과연 가능한 일인가? 이 문제에 답하기에 앞서 질문을 좀 더 명확히 해보자. 여기서 논점은 조건 없는 자존감을 지닌 사람이 있느냐가 아니다(358쪽 '주석21' 참조). 오히려 우리가 알고자 하는 점은 우리가 아무 조건 없이 있는 그대로 아이를 인정하고 사랑하는 일이 현실에서 가능한가 하는 점이다.

나는 분명 그렇다고 생각한다. 많은 부모도 그렇게 느낀다. 하지만, 매일 우리의 사랑을 의심하지 않도록 아이를 대하는 일이 정말 가능한가? 때로 우리는 '안 돼'라는 말로 아이를 실망시킬 때가 있다. 그리고 가끔은 아이의 행동을 참지 못하고 화를 낼 때도 있다. 아이는 어른의 감춰진 감정과 드러난 감정을 잘 구별하지 못한다. 그렇다면, 우리가 아이에게 자신이 항상 조건 없이 사랑받는다는 확신을 줄 수 있을까?

아마 그럴 수 없을 것이다. 하지만, 가능한 한 이런 이상에 가까워지는 것이 우리 목표가 돼야 한다. 결국, 완전한 행복 또한 이룰 수 없는 목표일 수 있다. 어느 작가의 말처럼 완전한 행복은 어른이 볼 때는 아이에게 있고, 아이가 볼 때는 어른에게 있는 상상으로만 존재하는 것일지 모른다. 그렇다 해도 우리는 지금보다 더 행복해지려는 노력을 멈추거나 멈추려 해서는 안 된다.[1] 친절함이나 지혜, 기타 완전하게 실현할 수 없는 목표도 마찬가지다.

  조건에 따라 아이를 인정하는 부모가 많다고 해서 그 방식이 해롭지 않다거나 허용해도 된다는 의미는 아니다. 그리고 우리는 지금 아이를 버릇없이 키우거나 아이를 내버려 두는 양육법에 대해 이야기하는 것이 아니다. 조건 없는 부모는 아이를 보호하고, 아이가 옳고 그름을 배우도록 도움을 주면서 아이의 삶에 적극적인 역할을 한다. 간단히 말해, 문제는 우리가 과거에 조건 없는 부모에 다가가려고 노력했는지, 노력하지 않았는지가 아니다. 또한 우리가 조건 없는 부모가 될 자신이 있느냐 없느냐도 아니다. 단지 우리가 항상 부족한 면이 있다고 해서 지금보다 더 잘할 수 없는 것도 아니다. 우리는 할 수 있고, 해야만 한다. 문제는 그 방법이다.

조건 없는 사랑에 다가가기

첫 번째 단계는 조건 없는 양육이라는 주제를 잊지 않는 것이다. 조건 없는 양육에 대해 생각하고, 아이에게 조건적 애정으로 보이는 말이나 행동을 하진 않았는지 돌이켜볼수록, 우리는 우리의 행동을 바꿀 수 있다. 다음과 같이 말한 부모에 대해 생각해보자.

"방을 정돈하라는 말에 뭐라고 소리를 지르며 문을 쾅 닫아버린 아들에게 어떻게 해야 할지 고심했어요. 아이에게 흥분을 가라앉힐 시간을 줘야 할까요? 얼마나 단호하게 대처해야 하나요? 전에는 한 번도 생각한 적이 없지만, 지금은 우리가 했던 행동이 아이를 사랑하지 않는다는 느낌을 준 건 아닌지 걱정이 돼요."

나는 이 부모가 이 상황을 어떻게 해결하든지 간에 그 가능성을 고려했다는 이유만으로도 올바른 방향으로 가고 있다고 믿는다.

두 번째 단계는 우리가 특별한 질문을 자신에게 던져보는 습관을 기르는 것이다.

"내가 방금 아이에게 한 말을 반대로 내가 듣는다면, 혹은 내가 방금 한 행동을 남이 나에게 한다면, 나는 조건 없이 사랑받는다고 느낄까?"

이렇게 가상으로 입장을 바꾸어 보는 일은 그리 어렵지 않다. 하지만, 습관적으로 이렇게 입장을 바꾸어 생각하는 것은 큰 변화라 할 수 있다.

이렇게 자신에게 질문한 후 확실하게 '아니'라는 답이 나오면, 즉시 행동을 멈춰야 한다. 그리고 방금 한 행동을 다시는 하지 말아야 할 행동으로 간주해야 한다. 사과해야 할 상황이 생길지도 모른다. 하지만, 이런 질문을 자신에게 하지 않는다면, 우리가 하는 모든 일을 계속 정당화하기 쉽다. 사실 어떤 부모는 자신이 한 말이나 행동이 부정적인 영향을 미쳤다는 사실을 알고 나면, 아이가 너무 예민해서 그렇다는 핑계를 댄다.

"나라면 어떤 기분일까?"

일단 자신에게 이렇게 질문하고 나면, 책임을 회피하기가 훨씬 더 어려워진다.

아이가 태어나는 순간부터 자신의 양육방식에 대해, 특히 일이 순조롭게 진행되지 않을 경우, 어떻게 대응해야 할지 생각해봐야 한다. 아이가 울음을 그치지 않거나, 기저귀를 갈자마자 바로 더럽혀 놓았을 때, 아이가 잠을 못 자는 버릇이 있을 때, 과연 아이가 우리의 사랑과 인정을 받는다고 느끼게 할 수 있을까? 어떤 부모는 아이가 얌전히 있을 때만 칭찬하고 상냥하게 대한다. 하지만, 조건 없는 사랑은 아이가 얌전하지 않을 때가 가장 중요하다.

아이는 자라면서 항상 새로운 방식으로 우리의 인내를 시험한다. 우리가 그런 상황을 꼭 예측할 필요가 있을까? 아이는 때로 미운 말을 하기도 하고 가증스러운 행동을 하기도 한다. 아이는 방금 하지 말라는 행동을 해서 부모를 몹시 화나게 하고, 이 때문에 부모는 아이의 절대적인 순종을 주장한다. 아이는 부모 중 한쪽을 눈에 띄게 좋아한다. 아이가 좋아하지 않는 쪽이 당신이라면, 아이에게 따뜻함을 느끼지 못한다. 아이는 우리의 가장 취약한 부분을 알고 자신의 편익을 위해 그것을 이용한다. 하지만, 이런 모든 상황에도 불구하고 우리는 아이를 계속 받아들여야 할 뿐 아니라 우리가 여전히 아이를 받아들이고 있다는 사실을 아이가 느끼게 해야 한다.

다시 말하면, 우리가 아이의 행동에 만족하지 못할 때라도 아이를 사랑한다고 말해야 한다. 그러나 어떤 사람은 이런 조언을 너무 가볍게 생각한다. 아이는 말할 것도 없고 어른에게도 이런 뜻을 이해시키기 어려운 것이 현실이다.

"우리는 너를 인정하지만, 네 행동 방식은 인정하지 않아."

이런 말은 우리 마음에 드는 행동을 하는 아이가 매우 적다는 사실을 생각하면, 설득력이 없다.

"내가 부모에게 들은 말은 안 된다는 말뿐인데, 부모가 사랑한다고 주장하는 '나'는 대체 누구인가?"

아이는 이렇게 의아해할 수 있다. 토마스 고든의 말을 들어보자.

"아이의 행동이나 말을 대부분 받아들이지 않는 부모는 아이에게 자신은 받아들여질 수 없는 사람이라는 감정을 심어줄 수밖에 없다."[2]

아이는 달래듯이 말해야 한다는 생각에 다음과 같이 부드럽게 말한다 해도 상황이 바뀌지는 않는다.

"우리는 '널' 아주 사랑한단다. 다만, 네가 하는 행동이 맘에 들지 않을 뿐이야."

말로 아이를 안심시킨다고 해서 이것이 처벌이나 기타 통제에 대한 무임승차권이 되지 않음을 알아야 한다. '일방적인' 간섭은 여전히 좋지 않으며, 간혹 듣기 좋은 말을 하더라도 조건적 인정을 전달할 가능성은 여전히 남는다.

최소화해야 할 것

그럼, 아이가 우리에게 불안감을 주거나 부적절하게 행동할 때, 우리는 어떻게 해야 할까? 인정할 수 없는 아이의 행동을 보고 이 사실을 아이에게 알리고자 할 때라도, 우리는 넓은 시야를 가지고 대응해야 한다. 특히, 아이에게 자신이 사랑받고 있으며, 사랑받을 수 있다는 확신을 주는 일이 중요하다. 그 목적은 조건적 양육으로 돌아서지 않기 위해서다. 이제 그 방법을 소개한다.

비난의 횟수를 줄여라

말을 조심해서 하고, 수많은 반대의 말을 참아라. 아이에게 빈번히 부정적으로 반응하는 것은 생산적이지 못하다. 우리를 기쁘게 하는 일이 불가능하다고 느끼면 아이는 노력조차 하지 않게 된다. 반대나 금지의 말을 가려서 하면, 우리가 진정 반대해야 하는 상황에서 '안 돼'라는 말의 가치를 높일 수 있다. 하지만, 너무 잦은 비난과 반대는 아이로 하여금 보잘것없는 사람으로 느끼게 한다.

비난의 범위를 좁혀라

아이에게 뭔가 잘못이 있다는 듯이 말하지 마라.
"넌 정말 사람에게 못되게 구는구나."
특정 행동에 대해 잘못된 것이 무엇인지만 말하라.
"방금 네 동생한테 말할 때 정말 불친절했던 것 같구나."

비난의 강도를 줄여라

당신이 얼마나 자주 부정적으로 반응하느냐 뿐만 아이라 매번 '어떻게' 부정적으로 반응하느냐 역시 중요하다. 메시지를 전달할 때는 가능한 한 부드럽게 말하라. 부모라는 잠재된 권력 때문에 우리가 하는 말의 영향력은 엄청나다. 따라서 사소한 감정이라도 큰 반향을 불러일으킬 수 있다. 아이는 우리 말에 집중하지 않는 듯해도 우리의 부정적인 반응은 잘 받아들인다. 그리고 이런 반응에 크게 상처받는다. 결국, 우리 방식이 강압적이지 않을 때, 우리는 아이에게 더 긍정적인 영향을 줄 수 있다. 당신이 하는 말뿐 아니라 몸짓이나 표정, 목소리 톤까지도 신경 써라. 그렇지 않으면, 이런 행동 모두가 당신의 의도와는 달리 더 많은 반감과 더 적은 조건 없는 사랑을 전달할 수 있다.

비난의 대안을 찾아라

말하자면, 목소리 낮추기, 이야기 주제 바꾸기 등이 있다. 아이가 부주의하거나 위험하고 불쾌한 행동을 한다면, 이런 상황을 가르칠 하나의 기회로 삼아라.

"너 대체 왜 그러니? 방금 그러지 말라고 했잖아!"

"그렇게 행동해서 너에게 정말 실망했어."

이렇게 말하는 대신 아이가 자신의 행동으로 인해 다른 사람의 감정이 얼마나 다칠 수 있는지, 혹은 다른 사람이 얼마나 힘들어하는지를 알도록 도와라. 반드시 부정적인 평가를 할 필요는 없다. 단지 당신이 본 대로만 말하라.

"네가 그렇게 말하니까 네 친구가 슬퍼하는 것 같던데."

그리고 질문을 던져라.

"다음에 또 기분이 나쁠 때, 친구한테 화풀이하는 대신 할 수 있는 일이 뭐라고 생각하니?"

이런 말이 항상 효과를 본다는 보장은 없다. 하지만, 아이가 더욱 합리적으로 행동할 기회는 충분히 준다. 필요할 때 아이가 관계를 회복하는 일이나 정리, 청소, 사과 등을 더 잘할 수 있는 방법을 생각하도록 한다면, 그 확률은 훨씬 더 높아진다.

지금까지 언급한 내용이 당연한 것처럼 들리겠지만, 우리의 목적은 아이가 버릇없는 행동을 하더라도 아이를 기분 나쁘게 하거나 특정 행동을 못 하게 억누르지 않는 것이라는 사실을 우리는 가끔 잊는 듯하다. 우리의 목적은 아이가 생각하고 느끼는 방식에 영향을 미치고, 아이가 큰 잘못을 저지르지 않는 사람이 되도록 돕는 데 있다. 물론 우리의 또 다른 목적은 그 과정에서 아이와의 관계를 망가뜨리지 않는 것이다.

당신의 간섭이 조건적 인정으로 받아들여지지 않도록 하는 가장 확실한 방법은 미움을 갖지 않도록 부단히 노력하는 것이다.

"부모답게 행동하라!"

이런 요청은 단호한 태도로 통제권을 행사하라는 의미로 사용된다. 하지만 나는 이 말을 다음과 같이 아이처럼 말하고 싶은 유혹에서 벗어나야 한다는 의미로 사용한다.

"오, 그래? 네 방 치우지 않으면 간식 주지 않을 거야! 마음대로 해!"

사실 많은 교육서가 이런 행동에 힘을 실어준다. 물론 "오, 그래?"라는 말과 "마음대로 해!"라는 부분은 빼지만 말이다. 한번만 생각해보면, 이런 반응이 실제로는 얼마나 도움이 되지 않는지 분명히 알 수 있다.

하루는 내 두 살 된 아들이 여섯 살 된 누나가 장난감을 다 가지고 놀 때까지 기다리다 지친 적이 있다. 아들은 딸아이의 장난감을 뺏으려 했고, 딸아이는 화를 내며 저항했다. 딸아이는 동생을 멀찌감치 밀어내고 다시 장난감을 손에 넣은 후 말했다.

"장난감을 뺏으려고 했으니까 다시는 내 장난감을 주지 않을 거야."

딸아이는 동생에게 단단히 교훈을 줄 생각으로 동생이 잘못했기 때문에 장난감을 가지고 놀지 못하는 벌을 받아야 한다고 말하고 있었다. 문제는 여기에 있다. 우리 역시 여섯 살 난 아이처럼 행동하기를 바라는가? 훈육 과정 중 상당 부분이 우리에게 이 같은 만족감을 주는 대갚음식 반응으로 이루어져 있다.

부모가 된다는 것은 특별한 의무를 갖는다는 의미며, 이를 지키기 또한 쉽지만은 않다는 의미다. 내 아내는 아이를 위해 만든 음식이 남을 때마다 우리가 할 수 있는 일은, 영양이 풍부한 음식을 다시 준비해 아이가 잘 먹기를 바라는 일뿐이라고 늘 내게 말한다. 이는 우리가 할 수 있는 일이며, 설사 많은 음식이 쓰레기통으로 들어갈지라도 우리가 계속해야 할 일이다.

조건 없는 사랑도 마찬가지다. 당신의 노력이 진가를 발휘하지 못하거나, 보답이 없어 보일지라도 당신은 계속 최선을 다해야 한다. 때로는 아이도 애정철회와 같은 방식으로 우리를 대할 때가 있다. 아이는 우리가 보기에 하찮아 보이는 일인데도 배신감을 느끼거나 방해를 받으면 다음과 같이 말한다.

"저리 가!", "엄마 미워!"

하지만, 우리는 아이와 똑같이 행동하지 말고 침착하게, 아이가 일시적 실망감을 표현했음을 이해해야 한다. 아이는 정말로 우리를 미워하는 것이 아니다. 가슴 아프게도 학대받는 아이조차도 학대하는 자기 부모를 계속 사랑한다. 우리는 여기에 함축된 비대칭 관계를 절대로 잊어서는 안 된다. 아이와의 관계는 같은 힘을 가진 두 어른의 관계와는 다르다. 아이에게 애정을 철회한다는 뜻을 조금이라도 보이면, "엄마 미워!"라는 외침이 당신에게 미치는 영향보다 훨씬 더 큰 충격이 아이에게 미친다.

최대화해야 할 것

 우리는 조건적 인정을 전하는 행동은 최소화해야 하지만, 조건 없는 인정을 전하는 행동은 최대한 많이 해야 한다. 이때 많은 사람들이 늘 생각하는 의문 하나가 있다. 아이와 함께 있을 때, 보통 내 기분은 어떤가? 물론 상황에 관계없이 늘 밝은 미소를 잃지 않는 사람에게 이런 의문은 문제가 되지 않는다. 이런 사람은 아이들로 시끌벅적한 집에서도 온종일 지낼 수 있으며, 끊임없는 아이의 요구에도 평온을 잃지 않고 참을성 있게 답할 수 있다. 하지만, 이렇게 늘 행복한 부모를 시기와 불신의 감정으로 바라보는 사람은 어떻겠는가? 우리는 단지 의지만으로 활기 있고 인내심 많은 사람이 될 수는 없다. 하지만, 우리는 할 수 있고, 해야만 한다. 아이와 함께 있을 때, 가능한 한 긍정적으로 반응하도록 노력해야 한다.

 성격이나 재능의 차이는 어쩔 수 없는 일이라고 생각하지 말고, 목표를 이루기 위해 얼마나 많은 노력이 필요한가를 생각해야 한다. 내 처남은 공간 지각능력이 뛰어나 전에 한 번도 가보지 않은 길을 어려움 없이 잘 찾아간다. 반대로 나는 방향을 찾기 위해 정말 열심히 노력해야 한다. 내가 익숙하지 않은 환경에 처했을 때 하는 것이 바로 이 노력이다.

감정 상태도 마찬가지다. 원래 낙관적이지 않거나 관대하지 않은 부모는 아이에게 낙관적이고 관대한 모습을 보이기 위해 더 많은 노력을 기울여야 한다. 그 노력의 결과에 따라 아이가 사랑받는다고 느끼는지, 그리고 얼마나 사랑받는다고 느끼는지가 결정된다. 우리가 자신을 기쁜 눈으로 바라본다는 사실을 아이가 깨닫는다면, 이것이 바로 조건 없는 인정을 전달하는 첫걸음이다. 반대로 우리의 냉담한 분위기, 즉 눈 흘김, 깊은 한숨이 섞인 짜증 등과 같은 부정적인 모습은 조건 없는 사랑과는 아주 다른 느낌으로 아이에게 다가간다.

물론 중요한 문제는 아이가 잘 알면서도 잘못된 행동을 할 때, 우리 사랑을 어떻게 전달할 수 있는가 하는 점이다. 이때 부모는 흔히 아이가 부모의 '한계를 시험'하고 있다고 생각한다. 이 말은 자녀교육에 흔히 등장하는 말이며, 부모가 더 많은, 혹은 더 엄격한 한계를 정하는 행위를 정당화하는 이유로 종종 사용된다. 때로는 아이를 벌하는 행위를 합리화하는 이유가 되기도 한다. 하지만 나는 오히려 아이가 잘못된 행동으로 우리의 조건 없는 사랑을 시험하고 있는 것이 아닐까 하는 의문이 든다. 아마도 아이는 자신을 인정하고 있는지를 확인하기 위해 우리가 인정할 수 없는 방식으로 행동하는 것인지도 모른다.

우리는 여기에 말려들지 않도록 완강히 저항해야 한다. 우리는 아이에게 확신을 줘야 한다.

"네가 무엇을 하든지, 내가 얼마나 실망하든지 나는 절대로, 절대로, 절대로 너에 대한 사랑을 멈추지 않을 거야."

조건 없는 부모는 특히 갈등상태에 있을 때 아이에게 아주 소중한 존재라는 확신을 준다. 이런 부모는 아이가 바람직하지 못한 방식으로 행동해도 이런 행동은 일시적이며, 아이의 본래 모습이 아니라고 말한다. 따라서 이는 부모가 알고 사랑하는 아이의 실제 모습이 아닌 것이다.

그리고 여기서 우리가 강조하는 조건 없는 사랑은 비판과 칭찬을 번갈아 하라는 기존의 조언과는 다르다는 사실도 유념해야 한다. 문제는 평가에 있으므로 긍정적 평가가 부정적 평가를 없애지 못한다. 이와 관련해서는 잠시 후에 다시 이야기한다.

이와 같이 조건 없는 사랑에 대한 확신을 줘야 한다는 말은 교육자에게도 매우 중요하다. 교사들이 자신의 학급을 '서로 돌보는 공동체'로 전환하는 데 많은 영향을 끼친 교육심리학자 매릴린 왓슨Marilyn Watson은 학생이 느끼는 신뢰와 인정이 얼마나 중요한지를 늘 강조한다. 교사는 특정 행동이 잘못됐음을 분명히 밝히는 동시에 '아이가 몹시 나쁜 행동을 하더라도 아이를 보살피고, 절대로 처벌하거나 포기하지 않는다는 깊은 확신'을 심어줘야 한다. 이런 자세는 아이가 가진 가장 좋은 동기를 표면으로 끌어올려 아이가 스스로 올바르게 행동할 수 있도록 도와준다. 다시 말해, 아이가 잘못된 행동을 한 후에 바로잡을 수 있는 법을 깨닫게 해준다. 왓슨의 결론은 다음과 같다.

"우리가 학생을 좋아한다는 사실을 학생이 믿게 하려면, 그 대가로 학생이 어떤 방식으로 행동하길 요구하지 말고 우리의 애정을 보여줘야 한다. 이 말은 우리가 특정 행동을 원하지 않거나 기대하지 않는다는 말이 아니다. 물론 우리는 그런 행동을 원한다. 하지만, 우리의 관심이나 애정이 그런 행동에 따라 달라져서는 안 된다."

왓슨은 아이가 자주 버릇없이 굴거나 공격적인 모습을 보여도 아이가 그렇게 행동하는 이유를 늘 생각해봄으로써 위와 같은 입장을 더 쉽게 유지할 수 있다고 지적한다. 이 말은 교사는 학생이 요구하는 것이 무엇이며, 얻지 못한 것이 무엇인지 생각해봐야 한다는 의미다. 그러는 과정에서 교사는 '성가시게 굴거나 골칫거리인 아이의 감추어진 상처'를 볼 수 있게 된다.[3] 부모와 마찬가지로 교사도 자신을 화나게 하는 아이의 행동을 교사의 애정을 시험하려는 행동으로 생각할 수 있다.

어떤 교사는 반항이 심한 학생의 옆에 앉아 이렇게 말했다.

"내가 너를 정말, 정말 아낀다는 사실을 알고 있지? 네가 계속 이렇게 해도 내 마음은 변하지 않을 거야. 넌 마치 내가 널 싫어하게 하려고 노력하는 것 같구나. 하지만, 아무 소용없을 거야. 그런 일은 절대 일어나지 않을 테니까."

나중에 이 교사는 말했다.

"바로 그 직후, 그 아이의 나쁜 행동이 줄어들기 시작했어요."[4]

조건 없는 인정은 모든 아이가 마땅히 받아야 할 뿐만 아니라 아이를 더 훌륭한 사람으로 이끄는 아주 효과적인 방법이다. 물론 어떤 일이 있어도 아이를 사랑한다는 확신을 아이에게 줄 때 진실한 모습을 보여야 한다. 책에서 읽은 말을 무의미하게 읊조리는 것보다 더 나쁜 방법은 없다.

위협 대신
할 수 있는 일

　대개 아이는 우리의 애매하고 무의식적인 행동 때문에 우리의 인정을 받아야 한다고 생각한다. 우리가 이렇게 행동하지 않기도 쉬운 일은 아니다. 하지만, 어떤 부모는 아이를 복종하게 하는 지렛대로 자신의 사랑을 이용하는 등 가혹한 방식을 포기하는 일이 더 어렵다고 말한다. 처벌(타임아웃이나 기타 애정철회 포함)이나 보상(긍정적 강화 포함)에 의존할수록 아이는 조건 없는 사랑을 느끼지 못한다.

　6장에서 이미 설명한 이유 때문에 이런 습관을 떨쳐버리기가 무척 어려울 수 있다. 다시 담뱃불을 붙이고 싶은 유혹을 매일 참아야 하는 금연가처럼 우리는 항상 조건적 양육 또는 편리해 보이는 뇌물이나 위협의 유혹에 이끌린다. 이런 양육법의 근간을 이루는 행동주의의 다양한 전제도 유혹의 손길을 뻗치기는 마찬가지다. 가끔 나도 내 아이가 조건 없는 사랑의 표현을 자신의 그릇된 행동에 대한 보상으로 보지는 않을까 하고 걱정할 때가 있다.

하지만 나는 상황을 더 잘 이해할 수 있는 안목이 생겼다. 이미 설명했듯이, 나는 본보기가 되는 부모를 관찰하고 깨달은 점을 직접 경험을 통해 확신하게 되었다. '처벌과 보상은 절대 권장할 만한 것이 못되며 절대 필요치 않다.'

그러나 이런 사실을 인정하기에 앞서 많은 사람이 그 대안은 무엇인가를 묻는다. 이 질문은 보기보다 복잡하다. 처벌이나 보상을 대체할 만한 특별한 방식은 없기 때문이다. 내가 제안하려는 방법은 부모와 아이 사이의 완전히 새로운 에너지 창출이다. 다시 말해 '대안'이란 특별한 하나의 방법으로 이루어지는 게 아니라 이 책 후반부에서 설명하는 모든 사항을 종합한 것이다.

많은 양육 지침서는 처벌과 보상을 좀 더 효과적으로 실행하는 방법을 소개한다. 그 목적은 아이를 주저앉히고 항복시키는 데 있다. 언젠가 나는 슈퍼마켓에서 어떤 엄마가 아이에게 으름장을 놓는 소리를 들었다.

"다시 가게에 오고 싶으면 조용히 해!"

말할 필요도 없이 그 엄마의 목소리는 차분하지 않았다. 그때 전형적인 교육 전문가가 나름대로 정당성을 가지고 이런 위협은 어리석은 행동이라며 지적했던 말이 떠올랐다.

우선, 다시 상점에 오지 못한다는 생각은 아이에게 꼭 두려운 일만은 아니다. 또한, 두려운 일이라 하더라도 엄마가 평생 아이를 상점에 오지 못하게 할 가능성은 사실상 전혀 없다. 특히, 아이가 어려 집에 혼자 둘 수 없다면, 당신이 원하든 원하지 않든 아이를 데리고 와야 한다. 그래서 전문가는 이렇게 조언한다.

"당신이 실질적으로 실행 가능한 것으로 위협하라."

하지만, 부모에게 아이를 이렇게 위협하라는 말은 아이에게 다음과 같이 경고하는 말과 같다.

"이길 자신이 없으면, 친구와 방과 후에 한판 붙자고 해서는 안 된다."

다시 말해, 이 말은 도덕적으로 문제가 있는 행동을 해야 하는지, 말아야 하는지 의문을 갖기보다는 단지 잘하는 것이 중요하다는 말이다. 조건 없는 부모는 위협이나 처벌 이외의 방법을 알고자 한다. 이런 부모는 아이와의 관계를 적대적으로 보지 않기 때문에, 아이를 이기는 것이 목표가 아니라 싸움 자체를 피하는 것이 목표다. 처벌을 사용하면 이런 목표 달성이 훨씬 어려워진다. 게다가 효과적으로 처벌하는 법을 듣는다면 이 목표를 이해조차 할 수 없게 된다.

애정철회로 생각할 수 있는 처벌 유형에 대해서도 생각해보자. 부적절한 행동을 한 아이를 무시하거나 말을 하지 않는 행위는 일종의 정서적 유기다. 이런 행동은 아이가 우리의 기분을 상하게 하면 아이의 존재를 잊겠다는 뜻과 같다. 그리고 이런 행동을 일반적인 행동주의자의 방식에서 보면, 우리의 관심은 단지 '강화제' 역할을 하며, 관심을 두지 않으면, 아이는 하던 일을 멈춘다는 가정에 근거한 것이다. 이런 시각은 아이의 행동 원인에 대한 놀랍도록 단순한 분석이며, 우리와의 관계에 미치는 영향은 말할 것도 없고, 그 행동에 포함된 기본적인 욕구조차도 설명하지 못한다.

심리학자 허버트 로베트Herbert Lovett는 잘못한 아이를 무시하는 행동은 아이에게 다음과 같이 말하는 것과 같다고 했다.

"네가 왜 그렇게 행동하는지도 모르겠고, 관심도 없어."

또한 아이가 단지 '관심을 끌기 위해' 잘못된 행동을 한다고 주장하며 무시하는 반응을 정당화하는 것은 다음과 같은 의미를 내포하고 있다고 허버트는 덧붙였다.

"관심 받고 싶어 하는 것은 이해할 수 없거나 어리석은 요구다."

이는 당신이 친구와 함께 저녁을 먹으러 나갈 때, 누군가가 이것은 단지 '동행이 필요'하기 때문이라며 당신을 조롱하는 것과 같다.[5]

아이가 분명 한 가지 요구를 반복할 때가 있다. 당신은 식사 바로 전에 브라우니를 먹어서는 안 되는 이유를 설명한다. 그래도 아이는 계속 브라우니를 찾고 당신은 다시 또 안 되는 이유를 설명한다. 아이가 지금 정말로 브라우니를 먹고 싶다고 끈질기게 이야기하면, 당신의 인내심은 서서히 바닥이 난다. 당신은 침착하게 다시 먹고 싶다고 해도 소용없다고 말하고, 저녁 먹기 전까지 아이가 집중할 수 있는 재미있는 놀이를 제안한다. 하지만, 나는 브라우니와 관련한 문제가 끝이 보이지 않는다면, 대응하지 않는 것도 적절한 방법이라고 생각한다. 그러나 당신이 대응하지 않는 이유는 아이를 조용하게 하기 위해서가 아니다. 행동주의자의 무감각한 말을 빌리자면 '행동을 진정시키기 위해서'가 아니라는 말이다. 그 이유는 더는 할 말이 없기 때문에 대응하지 않는 것이다.

바쁘고 지친 상황에서도 가능한 한 깊은 애정을 담아 대응해야 한다. 아이가 없다는 듯이 행동해서는 안 된다. 아이의 말에 주의를 기울이며, 관심을 두고 있다는 사실을 확실히 아이에게 전달해야 한다. 아이는 여전혀 브라우니를 먹지 못해 실망감을 느끼겠지만, 다행히 사랑받지 못한다는 느낌은 들지 않을 것이다.

그러면 애정철회의 다른 형태인 타임아웃을 예로 들어보자. 핵심은 타임아웃을 잘 조정하거나 영리하게 적용하는 것이 아니다. 즉, 무엇 때문에 아이를 얼마나 오래 혹은 어디에 고립시키느냐가 중요한 것이 아니다. 중요한 건 우리가 타임아웃 대신 할 수 있는 방법이 무엇인가 하는 점이다. 앞서 말한 것처럼, 아이가 광포해지면 편안하고 위안이 되는 곳에 가도록 선택권을 주는 것이 도움이 될 수 있다. 이러한 선택은 아이가 감금되거나 고립되었다는 느낌이 들지 않도록 아이와 사전에 논의되어야 한다. 이때 아이는 조용한 방에서 숨을 고르며 후폭풍에 대한 두려움 없이 조금 쉴 수도 있고, 좋아하는 책을 보며 시간을 보낼 수도 있다. 위기가 닥치면 부모는 아이에게 이런 시간이 필요한지 부드럽게 물어야 한다. 하지만, 이런 제안도 두 번째로 활용해야 한다. 첫 번째는 아이에게 무슨 일이 일어났는지를 조용히 묻고, 아이의 행동이 다른 사람에게 미치는 영향과 왜 어떤 행동은 하면 안 되는지를 설명하고, 함께 문제를 해결하는 것이다.

그렇다면 이런 토론이 불가능한 상황에서는 어떻게 해야 할까? 혹은 아이가 너무 흥분해서 가만히 있지 못하고 혼자만의 시간을 가지라는 제안도 거절한다면 어떻게 해야 할까? 이럴 때는 마지막 수단으로 부드럽게 아이를 문제가 발생한 상황이나 장소에서 벗어나게 해야 한다. 단, 당신에게서 벗어나게 해서는 안 된다. 하지만 이런 개입도 결국 아이가 하고 싶지 않은 일을 하게 함으로써 당신의 의지를 아이에게 부과한 꼴이 된다. 그래서 특별한 경우가 아니면 이런 방법은 피해야 한다. 그리고 이런 방법을 써야 한다면, 당신의 사랑과 관심, 존재를 철회하지 않는 방식으로 조심해서 활용해야 한다.

부모 스스로 타임아웃을 갖는 것도 좋은 방법이다. 우리가 더는 참을 수 없고, 후회할 말이나 행동을 할까 두렵다면, 양해를 구하고 밖으로 나가 화를 식히는 편이 낫다. 물론 아이에게서 도망치거나 아이가 말을 잘 듣도록 하기 위해서가 아니라 스스로 진정할 시간이 필요해서라는 점을 아이에게 분명히 밝혀야 한다.

뇌물 대신
할수있는 일

아이가 복종하거나 기쁨을 줄 때만 아이에게 필요한 것이나 즐거움을 주는 조건적 양육의 또 다른 형태를 알아보자. 우리는 가끔 아이에게 아무런 이유 없이 그저 사랑하기 때문에 특별한 대우를 해주거나 선물을 준다. 반면 우리가 바라는 행동을 한 대가로 아이에게 선물을 줄 때가 있다. 하지만 이것이 얼마나 애정 없는 행동인가를 알면 다소 당황할 것이다. 우리의 사랑 자체가 조건적으로 보이는 것은 물론, 아이의 행동과 관련해 너무 많은 것에 조건을 둘 가능성이 있기 때문이다.

흔히 부모는 바람직하지 않은 이유로 선물을 이용한다. 예를 들어, 어떤 부모는 아이와 함께 충분한 시간을 보내지 못한 죄책감으로 아이에게 선물을 사 준다. 그리고 이렇게 선물을 사 주는 행위가 도를 넘을 때가 있다. 특히 아이의 방이 선물로 넘쳐나면 우리는 아이에게 선물을 그만 사 줬으면 하고 생각한다.[6]

여기서 중요한 점은 아이에게 선물을 줄 때 어떤 조건도 없어야 한다는 점이다. 착한 행동이나 좋은 점수 등을 위한 자극제로 선물을 줘서는 안 된다. 한번은 딸아이가 열광하는 '오즈의 마법사' 연극표를 아이에게 사 준 적이 있다. 관람 전날 아이는 무언가에 짜증을 내기 시작했다. 나는 행동을 바로 하지 않으면 연극 보러 가지 않겠다고 아이에게 으름장을 놓고 싶은 마음을 꾹 참았다. 나는 이런 유혹에 넘어가면 내일 외출이 사랑의 표현이 아닌 통제의 도구로 이용된다는 사실을 상기했다. 우리는 두 가지 모두를 얻을 수는 없다.

너무 많은 물건을 주어 아이를 망칠 수는 있지만, 너무 많은 사랑이 아이를 망칠 수는 없다. 한 작가의 말처럼 우리가 버릇없다고 말하는 아이의 문제 원인은 '원하는 것은 너무 많이 얻고, 필요한 것은 너무 적게 받았기 때문'이다.[7] 그러므로 한계나 조건, 이유 없이 아이에게 필요한 애정을 줘야 한다. 분위기나 조건에 상관없이 가능한 한 많은 관심을 아이에게 쏟아라. 아이와 함께 있으면 즐겁고, 어떤 일이 있어도 아이를 보살핀다는 확신을 아이에게 심어줘라. 이런 애정과 관심은 아이가 한 행동에 대한 반응으로 조금씩 나누어 주는 칭찬과는 완전히 다르다.

이는 아이에 대한 감정이 확고하며 늘 한결같아야 한다는 말은 아니다. 어떻게 그럴 수 있겠는가? 아이는 우리를 기쁘게도 하고, 분노케도 하고, 당황케도 한다. 아이가 아주 사랑스럽거나, 너무 연약하거나, 갑자기 너무 빨리 자라 눈물이 나기도 한다. 아이 때문에 격분하여 울기도 한다. 심지어 상반되는 이 두 감정을 동시에 느끼기도 한다. 그리고 이런 우리 감정은 얼굴이나 목소리에도 묻어 나온다. 우리가 항상 만족할 수는 없을 것이며, 아이도 그 사실을 알 것이다. 그래서 오늘 우리 기분이 어떻든지, 아이가 어떻게 행동하든지 간에 절대 흔들리지 않고 아이를 당연히 받아줘야 하며, 이런 사실을 여러 가지 방법으로 아이에게 전달해야 하는 이유가 여기에 있다.

마찬가지로 아이의 특별한 성과를 자랑스럽게 여기지 말라는 이야기도 아니다. 그러나 조건 없는 부모는 아이가 성공하지 않을 때도 똑같이 아이를 자랑스러워한다. 나는 아이가 생기기 전에는 이런 모순을 이해하기 어려웠다. 그리고 지금도 이 점에 대해서는 여전히 설명하기 어렵다. 아이가 칭찬할 만한 일을 하면 기뻐할 수는 있지만, 당신의 사랑이 이런 일에 따라 달라진다는 느낌을 줘서는 안 된다. 이런 균형을 잘 맞춘다면, 아이는 성공했을 때만 가치 있다는 느낌을 받고 자라진 않을 것이다. 그리고 아이는 실패하더라도 자신의 존재가 실패라는 결론만큼은 내리지 않을 것이다.

가장 해로운 칭찬은 아이의 행동을 강화하기 위해 하는 칭찬이다. 아이의 '착한 행동을 보면' 멋진 말로 칭찬해주라는 조언은 조건적 사랑으로 아이를 조종하라는 계산된 행위다. 하지만, 특정 행동을 '강화'하려는 의도 없이 자발적인 기쁨에서 아이가 한 행동을 칭찬하면 어떨까?[8]

이런 칭찬은 우리의 동기 면에서 보면 아주 큰 진전이다. 그러나 다시 한번 강조하지만, 당신이 보낸 메시지나 그런 메시지를 보낸 이유는 중요하지 않다. 중요한 것은 아이가 받아들이는 메시지다. 긍정적 평가에서 가장 주목해야 할 점은 '긍정적'이라는 표현이 아니라 평가라는 말에 있다. 왜 아이의 행동을 평가하고, '착한' 행동으로 보이는 '일'을 하라고 아이를 몰아세워야 하는가? 이런 관점에서 보면, 우리가 진정으로 찾아야 하는 대안은 평가하지 않고 긍정적으로 반응하는 방법이다.

다행히 아이를 격려하기 위해 반드시 평가하지 않아도 된다. 칭찬이 만연하다는 말은 격려와 평가를 구별하지 못한 데서 온 말이다. 아이의 행동을 유심히 관찰하고 관심을 보이는 것만으로도 아이를 격려할 수 있다. 사실 이런 관심이 아이가 멋진 일을 했을 때 하는 칭찬보다 더 중요하다.

"잘했어."

'이 말은, 조건 없는 사랑과 진실한 열정이 항상 함께 한다면 불필요하고, 조건 없는 사랑과 진실한 열정이 없다면 도움이 되지 않는다.'

하지만, 무슨 말을 해야 할지 아직도 확신이 서지 않는다면 조건 없는 양육에 맞는 몇 가지 방안이 있다(예를 들면 249쪽 표 참조). 한 가지 방법은 아무 말도 하지 않는 것이다. 어떤 사람은 아이가 도움이 되는 행동을 했을 때는 꼭 칭찬해야 한다고 주장한다. 이런 사람은 아이의 이런 행동은 어쩌다 우연히 일어나는 일이라고 믿기 때문이다. 다시 말해, 아이는 기본적으로 나쁜 성품이 있기 때문에 아이에겐 착하게 행동해야 할 이유가 필요하다. 그것이 바로 칭찬이다. 그렇지 않으면 아이는 다시는 착한 행동을 하지 않을 것이다. 하지만, 이런 냉소적인 가정에 근거가 없다면, 칭찬도 필요치 않을 것이다.

"잘 그렸어!", "잘 마셨어!", "말도 잘하네!"

당신은 이미 이런 평가를 하는 데 익숙해져 이런 말을 하지 않으면 이상한 느낌이 들 수도 있다. 이런 말을 하지 않으면 당신이 비협조적인 것처럼 보일 수도 있다. 하지만, 나 자신을 포함해 여러 부모를 관찰한 결과, 칭찬은 아이가 들어야 하는 말보다 우리가 해야 하는 말에 더 집중되어 있다는 점을 확신하게 되었다. 그리고 이 말이 사실이라면 우리는 우리가 하는 행동을 다시 생각해봐야 한다.

아이에게 무슨 말을 해야 한다고 느낄 때, 그저 우리가 본 대로 이야기하고, 아이 스스로 느끼도록 해야 한다. 평가가 들어 있지 않은 간단한 말 한마디로 아이는 당신이 자신을 지켜보고 있다는 사실을 알게 된다. 또한 아이는 자신이 한 일에 대해 자부심을 갖게 된다. 두 살 된 딸아이가 처음으로 계단을 자기 힘으로 내려왔을 때, 나는 물론 아주 기뻤다. 하지만, 평가받는 아이로 키우고 싶지는 않았다.

"해냈구나."

나는 그저 이 말로 내가 아이의 행동을 지켜보고 있고, 관심도 갖고 있다는 사실을 아이가 알도록 했다. 또한, 아이 스스로 자랑스럽게 느끼도록 했다.

어떤 때는 좀 더 세심한 말을 해야 할 때도 있다. 그러나 그럴 때라도 평가로 일을 망칠 필요는 없다. 단순히 당신이 목격한 일을 알려주기만 하면 된다. 아이가 친절하거나 배려하는 행동을 하면, 그 행동이 '다른 사람'에게 미치는 영향에 대해 아이의 관심이 쏠리도록 자연스럽게 유도해야 한다. 이 방법은 아이가 배려하는 행동을 해서 '당신'의 감정을 강조하는 칭찬과는 완전히 다르다.

마지막으로 설명보다 훨씬 더 좋은 방법이 질문이다. 아이의 생각을 물어볼 수도 있는데 왜 아이의 행동에 대한 당신의 생각을 말하는가? 질문은 이 방법이 저 방법보다 더 좋은 이유에 대해 생각할 수 있는 힘을 길러준다. 아이의 글이나 그림에 대해 질문할 경우 아이는 잘한 일과 그 방법에 대해 깊이 생각하게 된다. 이런 과정은 아이가 더 발전하도록 박차를 가하며 과제에 대한 아이의 흥미도 유발한다. 연구에서 나타났듯이, 칭찬은 아이의 관심이 과제가 아닌 당신의 반응에 쏠리는 역효과를 가져온다는 사실을 명심해야 한다.

최근 나는 어느 지역 도서관의 후원으로 아이들을 초대해 파이프로 된 청소 도구와 구슬로 눈송이를 만드는 공예 활동에 참석했었다. 내 가까이에 앉은 네다섯 살 정도 된 한 소년이 엄마에게 자신이 만든 눈송이를 보여주었다. 엄마는 정말 예쁘다는 반응을 보였다. 그 탁자에는 내가 유일한 어른이었기 때문에 아이는 자신이 만든 눈송이를 들어 올려 나도 잘 볼 수 있게 했다. 나는 평가를 하는 대신 아이가 작품을 마음에 들어 하는지를 물었다. 그리고 아이가 말했다.

"별로요."

이유를 묻자 아이는 재료를 다르게 사용하는 법을 알았다며 잔뜩 흥분한 어조로 설명하기 시작했다. 이것이 바로 우리가 아이를 후하게 칭찬하면 사라지는 일종의 설명과 의견이다. 아이는 우리의 평가가 끝나면 바로 자신이 한 일에 대해 생각하고 이야기하는 것을 멈춰버린다.

다음 표에서 제안할 '앞으로 할 말'은, 아이가 '당신의' 기준에 따르고 '당신의' 기대에 부응한 대가로 선심 쓰듯 머리를 쓰다듬어 주는 조건적 인정의 메시지를 전하지 않는다. 반면 당신은 이런 반응으로 아이가 요구하는 인정과 격려, 관심을 전할 수 있다.

이전에 했던 말	앞으로 할 말
"너의 이런 방법이 좋구나."	아무 말도 하지 않는다. (단지 관심만 둔다)
"잘 그렸어! 이 그림 참 좋다."	본 것을 평가하기보다는 설명한다: "방금 그린 이 사람 발이 색다른데. 발가락도 있네."
"다른 사람을 정말 잘 도와주는구나!"	아이의 행동이 다른 사람에게 미치는 영향을 설명한다: "수저 놓았구나! 엄마 일이 훨씬 줄었네."
"이 글 잘 썼구나."	생각을 유도한다: "시작부터 읽는 사람의 관심을 끄는 이런 방법은 어떻게 알아낸 거야?"
"잘 나눠 먹었어, 마이클!"	판단하기보다는 질문한다: "꼭 그러지 않아도 되는데 어떻게 데릭에게 브라우니를 나눠 줄 생각을 했니?"

다음은 확신이 없을 때의 방법이다. 어느 연구자가 제안했듯이 우리의 목표가 아이를 관대한 사람으로 키우는 것이라면, 아이의 성격이 관대하다고 믿어야 한다. 자신에 대한 평가는 자신의 행동 방식에 영향을 미치기 때문에, 이런 믿음은 아이에게 자신의 동기가 이미 관대하다는 확신을 심어준다. 우리는 아이가 이득이 있을 때만 착한 행동을 하는 사람으로 자신을 생각하기보다 늘 배려하는 사람으로 자신을 생각하기를 바란

다. 한 연구 결과를 보면, '다른 사람을 돕기 좋아해서' 그런 행동을 했다는 말을 들은 아이가 어른의 기대에 부응하고자 그런 행동을 했다는 말을 들은 아이보다 더 관대한 모습을 보였다.[9]

이런 방법이 단순한 긍정적 강화보다 더 효과적이라는 데는 의심할 여지가 없다. 그러나 나는 이런 방법에 우리의 가식이 없다고는 확신할 수 없다. 우리는 아이의 행동에 자발적으로 반응하진 않는다. 바람직한 결과를 얻기 위해 의도적으로 어떤 말을 하는 것이다. 그렇다 해도 여기에는 우리가 진지하게 받아들일 만한 일반적인 원칙이 있다.

'특정 행동에 집중하게 하고 특정 조건에서만 사랑받는다는 느낌을 주는 칭찬보다 아이가 자신의 현재 모습과 미래 모습을 생각하도록 도와야 한다.'

나는 이 모든 말들이 칭찬이나 고맙다는 말을 해서는 안 된다는 뜻이냐는 질문을 자주 받는다. 세 가지 요소에 따라 달라진다는 것이 내 대답이다. 세 가지 요소란 칭찬이나 고마움을 표현하는 이유, 대상, 효과다.

이유 "정말 예쁜 옷이구나!", "와줘서 정말 고마워."

이런 말이 친절함으로 누군가의 기분을 좋게 하기 위한 것인가, 아니면 앞으로의 행동을 통제하기 위한 조건적 강화인가? 조건적 강화라면, 칭찬을 감사의 표현으로 바꾼다 해도 그다지 변하는 것은 없다.

대상 나는 동등한 위치에 있는 두 어른 사이, 특히 어느 쪽도 상대의 사랑과 인정에 의지하지 않는 사이라면, 고맙다는 말이나 칭찬처럼 들리는 말이 오가도 걱정하지 않는다. 옆집 사람이 나에게 차를 빌려줘서 고맙다고 하는 말이나 동료 작가의 작품을 칭찬하는 말은 사람을 조종하려는 의도가 없는 말이다. 설령 있다고 하더라도 성공할 가능성은 낮다. 이들 사이에는 조건 없는 사랑 또한 손상될 염려가 없다. 처음부터 그런 관계를 맺지 않았기 때문이다. 하지만, 아이에게 말할 때는 우리가 말하는 내용이나 방법, 이유에 주의를 기울여야 한다.

효과 칭찬할 때 애매한 부분이 많다. 즉, 칭찬이 해로운지 해롭지 않은지 명확하지 않은 경우가 많다. 내가 하는 최선의 조언은 칭찬이 갖는 효과에 주시하라는 점이다. 칭찬하는 말을 아이에게 습관적으로 한다면, 아이가 당신에게 정기적으로 이런 칭찬을 기대하고 있는지 살펴야 한다. 그리고 당신이 하는 말의 결과로 헌신적인 활동과 관심 등 아이의 내적 동기가 줄어드는 것은 아닌지도 확인해야 한다.

요약하자면, 나는 아이에게 긍정적인 말을 그만해야 하다고 제안하는 것이 아니다. 특정 단어를 사용하거나 회피하려는 노력보다는 우리가 하는 말과 그 말이 전해지는 방식에 담긴 의미를 파악해야 한다는 말이다. 우리가 단지 아이의 성과를 함께 축하하는 것으로 아이가 생각한다면 괜찮다. 하지만, 아이가 자신을 평가한다는 인식을 가지면 아이는 스스로 자랑스럽게 느끼는 때와 그 이유에 대한 감각이 쉽게 무너질 수 있다. 그러면 아이는 우리의 인정 여부, 혹은 권위 있는 사람의 인정 여부에 따라 자신의 행동 가치를 규정하게 된다.

이런 형태의 조건적 양육에서 벗어나기란 쉽지 않다. 나쁜 습관을 단번에 끊으려 하지 말고 평가하면서 설명이나 질문도 하는 과도기를 거치는 것이 좋다. 이렇게 새로운 반응에 익숙해지면 평가하는 습관을 없앨 수 있다. 그러는 동안 당신이 하는 행동과 그 이유에 대해 아이와 함께 이야기를 나누는 것도 좋다.

"잘했어!"

어쩌면 아이는 특정 행동에 이런 말을 기대했는데 갑자기 칭찬이 끊기면 혼란을 느낄지도 모른다. 아이는 긍정적 평가의 부재를 부정적 평가로 받아들이려 할 것이다. 그러므로 약한 긍정이 아닌 조건 없는 긍정이라는 사실, 즉 당신이 가치 있는 것으로 여기는 특정 행동에 대한 반응이 아닌 아낌없는 인정과 애정을 보여주려는 것임을 확실히 해야 한다.

그리고 칭찬에 대한 자신의 생각을 표현할 만큼 충분히 자란 아이에게는 적게 말하고 많이 질문하라는 조언에 따라 직접 물어보아라. 단지 칭찬이 좋은지를 묻지 마라. 아이가 말로 하는 보상에 따라 자신의 행동이 달라진다고 느끼는지를 물어라. 혹은 칭찬을 유도하는 행동에 대해 어떻게 생각하는지를 물어라. 혹은 격려하는 다른 좋은 방법은 없는지 물어도 좋다.

아이의
성공과 실패

　5장에서 이야기했듯이, 많은 아이들이 단지 올바르게 행동했을 때뿐만 아니라 성공했을 때, 부모가 자신을 인정한다고 생각한다. 그러므로 이런 상황이 우리 가족 사이에 이미 존재하는 것은 아닌지 생각해봐야 한다. 우리는 다양한 일을 능숙하게 하는 것이 중요하다는 생각으로 아이에게 어떻게 말했는지, 아이가 성공했을 때와 그렇지 않았을 때, 우리가 어떻게 반응했는지, 아이는 우리의 반응에 어떻게 응했는지를 제3자의 눈으로 봐야 한다. 경우에 따라서는 아이에게 단도직입적으로 묻는 것이 합리적일 수도 있다.

　"네가 좋은 점수를 받았을 때, 혹은 운동을 잘했을 때, 엄마 친구에게 자랑거리를 만들어 줬을 때, 내가 널 더 사랑한다고 느끼니?"

　물론 이런 질문은 아이가 우리에게 전적으로 정직하다고 믿을 때만 유용하다. 즉, 아이가 무슨 말을 하더라도 우리가 화내지 않고 들어준다는 아이의 믿음이 있어야 한다는 의미다.

가정에서 일어나는 문제 중 일부는 단순히 조건적 사랑이 어떻게 드러나느냐에 있는 게 아니라 아이가 잘하는 것을 얼마나 강조하느냐에 있다. 몇 년이 지나면, 누가 야구 경기에서 이겼는지, 수학에서 몇 점을 받았는지 아무도 신경 쓰지 않거나 기억조차 못한다. 하지만, 아이가 당신의 사랑을 받아야 한다고 느꼈던 심리적 상처는 사라지지 않고 더 악화된다. 우리는 우리의 행위와 동기를 되돌아봐야 한다. 거울을 보고 아이를 너무 압박하지는 않았는지 스스로에게 물어봐야 한다. 혹시 아이가 나를 대변한다는 생각에 성공이 그렇게 중요하다고 생각하지는 않았는지 스스로에게 물어봐야 한다. 아이가 그저 행복하기만 바랄 뿐이라고 쉽게 이야기하는 부모조차도 때로는 자신의 생각과는 전혀 다른 행동을 할 때가 있다.

전형적인 의미에서 성공을 거두었지만, 정작 삶은 행복하지 않은 사람을 우리는 흔히 본다. 또한, 절대로 크게 되지 못할 거라 생각했던 사람이 큰 성공을 거둔 사례도 보았을 것이다. 똑똑하고 성공한 수많은 어른이 평범한 학생이었던 반면 빛나던 많은 학생들이 결국 빛바랜 어른이 된다. 한 연구자가 고등학교 우수 졸업생의 이력 15년을 추적 조사한 끝에, 이들 대부분은 단지 학교에서 가르친 잘하는 방법만을 알고 있었다고 결론 내렸다. 이런 사람은 창의적인 발전을 추구하지 못하며 특정 분야에서도 중요한 리더가 되지 못한다.[10] 설사 이들이 중요한 리더가 된다 하더라도 잘했을 때만 관심을 보였던 부모를 원망할 것이다.

간단히 말하면, 행복할 자격을 갖춘 사람만이 행복한 것은 아니다. 우리 의무는 아이에게 성적이나 돈 그리고 상에 중독되면 어떤 결과가 나타나는지를 알려주고, 그런 중독을 부추기는 사람이 되지 않는 것이다. 우리는 아이와 우리에게 정말 중요한 것에 집중해야 한다. 우리의 사랑이 아이의 성적과는 무관하다는 사실을 확실히 하고, 아이와의 관계를 강화해야 한다. 또한, 아이의 유년 시절을 가득 채울 수만 가지의 자잘한 성공과 실패에 우리가 어떻게 반응해야 할지도 다시 생각해야 한다.

이제 두 가지 결론을 내릴 수 있다.

첫째, 아이가 실패하여 무능함을 느낄 때, 가장 필요한 것은 우리의 실망이 아닌 우리의 사랑이다.

둘째, 아이가 성공했을 때, 아이가 아닌 아이의 행동에 따라 우리의 사랑이 달라지거나 계속 잘해야 한다는 인상을 주는 형태로 긍정적 강화를 하면, 위험성도 그만큼 커진다.

아이의 탁월한 모습이 여전히 우리에게 중요하다 하더라도, 사려 깊고 창의적인 사람은 자신이 하는 일에서 쾌감을 얻는 사람이라는 점을 명심해야 한다. 일반적으로 탁월함은 그 일에 대한 흥미에서 나오지 성공이나 남들보다 더 잘하고자 하는 마음에서 나오지 않는다.

여러 증거를 통해 알 수 있듯이, 아이가 하는 일을 '아주 잘'해야 한다는 생각에 몰두하면 일에 대한 즐거움이 줄어든다.[11] 이 말은 그 자체로도 슬픈 일이지만, 많은 스트레스의 원인이 되며, 아이가 최선을 다하지 못하게 하는 모순된 결과도 가져온다.

'이 프로젝트는 얼마나 잘한 걸까? 기준은 제대로 맞춘 걸까? 내가 얼마나 향상된 모습을 보여준 거지?'

이렇게 학생들이 수행 결과에 안절부절못하면, 학습은 흥분의 기회라기보다는 따분한 일이 된다. 그리고 학습은 아이가 알고자 하는 것이 아닌 더 잘해야 하는 것으로 바뀐다.

그러므로 우리는 압력을 가하는 대신 지지를 보내야 한다. 부드러운 지도와 격려, 아이의 능력이 향상되고 있다는 믿음, 필요할 땐 직접적인 도움도 줘야 한다. 누구를 이겨야 하는 경쟁적인 운동 대신 재미를 느끼고 배울 수 있는 운동 기회를 줘야 한다. 학교 성적에 과도한 집중보다는 아이가 학습하는 과정에 관심을 보여야 한다.

"그래서 공룡이 멸종한 이유가 뭐라고 생각하니?"

이런 질문은 아이의 지적 성장을 돕는다.

"성적표에 어떻게 '60점'만 있을 수 있니?"

이런 질문은 도움이 되지 않는다.

아이가 글쓰기를 했다면, 얼마나 잘 썼는지가 아니라 그 내용과 글쓰기 과정에 집중해야 한다. 부모는 이렇게 질문할 수 있다.

"글쓰기 주제는 어떻게 골랐어? 조사해서 알아낸 게 뭐야? 왜 중요한 내용을 끝에 두었어? 글을 쓰면서 주제에 대한 네 생각이 조금이라도 바뀌었니?"

다시 한번 강조하지만, 아이가 성공하도록 돕는 가장 효과적이면서도 해롭지 않은 방법은 아이가 하는 일에 푹 빠질 수 있도록 가능한 모든 일을 하고, 아이가 얼마나 성공했는지에 대해서는 신경 쓰지 않으며, 아이가 하는 일에 더 많은 관심을 가져주는 것이다. 이 일은 우리가 더 많이 격려하고, 더 적게 평가하며, 항상 사랑을 줘야 한다는 말과 같다.

교사와 부모의 협력

몇몇 예외적인 교사(예를 들면 235~236쪽에서 언급한 교사)는 학생에게 필요한 조건 없는 지지를 보내지만, 안타까운 현실은 많은 교실에서 이와 같은 일이 일어나지 않는다는 점이다. 다시 말해, 앞 장에서 설명한 원칙을 존중하지 않는다는 말이다. 학교는 처벌과 보상으로 복잡한 행동 관리 시스템을 만들어 복종하는 학생에게는 '표창'을, 그렇지 않은 학생에게는 제재를 가한다. 학교에서 아이는 단순히 지침을 따르도록 교육받기 때문에 공동체의 따뜻한 구성원이나, 도덕적인 의사 결정자나, 비판적으로 사고하는 사람이 되기 위한 도움을 받지 못한다. 최악은 질서 강화를 학습에 대한 격려보다 우선시하는 경우다. 이런 환경은 아이에게 결코 도움이 되지 않는다.

부모가 '함께하는' 가정을 꾸미려고 고군분투하지만, 매일 아침 '일방적인' 학교에 보낼 수밖에 없다는 말을 나는 자주 듣는다. 그리고 좌절한 교사가 그 반대로 이야기하는 소리도 듣는다.

"우리는 함께 문제를 해결하기 위해 민주적인 학급 회의를 엽니다. 하지만, 아이는 집에 돌아가면 별 스티커나 타임아웃으로 조종당해요!"

부모와 교사 모두 아이가 좋은 사람이 되도록 함께 인도하고, 서로의 노력을 적극적으로 지지할 때, 최상의 결과가 나온다.

부모가 해야 할 첫 번째 단계는 아이가 다니는 학교의 상황을 파악하는 일이다.

- 학교의 주요 덕목이 아이의 요구를 만족하게 하는 것인가, 아이를 고분고분하게 하는 것인가?
- 아이가 말썽을 부리면 풀어야 할 문제로 보는가, 처벌해야 할 규칙 위반으로 보는가?
- 교사는 아이가 올바른 결정을 하도록 도와야 한다고 생각하는가, 아니면 거의 모든 결정을 아이 스스로 내리라고 주장하는가?
- 학생의 공동 작업을 지지하는가, 아니면 과제 대부분을 혼자 해야 하는가, 혹은 또래와 경쟁해야 하는가?
- 당신이 이 학교에 입학해 교실에 앉아 있다면, 조건 없이 인정받는다는 느낌을 받겠는가, 그곳에 있고 싶겠는가?

당신이 보고 들은 것이 마음에 들지 않는다면, 아이의 교사가 자신의 방식을 다시 생각해보도록 외교적 수완을 발휘해야 한다. 교사에게 장기적인 목표가 무엇인지 물어야 한다. 교사도 기본적으로는 부모와 같은 목표를 가지고 있다. 교사도 학생이 책임감 있고, 남을 배려하며, 도덕적이고, 호기심 많은 평생 학습자가 되기를 바란다. 따라서 당신은 아이에 대해 교사와 공통으로 가진 목표를 중심으로 질문해야 한다. 아이가 책임감 있는 의사 결정자가 되는 데 도움이 되지 않는 기존의 교육방식보다 우리의 목표를 이룰 수 있는 더 나은 방법이 있는지, 그리고 그 가능성은 얼마나 되는지 부드럽게 물어야 한다.

당신은 '함께하는' 교실을 만들기 위해 지침을 마련한 책이나 기사, 비디오를 아이의 교사에게 소개할 준비도 되어 있어야 한다.[12] 그런 교사와 동료가 '함께하는' 교실을 만들어온 과정을 이야기할 수 있도록 약간의 조사를 하라. 그런 교실을 방문해보도록 제안하거나, 실제 학교의 성공 스토리가 나온 자료를 보여줄 수도 있다. 학교가 '일방적인' 곳이 되어서는 안 된다는 사실을 당신과 교사 모두가 깨닫는다면 희망이 있다. 실제로 주위에는 당근과 채찍이 없는 학습 분위기를 위해 서로 존중하고, 마음에 호소하는 환경을 조성한 학교들이 있다.

그러나 당신이 아무리 정중히 이야기해도 교사가 당신의 의견과 조언을 수용하지 않는다면, 위험을 감수하고라도 다른 방법을 찾아야 한다. 당신의 노력이 성공할 가능성은 얼마나 되는가, 이런 문제가 특정 교실에 한정된 것은 아닌가, 그렇다면 당신은 아이를 다른 반으로 옮길 수도 있다. 당신의 계획은 교장이 당신의 관점에 동의하느냐, 혹은 적어도 열린 마음을 가지고 있느냐에 따라 달라진다. 당신의 관심사를 공유할 다른 부모를 찾아볼 수도 있다. 기존 방식이나 정책에 반대하는 사람이 많을수록 교장은 이런 불만 사항을 그냥 무시하고 지나칠 수 없게 된다.

이런 일을 했는데도 상황이 곧 바뀔 것 같지 않다면, 아이를 보호하기 위해 할 수 있는 모든 일을 해야 한다. 여기에 줄타기 같은 어려움이 있다. 한편으로는 교사가 아이를 존중하지 않는다 하더라도 당신은 아이가 교사를 무시하거나 버릇없이 행동하라고 가르치고 싶지는 않을 것이다. 다른 한편으로는 당신이 옹호할 수 없는 교사의 행동을 묵인하는 모습을 아이에게 보이고 싶지 않으며, 어른은 항상 서로 연합해서 아이와 맞서 싸운다는 모습도 보이고 싶지 않을 것이다. 명심하라, 당신의 첫 번째 의무는 아이를 정당하게 대우하는 것이다

당연히 당신의 말과 말하는 방식은 학교의 문제를 단순하게 보느냐 아니면 심각하게 보느냐에 따라 달라지며, 아이의 나이에 따라서도 달라질 것이다. 당신의 목적은 아이에게 일종의 예방주사를 놓아주는 것이라고 생각하라. 이는 아이가 과도한 통제 환경과 불합리한 권위자로부터 받는 부정적인 영향력에 맞설 수 있도록 면역력을 길러줘야 한다는 의미다. 또한, 아이에게 조건 없는 사랑, 존중, 신뢰를 주고 세상을 균형 있게 바라볼 수 있는 안목을 길러줘야 한다는 의미이기도 하다. 어떤 어른은 왜 처벌과 보상을 사용해야 한다고 생각하는지, 대신 할 수 있었던 행동은 무엇이었는지, 아이 자신 또한 다르게 행동할 수 있지는 않았는지 등을 아이가 생각해보도록 격려해야 한다. 그러면 불안한 교육방식의 부정적인 영향을 적게 받을 뿐만 아니라 이런 과정 자체가 아이가 학습하는 좋은 기회가 된다.

또한, 아이는 우리가 불만사항에 대처하는 방식도 보고 배운다. 아이는 우리가 무의식적으로 교사 편에 서지 않고 아이의 고민을 진지하게

받아들이는지, 일방적으로 문제를 해결하지 않고 아이와 함께 해결책을 찾는지를 보고 배운다. 또한, 아이는 우리가 교사의 행동에 동의하지 않을 때에도 교사를 얼마나 존중하는지, 여러 문제에 대한 교사나 교장의 의견을 얼마나 이해하고 인정하는지도 지켜볼 것이다.

아이가 보고 있기 때문에, 옳은 일이기 때문에, 효과적이기 때문에 당신은 교사와 적대적 관계를 원치 않는다는 사실을 교사에게 명확히 전달해야 한다. 당신은 함께 협력하고, 우리 아이의 요구만이 아닌 모든 아이와 어른의 요구를 고려해야 한다. 그래야 뇌물이나 위협으로 아이를 통제하는 방법을 받아들이지 않는다는 확고한 태도를 보일 수 있다.

아이를 대하는 방식이 가정과 학교에서 다르게 이어질 수도 있다. 한쪽의 핵심은 이유와 가치에 있고, 다른 한쪽의 핵심은 행동에 있다. 한쪽은 아이의 행동이 다른 사람에게 미치는 결과를 생각하게 하고, 다른 한쪽은 아이 자신에게 미치는 결과를 생각하게 한다. 한쪽은 아이 스스로 생각하도록 격려하고, 다른 한쪽은 지시에 따르도록 명령한다. 한쪽은 아이 자체를 높이 평가하고, 다른 한쪽은 아이가 한 행동만을 평가한다. 이런 불일치가 아이를 혼란스럽게 할 수 있다. 이런 상황은 결코 이상적인 상황이 아니다. 하지만, 학교와 가정이 일심동체가 되어 아이에게 해로운 영향을 미치는 것보다는 낫다.

제 9 장
아이를 위한 선택

선택의 장점
첫 의사 표현과 마지막 결정권
함께 결정하기
허위선택
한계의 한계
아이가 해야 할 일을 하기 싫어할 때
시도해보기

어느 날 오후, 미용실에서 내 머리를 깎아주던 여성이 요즘 자기 아들과 겪고 있는 문제를 이야기하기 시작했다. 나는 이런 대화가 상담으로 이어지는 데 크게 개의치 않았기 때문에, 그녀가 이야기를 끝냈을 때, 나는 문제에 대처할 방법을 아이에게 직접 제안해보도록 하는 게 어떻겠느냐고 조언했다. 놀랍게도 그녀가 내 의견에 너무 흥분하는 바람에, 나는 그녀가 내 귀를 잘라먹지는 않을까 하고 걱정했었다.

일이 잘못되었을 때, 아이가 문제 해결 과정에 동참해 자기 의견을 말해야 한다는 개념은 전혀 새로운 것이 아니다. 그러나 많은 부모가 이런 가능성에 대해 생각하지 않거나 무시하고, 심지어 화를 내며 저항하는 모습을 보면 놀라울 따름이다. 그러므로 아이를 의사 결정에 참여시켜야 하는 이유와 방법에 대해 알아보고자 한다. 그 이유부터 시작하자.

선택의 장점

첫 논점은 도덕과 관련한 것이다. 모든 사람은 자신의 삶을 어느 정도 통제할 줄 알아야 한다. 아이의 경우, 물론 그 통제 정도와 종류에는 한계가 있다. 특히, 아이가 어릴 때는 우리가 아이를 위해 많은 일을 결정해줘야 한다. 그렇다고 기본 원칙을 부인한다는 의미는 아니다. 나는 우리가 아이의 권한을 무시해야 하는 어쩔 수 없는 상황이 아니라면, 아이가 자신을 괴롭히는 문제를 스스로 결정하도록 해야 한다고 믿는다. 결정권을 줄 수 없는 상황이라면, 그 이유를 말할 준비가 되어 있어야 한다.

어느 연구자의 말처럼 우리 모두는 살아가면서 장기판의 '졸卒'이 아닌 '근원origins'이 되고자 하는 기본적인 욕구를 가지고 있다. 우리는 우리가 하는 많은 일을 주도해야 한다는 생각으로 자율성을 중시한다. 사실 우리가 하는 어떤 선택은 선택하는 행위 자체가 더 중요할 때가 있다. 나도 이 같은 사실을 잠시 잊은 적이 있다. 어느 날 저녁, 내 네 살 된 아들이 스티커 책을 달라고 했을 때였다. 나는 책장에서 트럭 스티커가 있는 책을 골라 아이에게 건넸다. 하지만, 아이는 이렇게 말했다.

"이거 말고! 내가 고를래."

나는 골랐던 책을 다시 넣은 후 아이에게 책을 모두 꺼내주었다. 아이는 결국 어떤 책을 골랐을까?

자율성에 대한 욕구가 계속 좌절되면, 아이는 단순히 화를 낼 뿐만 아니라 우울함, 심지어 몸에 이상이 올 수도 있다.[1] 3장에서 확인했듯이, 아이가 부모에게 과도한 통제를 받으면 바람직하지 않은 여러 가지 결과가 나타난다. 교실에서도 마찬가지로 학생이 학습하는 내용이나 그 환경에 대해 말하지 못하면, 깊이 생각하지 않거나 흥미를 잃게 된다. 안타깝게도 기존의 교육방식과 '기본으로 돌아가라'는 교육방식은 이렇게 강제된 수동성을 특징으로 한다. 한편 어른도 직장에서 너무 많은 일을 해서가 아니라 자신이 하는 일에 선택권이 없어 지쳐버리는 경우가 많다.

연구 결과를 보면, 사람이 무력감을 느낄 때 활발하게 활동하지 못한다는 사실은 물론, 선택의 기회가 주어졌을 때의 장점도 분명히 나타난다. 예를 들어, 부모가 통제하고자 하는 유혹을 뿌리치고 아이가 자율성을 경험하게 할 때,[2] 아이는 부모가 부탁한 일은 잘하면서도 그릇된 행동은 적게 하는 것으로 나타났다. 가족의 의사 결정에 참여하는 십 대는 더 쉽게 부모를 신뢰하고 자신의 많은 생각을 공유한다. 이런 아이는 결국 자신을 더욱 신뢰하고, 학교를 더 좋아하며, 도전적 과제를 더 선호한다. 적어도 말썽에 휘말리지는 않는다. 마지막으로, 아이가 어릴 때부터 부모가 독립심을 길러주면, 아이는 대학생이 돼서도 또래보다 강한 자신감

을 갖고, 어려움이나 실패에 부딪혔을 때도, 이를 잘 극복한다.[3]

교사 또한 학생들에게 많은 선택권을 줄 때 아주 좋은 결과을 얻는다. 한 연구 기록에 따르면, 그 이점은 '훌륭한 인지능력, 강한 내적 동기부여, 긍정적 정서, 창의성 향상, 쉬운 성공보다 최상의 도전을 즐기는 자세, 학교에서의 끈기, 개념의 폭넓은 이해, 우수한 학업성취도' 등으로 나타난다.[4]

그러므로 가정이나 학교를 불문하고 모든 연령의 아이에게 선택권을 주는 일은 눈앞의 결과뿐 아니라 장기적인 목표에도 바람직한 일이다. 생각해보면, 인생은 우리에게 사소한 문제부터 감당하기 어려운 문제에 이르기까지 끊임없이 많은 선택을 요구한다. 그리고 우리는 아이가 이런 선택을 신중히 잘 처리하기를 바란다. 이 문제에 관한 연구와 실생활의 경험을 한 문장으로 요약하라면, 나는 이렇게 말하고 싶다.

'아이가 훌륭한 결정을 하는 법을 배우는 길은 지시를 따르는 것이 아니라 직접 결정을 해보는 것이다.'

동시에 우리는 사람이 항상 의사 결정에 참여할 순 없다는 사실도 인정해야 한다. 대부분의 교실이나 직장에서는 민주주의를 찾아볼 수 없으며, 어떤 부모는 이런 사실을 이용해 '내 말이 곧 법'이라는 방식을 합리화한다. 그러나 아이가 나중에 받게 될 불필요한 통제에 대비할 수 있게 하는 최선의 방법이 미리 비슷한 경험을 하게 하는 것은 아니다. 이 말은 주변에 많은 발암 물질이 있으니 가능한 한 아이가 어릴 때, 많은 발암 물질에 노출시켜야 한다는 말과 같다.

이와 반대로 우리는 아이를 존중하고, 조건 없는 지지를 보내며 규칙적으로 아이에게 선택권을 줘야 한다. 그래야 아이가 자라면서 터득한 기준을 잣대로 통제하는 사람이나 제도를 평가할 수 있게 된다. 또한, 아이는 권력을 기반으로 한 질서를 그대로 받아들이거나 이런 질서를 어쩔 수 없는 것으로 생각하기보다는 사회의 긍정적 변화를 위해 더욱 노력할 것이다.

요약하자면, 권한이 부여된 아이가 권한을 박탈하는 상황에 건설적으로 대처할 수 있는 가장 좋은 위치에 있게 된다. 그리고 우리는 부모로서 우리의 권력 행사를 제한할 의향이 있는 한, 아이에게 권한을 부여할 수 있는 가장 좋은 위치에 있는 것이다.

첫 의사 표현과
마지막 결정권

　우리의 권력을 제한한다는 말이 우리가 선호하는 방법을 밝히지 말아야 한다는 의미는 아니다. 그러나 가능하면 최종 결정은 아이에게 맡겨야 한다.[5] 예를 들면, 아이가 잘못했기 때문에 사과하는 것이 옳다고 생각되면 이를 평범한 어조로 말하고, 이 결정이 옳은지 그리고 사과할 것인지는 아이가 결정하도록 해야 한다.

　아이에게 결정권을 주기가 꺼려질 때에도 우리는 아이에게 첫 번째 의사 표현권, 즉 자신의 이야기를 할 기회를 줘야 한다. 그렇게 해서 아이가 어떤 일을 해도 되는지 묻는다면, 이렇게 답하는 것이 좋다.

　"글쎄, 넌 어떻게 생각하니?"

　이런 물음을 통해 아이는 자신의 관점이 중요하다는 것을 알게 되며, 자신의 요구에 담긴 의미도 적극적으로 생각하게 된다.

　자녀 간에 갈등이 생길 경우, 아이에게 결정권을 넘길지, 혹은 어떻게 넘길지의 문제는 더 복잡해진다.6 많은 부모가 너무 급하게 끼어들어 한 아이 편을 들어주거나, 아이 모두를 불공평하게 비난하거나, 혹은 누구의 잘못인지를 가려내려고 애씀으로써 상황을 더 악화시킨다. 이럴 경우 아이는 자신의 해결책을 모색하는 학습 과정을 생략하게 된다.

"아이가 스스로 문제를 해결하도록 두어라"

그러나 나는 위와 같은 포괄적 조언을 전적으로 동의하진 않는다.

첫째, 자신의 불만이 합리적이라고 생각하는 아이는 당신이 충분히 개입하지 않으면, 자신의 불만에 당신이 무관심하다고 생각한다.

둘째, 당신의 자유방임적 태도 때문에 나약한 아이는 더 강하거나 영리한 아이가 하라는 대로 하는 경우가 생긴다. 또한, 아무리 불공평한 결과라도 당신이 인정할 것이라는 인상을 준다.

당신이 관심을 두고 있다는 공감대를 확실히 형성하고, 상황 파악을 해야 한다. 그런 다음 아이 스스로 해결책을 내놓도록 결정했다면, 그 해결책을 확인하라. 이것이 갈등 해결을 위한 학습 과정이다. 그런 후, 두 아이가 갈등을 해결하는 방법을 익히도록 도와주고, 공정성에 대해서도 돌아보도록 하고, 다음번에는 어떻게 행동해야 하는지도 생각해보도록 해야 한다. 하지만, 주의하라. 한 심리학자의 말처럼, 부모가 개입한다고 해서 늘 공정한 것은 아니다. 부모가 개입함으로써 사실과는 다르게 더 강한 쪽이 결정권을 갖는 갈등만 부추길 수 있다.7

아이들 간에 심각한 의견 불일치가 없더라도 큰아이는 흔히 어린 동생을 대신해 결정을 내리고 동생이 해야 할 일을 지정한다. 이렇듯 일방적인 방식은 어른만큼이나 쉽게 아이에게도 나타난다. 이때 배워야 하는 것이 자율성의 지지다. 어린아이의 자율성을 지지하는 것은 불필요하게 통제하려는 사람으로부터 아이를 보호하는 길이다.

함께 결정하기

아기에게도 선택권을 줄 수 있다. 아기는 먹을 시기와 안기는 방법, 간지럼을 태우면 좋아하는 부위, 좋아하는 장난감 등에 대한 좋고 싫음이 뚜렷하다. 아기가 우리에게 말하고자 하는 것에 귀를 기울여야 한다. 먹거나 자는 것, 놀아주는 것 등을 우리가 편한 시간에 맞추어 하기보다는 아기의 요구를 존중해서 아기가 요구하는 시간에 해야 한다.[8]

유아는 자신의 욕구 전달을 훨씬 잘한다. 욕구가 채워지지 않으면 더 다양한 방법으로 불쾌감을 표현한다. 물론 유아가 원하는 것을 더 많이 얻는 능력도 있지만, 갈등을 고조시킬 위험도 있다. 그래서 우리는 어린 아이가 점점 더 많은 통제력을 갖는 것에 마음이 복잡해진다. 18개월 된 딸아이가 장난감을 켜고 끄는 방법을 알게 되었을 때, 나는 아이가 자랑스러웠고 장난감을 켜달라고 할 때마다 달려가지 않아도 된다는 생각에 해방감도 느꼈다. 하지만, 이는 우리의 의지가 충돌하는 서막이었다. 내가 시끄러운 장난감을 끄면 아이는 바로 다시 켰다. 이때 선택은 두 가지로 좁혀진다. 내 방식이냐, 아이 방식이냐. 아이가 장난감을 켜도록 두느냐, 저지하느냐. 이날 나는 아이 방식을 따랐다.

하지만, 아이가 커감에 따라 설명하고 논의하는 일이 가능해진다. 큰 발전이다. 이때 우리는 어쩔 수 없이 우리 뜻을 포기하거나 강요하는 방법 중에 선택하기보다, 제3의 가능성을 활용할 수 있다. 제3의 가능성이란 함께 문제를 해결하는 방법이다. 이는 단순히 절대적인 자유와 과도한 통제 사이에서 어떤 태도를 보이는 방법과는 다르다. 때로는 검은색과 흰색에 대한 최상의 대안이 회색이 아니라 오렌지색이 될 수도 있다. 다시 말해, 우리 입장에 대한 지금까지의 정의와는 다른 가능성도 있다는 말이다. 이 말은 단지 얼마나 많은 선택을 아이에게 줄 것인지, 선택 중 몇 퍼센트를 아이에게 맡길 것인지를 정하는 문제가 아니다. 아이의 결정을 돕는 적극적이고 상호 협력적인 방식을 어떻게 구축하느냐 하는 문제다.

양육법에 관한 초기 연구에서는 아이에게 풍부한 의사 결정 기회를 줄 때, 아이는 더 '적극적이고 외향적이며 자발적인' 성격이 된다고 이야기한다. 그러나 좀 더 자세히 관찰해보면, 선택의 자유만으로는 충분하지 않다. '부모와 아이 간의 높은 상호작용' 역시 필요하다.[9] 일반적으로 이 말은 우리가 아이의 선택권을 적극 지지해서 아이가 최소한 어느 정도는 스스로 결정할 수 있다는 믿음을 줘야 한다는 의미다. 우리 의무는 아이의 자율성을 키우는 데 있다. 그러므로 자는 시간, 귀가 시간, 가족 여행 등 특정 문제에 관한 의견도 아이와 함께 나누어야 한다.

많은 시간을 텔레비전이나 컴퓨터 앞에서 보내는 아이를 생각해보자. 최근 나는 이 문제에 대해 두 엄마와 함께 면담을 했다. 한 엄마는 아이가 집에서 텔레비전을 너무 많이 보는 일이 좋지 않다고 생각하면서도 어깨를 으쓱하며 반문했다.

"선생님이라면 어떻게 하시겠어요? 요즘 애들은 다 그렇잖아요."

반대로 다른 엄마는 무슨 조치를 취해야 한다는 생각으로 아이가 찾지 못하게 리모컨을 숨겼다고 말했다.

이 두 대답은 전형적인 이분법의 잘못된 점을 잘 보여준다.

첫 번째 대답은 우리가 인정할 수 없는 상황에서 아이가 원하는 대로 놔두면, 우리는 관심도 없으며 어떤 책임도 지지 않겠다는 메시지를 전달할 위험이 있다. 텔레비전의 경우, 아무것도 하지 않는 선택은 어떤 부모에게는 구미가 당기는 선택일 수 있다. 왜냐하면, 불안하긴 하지만 아이가 텔레비전에 빠져 조용히 있는 것이 부모에겐 편하기 때문이다.

두 번째 대답은 일방적인 해결책이다. 리모컨을 숨기는 행위는 장기적으로 볼 때, 효과가 없을 뿐더러 아이는 금세 해결 방법을 찾아낸다. 하지만, 중요한 점은 이런 경험을 통해 아이는 자신이 바라는 것을 얻기 위해 권력이나 비열한 방법을 사용하는 법을 배운다는 점이다.

이 두 방법의 공통점은 둘 중 어느 것도 시간, 능력, 기술, 관심, 용기 등이 필요치 않다는 데 있다. 앞서 말했듯이 함께하는 진정한 방법은 다음과 같은 말이 아니다.

"내가 부모니까 내가 결정해", "네가 원하는 대로 다 해"

건설적인 응답은 듣는 데서 시작된다. 이를 통해 아이는 자기 말을 들어준다는 기분을 느끼고, 당신 역시 상황 파악을 더욱 잘 할 수 있게 된다. 당연히 텔레비전 프로그램이나 컴퓨터 게임은 재미있다. 하지만, 여기에 과도한 시간을 쏟는 아이는 해결해야 할 어떤 문제가 있어 다른 활동을 피하고, 텔레비전이나 게임에 열중하는 것인지도 모른다. 아이 말을 듣는 것과 더불어 우리 감정을 솔직히 말함으로써 궁극적으로는 아이와 함께 해결책을 찾아야 한다. 예를 하나 들어보자.

"네게도 공평하고, 엄마 걱정도 해결할 수 있는 방법을 이야기해보자. 좋은 의견 있으면 같이 시도해보자."

이런 과정은 텔레비전이나 컴퓨터 앞에서 보내는 적절한 시간과 어떤 프로그램이나 게임은 괜찮고 어떤 것은 안 되는지 그리고 그 이유는 무엇인지 등에 대해 서로 합의해가는 과정을 의미한다. 하지만, 이 방법은 단지 논의의 시작이다. 당신은 텔레비전이 아이에게 최고의 친구가 된 근본적인 이유를 알아내야 한다. 또한, 아이의 선택을 돕는 활동에 더 많은 시간을 보내야 한다.

또 다른 예를 들어보자. 당신은 고속도로에서 차를 운전하는 동안 뒷좌석에 앉은 아이가 실수로 차 문을 열지 못하도록 뒷문을 잠근다. 하지만, 전자식 창문을 잠가 운전하는 당신만 창문을 올리고 내리는 일은 별개의 문제다. 이런 행동은 아이의 권한을 빼앗아 문제를 해결하는 일방적인 해결책의 또 다른 예다. 이러는 대신 우리는 아이가 창문으로 하는 장난이 금세 지루해질 것이라는 사실을 예상하고 아이가 놀도록 그냥 내버려 둘 수도 있다. 하지만, 아이가 하는 행동에 정말 문제가 있다면, 그 이유를 설명하고, 버튼을 가지고 너무 장난치지 말라고 부탁해야 한다.

이런 보편적인 방법이 내 아이에게는 대개 효과가 있었으며, 다른 많은 부모도 똑같은 경험을 했다는 말을 자주 듣는다. 아이는 존중받을 때, 문제 해결에 동참할 때, 선의가 있다고 믿어 줄 때, 진심으로 반응한다. 반대로 이런 생각을 이용하려는 아이는 전형적인 교육방법으로 자란 아이일 가능성이 높다.

"하나를 주면 열을 달라고 한다."

이 말은 인생에서 정말 하나만 받은 아이에게는 사실로 나타난다.

우리 가정에는 해결해야 할 수많은 문제가 있다. 문제 해결 과정에서 우리는 통제하거나 가르치는 일, 불신의 분위기를 조성하거나 신뢰의 분위기를 조성하는 일, 권력의 본보기를 보여주거나 아이가 책임감을 배우도록 돕는 일, 임시변통의 양육이나 장기적 목표에 초점을 둔 양육 등 여러 가지 갈등을 겪고 선택을 해야 한다.

이런 선택은 아침에 아이를 깨우고, 옷을 입히고, 씻게 하고, 밥을 먹이고, 제시간에 학교를 보내야 하는 우리 부모에게는 특히 중요하다. 첫 아이가 유치원에 들어가고 얼마 되지 않아 나와 아내는 아이에게 잔소리하는 등 강압적인 양육의 늪에 빠지게 되었다. 아침에 아이를 유치원에 보내려고 필사적으로 노력하는 일은 우리 모두를 지치게 했으며, 이는 우리가 원하는 부모의 모습도 아니었다. 그래서 우리는 편안한 시간에 아이와 함께 앉아 조용히 문제를 논의했다. 연설을 늘어놓는 대신 우리는 먼저 아이의 말을 들었다. 아이가 지켜야 할 '행동 지침'을 만든 게 아니라 함께 머리를 맞대고 의논했다. 우리 모두에게 아침 시간이 더 즐거우려면 어떻게 해야 할까?

아비가일은 다음 날 입고 갈 옷을 저녁에 입고 자면 아침에 더 빨리 준비를 끝낼 수 있다고 제안했다. 그렇게 하지 않을 이유가 없었기 때문에 우리는 그 말에 따랐다. 아이는 주름이 쉽게 가는 옷은 입지 않는다. 설사 주름이 생긴다 한들 뭐 어떤가. 이 방법은 효과가 있었다. 가끔 아침이 분주할 때도 있었지만, 옷을 따로 입어야 할 때보다 훨씬 나았다.

당신도 알다시피, 여기서 핵심은 반드시 옷을 입고 자라는 얘기가 아니다. 그 과정이 결과보다 더 중요하며, 그 과정은 아이 스스로 판단하고, 계획하며, 해결책을 찾는 데 참여할 수 있도록 하는 과정이어야 한다. 아이는 자신의 욕구가 우리에게 중요하다는 사실과 우리가 자신의 의견을 진지하게 받아들인다는 사실을 알아야 한다. 우리는 아이가 자기 생각이 분명하고 자신감 있는 아이로 커가길 바란다. 또한 아이가 자라서 문제아가 되길 바라지 않는다. 그렇다면, 함께 문제를 해결했을 때와 모든 결정을 부모가 내렸을 때, 나타나게 될 결과를 비교해봐야 한다. 사실, 그 결과에 대해 깊이 생각해볼 필요도 없다. 연구 자료만 봐도 부모가 기꺼이 협력하고 아이의 주장에 자신의 마음을 바꿀 준비가 되어 있으면, 아이 스스로 잘 통제한다는 사실을 알 수 있기 때문이다.[10]

이런 개방성 때문에 우리는 종종 많은 의문과 난관에 부딪혀 좌절할 때도 있다. 많은 사람들이 농담 삼아 아이가 시키는 대로 잘 따르고 말대답은 나쁜 것이라고 생각했던 지난 시절이 그립다고 말한다. 하지만 우리는 잘 알고 있다. 문제에 대해 마음껏 이야기하며 함께 해결책을 찾는 과정이 우리에게 얼마나 많은 보답으로 돌아오는지를 생각해보면, 우리는 지난 시절이 결코 좋지 않았다는 사실을 잘 알고 있다.

다음을 생각해보자. 아이가 말썽에 휘말리지 않도록 하는 과정에서 조금 큰 아이의 부모가 할 수 있는 선택 중 하나는 아이를 감시하고 통제하는 일이다. 즉, 아이의 일기를 읽어보고, 아이가 보지 않을 때 가방을 뒤지고, 아이가 부적절한 텔레비전 프로그램을 보지 못하도록 기술적 장치를 하는 것을 말한다. 심지어 카메라를 설치해 몰래 아이를 감시하기도 한다. 또 다른 선택은 아이와 어릴 때부터 신뢰감 있는 관계를 형성하고 아이를 의사 결정에 참여하도록 하는 것이다. 전자의 일방적인 방식은 이미 알고 있듯이, 불쾌하고 비생산적일 뿐만 아니라 불필요한 방법이다.

하지만, 아이와 모든 일을 논의할 시간은 충분한가? 이런 걱정에 대해서는 네 가지로 답할 수 있다.

첫째, 이론적으로는 논의를 통해 일을 해결하면 많은 시간이 걸리겠지만, 부모는 이런 시간을 걱정하기에 앞서 다른 고민부터 해야 한다. 가장 일반적인 실수는 의사 결정권을 공유하지 않는다는 데 있다. 많은 가정이 민주주의가 너무 많아서가 아니라 너무 부족해서 어려움을 겪는다.

둘째, 모든 일을 의논해야 한다는 말이 아니다. 다만, 많은 문제를 함께 의논한다는 사실을 아이가 알고 있어야 한다는 말이다. 역설적으로 들리겠지만, 아이는 중요하다고 생각하는 사안에 대해 반대힐 수 있다는, 혹은 대안을 제시할 수 있다는 자신감이 생기면 오히려 모든 결정에 반기를 들어야 할 필요성을 적게 느낀다.

셋째, 아이는 자신이 참여한 결정에 대해서는 저항할 가능성이 훨씬 낮아진다.

"내 집에 사는 동안은 내가 시키는 대로 해야 해."

이런 상의하달 방식은 완강한 저항을 가져오기 때문에 우리의 생각보다 훨씬 더 많은 시간과 에너지가 소모된다. 이때 부모와 아이가 관계 악화로 겪는 스트레스는 말할 것도 없고, 일방적으로 결정하는 방식이 신속하고 효율적이라는 생각은 장기적인 관점에서 보면 착각임이 드러난다.

넷째, 장기적인 관점으로 아이와 함께하는 방식은 실제로 기존 방식보다 더 많은 시간과 노력이 필요하다. 그렇지만, 이 방식은 부모가 자기 시간을 활용하는 가장 좋은 방법 중 하나다. 함께 논의하는 가치를 높이기 위해 우리가 논의하는 특정 문제 이상의 것을 봐야 하고, 이런 과정이 아이의 사회적, 도덕적, 지적 발달에 큰 도움이 된다는 사실을 기억해야 한다.

허위
선택

어떤 부모는 아이에게 발언권을 주고자 하는 목적이 아니라 아이가 고의로 나쁜 결정을 했다고 비난하기 위해 '선택'이란 단어를 사용한다.[11]

"네가 선택해서 규칙을 어겼잖아."

이 말에서 '선택'이란 단어는 아이를 향한 회초리로 사용된다. 이 말은 또한 처벌을 정당화하는 방법이기도 하다. 따라서 이런 식으로 이야기하는 사람이 실제로는 처벌이나 기타 권력에 기초한 개입 방법을 사용할 가능성이 크다.[12]

아이가 그릇된 행동을 선택했다고 생각 없이 주장하는 어른은 마치 가난의 책임은 가난한 사람에게 있다고 단언하는 정치인과 같다. 두 경우 모두 개인적인 책임 외에 다른 관련 요소는 무시하는 말이다. 특히, 어린 아이는 합리적인 의사 결정을 하거나 충동을 조절할 능력이 완전히 발달하지 못했다. 따라서 이런 한계를 아는 부모는 아이를 처벌하고 비난하기보다는 아이의 이런 능력 발달을 돕기 위해 노력한다.

부모와 정치인이 말하는 선택의 또 다른 특징은 두 경우 모두 이런 주장으로 혜택받는 사람이 바로 이런 주장을 하는 사람이라는 점이다. 그래서 이들은 자신이 내린 결정이나 요구를 재고할 필요가 전혀 없다고 느낀다. 부모는 무슨 일이 일어나더라도 '선택'은 아이가 했다는 말로 자신을 합리화하면 되기 때문이다.

때로 선택이라는 개념이 단어의 뜻과는 달리 잘못 사용될 때도 있다. 사실상 부모가 모든 결정권을 가지고 있으면서도 아이에게 선택권을 주는 척하는 행동이 바로 이런 경우다. 이런 경우를 '허위선택'이라 하며, '허위선택'에는 세 가지 형태가 있다. 안타깝게도 세 가지 모두 이미 자녀교육서에 우리가 해야 하는 행동으로 나와 있다.

첫째, 부모는 다음과 같은 유도 질문을 한다.

"지금 설거지할래, 아니면 네가 좋아하는 텔레비전 프로그램 시작할 때 할래?"

여기서 문제는 선택권이 두 가지밖에 없다는 점이 아니다. 사실은 어떤 선택권도 주어지지 않았다는 점이다. 아이는 분명 좋아하는 프로그램을 놓치고 싶어 하지 않을 것이다. 사실 부모의 말은 다음과 같은 말이다.

"지금 설거지하지 않으면 텔레비전 틀어주지 않을 거야."

더 넓은 의미로 말하면 이렇다.

"내가 하는 말을 듣지 않으면 혼날 줄 알아."

선택이라는 말이 그 속에 위협을 감춘 채 사용되고 있다.

둘째, 허위선택은 아이가 부적절한 행동을 하고 나서 이루어지기도 한다. 부모는 벌을 줄 거라고 말하면서 마치 그 벌이 아이의 부탁인 양 설명한다. 예를 들면 이런 식이다.

"네가 타임아웃을 선택한 거야."

이 말은 부모가 하려는 행동에 책임감을 덜어주는 것처럼 보이기 때문에 어떤 부모에게는 매력적으로 보일 수 있다. 하지만, 이런 말은 정직하지 못한 말이며 교묘한 속임수에 불과하다. 이는 처벌이라는 물리적 상처에 사실이 왜곡된 심리적 상처가 더해지고 아이가 처벌받기를 원했다는 식으로 들린다.

"네가 타임아웃을 선택한 거야."

이 말은 완전한 거짓말이다. 솔직한 부모라면 이렇게 말해야 한다.

"내가 너를 격리하기로 결정했어."

이런 교묘한 방법의 조금 다른 형태는 다음과 같이 부모가 처벌하게 '만든' 책임이 아이에게 있다는 식으로 하는 말이다.

"내가 널 때리게 하지 마!", "이렇게 하니 너를 방으로 보낼 수밖에 없어.", "네 행동 때문에 용돈을 빼앗는 거야."

아이가 자기 행동에 책임을 질 만큼 충분히 자라지 않았는데도 아이는 자기 행동에 책임을 져야 한다고 단언하는 사람이 많다. 이런 사람이 자기 행동에 대한 책임을 모면하기 위해 사실을 왜곡하는 소리를 들으면 참으로 흥미롭다.

"날 그렇게 쳐다보지 마세요! 내가 이렇게 하도록 아이가 만들었단 말이에요!"

셋째, 부모가 아이에게 선택권을 주는 듯하지만, 결과가 어떠해야 되는지 명확히 밝히는 경우다. 어떤 선택은 인정할 수 있지만, 어떤 선택은 인정할 수 없다는 식이다. 그러면 아이가 다시 '선택'할 기회를 얻으려면 부모가 원하는 것을 알아야 한다.

"아직은 이런 걸 결정할 만큼 충분히 자라지 않았구나."

이 말은 아이에게 다음과 같이 들린다.

"너는 내가 원하는 걸 고르지 않았어."

이런 속임수를 쓰는 말보다는 다음과 같은 말이 적어도 솔직한 말이다.

"내가 너를 대신해 골라줄게"

한계의 한계

 지금까지 말한 선택 속임수를 쓰지 않는 부모라도 아이의 선택 기회를 불필요하게 제한하는 것은 아닌지 돌아봐야 한다. 물론, 어른이 아이를 위해 선택해야 할 때가 있고, 아이의 선택에 제한을 둬야 할 때가 있다. 하지만, 부모나 상담가가 '한계 설정'의 필요성을 단호하게 말하는 모습을 보면, 마음이 불편하다. 한계 설정은 많은 통제로 이루어진 방식을 정당화하는 수단으로 너무 자주 사용되기 때문이다.

 아이들은 강력히 저항하는 듯해도 사실은 제한받길 바라기 때문에 우리가 하는 행동에 죄책감을 느껴서는 안 된다는 말을 들으면, 특히 걱정스럽다. 토마스 고든이 지적했듯이, 한계 설정은 '위험한 반쪽짜리 진리'다. 물론 아이는 한계를 받아들이고, 그 가치도 인정할 수 있다. 하지만, 아이에게 필요한 것은 단순히 제한받는 것이 아니라 함께 논의하는 것이다. '어른이 일방적으로 부여한 한계와 아이의 발언권이 부여된 한계'

에 아이가 얼마나 다르게 반응하는지를 유심히 봐라. 고든의 말처럼 우리가 의문을 가져야 하는 점은 한계나 규칙이 필요한가, 필요치 않은가에 있지 않다. 문제는 '누가 한계와 규칙을 정하는가, 어른 혼자인가 어른과 아이 함께인가' 하는 점이다.[13]

때로는 부모가 한계를 정할 때 중요하지 않은 문제에 대해서만 아이에게 선택권을 준다. 어떤 결과가 나오든 크게 상관없는 경우에만 아이에게 선택권을 준다며 자랑스럽게 이야기하던 엄마가 생각난다. 앞서 설명한 자율성이 빛을 보려면, 우리가 특별히 신경 쓰는 문제에 대해서도 아이에게 발언권을 줘야 한다. 아이도 우리가 놀랄 만한 선택을 할 수 있어야 한다.

우리가 아이에게 주는 기회의 정도는 아이의 나이에 따라 조금씩 다를 것이다. 세 살짜리 아이가 예방접종을 해야 할지 말아야 할지를 결정할 수는 없다. 하지만, 세 살짜리 아이라도 점심시간에 어떤 색깔의 컵을 쓸지 정하는 문제보다 더 의미 있는 문제에 의견을 낼 수 있다. 논의하는 문제 유형도 생각해봐야 한다. 건강이나 안전과 같이 중요한 영역의 경우, 아이의 선택권은 언제 목욕할지, 혹은 자전거나 스케이트보드를 탈 때 어떤 스타일의 헬멧을 쓸지와 같이 지엽적인 부분에 한정될 수 있다. 하지만, 아이 방을 배치하고 꾸미는 영역에서는 아이가 원하는 대로 선택권을 줘야 한다. 반대로 권위주의적인 부모는 이런 경우에도 아이에게 최소한의 선택권만 준다. 그리고 개인의 취향과 스타일을 마치 하나의 정답이 있는 도덕적 문제인 양 취급한다.

나는 한 번도 만난적이 없는 아이에게 어떠한 선택권을 줘야 한다고 구체적으로 이야기 할 수는 없다. 하지만, 이 말만은 꼭 기억했으면 한다. 우리가 특정 문제에 대해서는 아이에게 선택권을 주지 말아야 한다고 말할 때, 이는 아이의 선택이 진정 합리적이지 않을 경우에 한해서만 그렇게 해야 한다. 단순히 우리의 통제권을 포기하기 싫다는 이유로 아이의 선택권을 제한해서는 안 된다. 가장 효율적인 부모조차도 자신의 권한을 포기하는 것이 얼마나 힘든 일인지를 안다. 하지만, 결국 그들은 그렇게 한다. 그리고 그렇게 하지 않으면 나중에 자신의 머리를 치며 다음과 같이 말할지도 모른다.

"잠깐만! 내가 왜 그런 결정을 했지? 물어볼 수도 있었는데 왜 그렇게 말했을까?"

실질적이며 의미 있는 선택이 되도록 하기 위한 방법 중 하나는 아이가 당신이 만든 메뉴에서 한 가지를 고르도록 하는 게 아니라 그 이상의 기회를 주는 것이다. 제한된 선택은 아이가 매우 어릴 때만 가능하다. 하지만, 아이가 대여섯 살이 되면 당신이 정한 것 중에서 하나를 고르게 하기보다는 다양한 가능성의 기회를 줘야 한다.

"오늘 뭐하고 싶어?"

이렇게 제한을 두지 않는 질문을 하려고 노력하라. 아이가 난처해하면 몇 가지 의견을 제시하는 방법도 좋다. 하지만, 너무 일찍 그런 의견을 주지는 마라. 진정한 자율성은 선택보다는 추론에서 나온다.[14]

아이가 해야 할 일을
하기 싫어할 때

아이에게 어떤 일을 하라고 할 때나 하지 말라고 할 때, 합리적인 이유가 있는지를 잘 생각하더라도 정말로 양보할 수 없는 요구가 있다. 아이가 반드시 부모의 말을 따라야 할 때가 있다.

"이렇게 해야 해", "그렇게 하면 안 돼"

이처럼 강하게 말해야 할 때가 있다. 이럴 땐 어떻게 해야 할까?

반가운 소식은 항상 자신을 따르라고 말하며 권력을 남용하지 않는 부모의 아이는 부모의 말을 믿으며, 필요할 때 시키는 일도 잘한다는 것이다. 이는 의사 결정에 참여할 수 있는 아이가 모든 문제에 참여할 필요가 없다고 느끼는 경우와 비슷하다. 반대로 반항은 무력감을 느껴 과장되게 자신의 자율성을 주장할 수밖에 없는 아이에게서 주로 나타난다.

당신의 이유가 아무리 합리적이고 당신이 권력을 아무리 절제하더라도, 여전히 아이는 당신의 말에 저항할 때가 있다. 하지만, 이럴 때도 보상이나 처벌, 혹은 독단적인 명령을 대신할 대안이 있다.

1. 개입을 최소화하라

가능한 한 부드럽고 친절하게 행동하라. 아이가 당신의 힘에 기죽지 않도록 하라. 아이가 당신의 모든 말에 반항하며 포악하게 행동해도 싸우려 들지 마라. 아이가 합리적인 사고를 할 수 없는 상황에서 토론하는 것은 무의미하며, 소리치는 것도 효과가 없다. 아이가 평정을 찾을 시간을 줘라. 폭풍은 지나가기 마련이다.

이 조언은 당신이 수동적인 저항에 부딪혔을 때도 유용하다. 어린아이가 장난감을 치우라는 말을 무시한다고 가정하자. 아이는 당신에게 등을 돌리고 앉아 계속 장난감을 가지고 논다. 강압적인 방법으로 처벌해야 한다는 생각이 강하게 머리를 스친다. 드디어 당신의 권력이 도전받고 있다! 아이는 부모 말을 무시해서는 안 된다! 하지만, 심호흡을 한 번 하고 나서, 아이에게 다 놀고 나면 장난감을 치우라고 말한 후 자리를 옮기면 어떨까. 당신이 한 발짝 물러나 아이에게 공간을 줌으로써 아이는 자신의 자율성과 존엄성을 유지할 수 있게 된다.

이렇게 대립하지 않는 방식은 실제로 더 좋은 결과를 가져오며, 덤으로 행복한 분위기와 우호적 관계를 지탱해준다. 사실 이처럼 요청하고 자리를 피하는 방법은 교사가 수업시간에 사용해도 효과적이다.[15] 하지만, 이 방식에는 보통의 인내뿐만 아니라 상당한 자기 절제가 필요하다. 특히, 아이가 어리다면 우리 양육방식에 상관없이 매번 즉각적인 순종을 기대할 수는 없다. 우리는 이유와 함께 요청이나 금지를 여러 번 반복할 준비를 해야 한다. 나쁜 날도 있다는 사실을 고려해야 한다. 아이가 항상 고분고분할 것이라는 기대는 현실적이지 못하며, 이런 난국을 우리가 항상 이겨야 하는 전쟁으로 생각한다면 더욱 곤란하다. 기억하라. 전통적 방식은 결국 진정한 효과를 내지 못하며 놀랄 만큼 많은 해를 가져온다.

2. 아이에게 정직하라

아이에게 시킨 일이 그다지 즐거운 일이 아니라면, 그 사실을 시인하라. 온종일 시끄러워 이젠 아이가 조용하기를 바란다면, 그렇다고 말하라. 당신의 요구에 더 그럴듯해 보이는 이유를 만들지 마라. 아이에게 시키는 일이 사실은 그렇지 않으면서도 즐거운 일인 척하지 마라. 아이의 관점에서 보려고 노력하라, 그리고 이를 말로 표현하라.

"네가 이런저런 일을 하지 못하면 무척 실망할 거라는 걸 알아. 또 그냥 널 혼자 뒀으면 하고 바라지. 그렇지? 하지만……."

3. 이유를 설명하라

"내가 그렇게 말했으니까."

이런 말은 전혀 이유가 될 수 없다. 이 말은 완력에 호소하는 말이며, 아이도 완력에 의존하도록 가르치는 말이다. 이 말을 쓰지 말아야 함은 물론 반드시 다른 이유를 설명하라. 우리가 하는 요구 대부분은 두 살 아이도 어느 정도 이해할 수 있는 말로 설명할 수 있다.

"오빠가 학교에서 우리가 데리러 오길 기다리고 있잖아. 지금 오빠를 데리러 가지 않으면 오빠가 우릴 찾지 못해 속상해할 거야."

우리도 그렇듯이, 설명한다고 해서 아이가 우리의 요구를 흔쾌히 받아들인다는 보장은 없다. 하지만, 그 가능성은 훨씬 커진다. 나이에 상관없이 누구라도 자신의 선택이 제한받을 경우, 그 이유를 들을 자격이 있다.

4. 놀이로 승화시켜라

상상력을 발휘해 본래 재미없는 일을 아이가 즐겁게 할 수 있도록 도와라. 어린아이가 이 닦기를 거부할 때, 칫솔모가 치아에서 내는 소리를 들어보라고 할 수도 있다. 그러면 순간 끔찍했던 칫솔이 장난감으로 변한다. 칫솔로 변장한 비행기가 입안에서 착륙했다 이륙하는 더 재미있는 게임이 탄생할 수도 있다. 당신이 직접 새로운 놀이를 만들어도 좋지만, 아이에게 만들어 보라고 권하면 더 좋다. 조금 더 큰 아이에게는 따분한 일을 재미있게 하는 방법을 생각해보게 하거나, 이렇게 저렇게 할 때 시간이 얼마나 걸리는지를 계산해보도록 유도할 수도 있다.

5. 본보기가 되어라

어른이 아이와 같은 규칙을 따를 필요는 없지만, 이런 규칙 대부분은 어른도 따라야 한다. 아이에게 청소하라고 할 때, 방을 나오면서 불을 끄라고 할 때, 혹은 끼어들거나 욕을 해서는 안 되며 모욕적인 말투를 사용하지 말라고 할 때, 우리도 그와 같이 해야 한다. 단순히 공정한 것을 떠나 우리 스스로가 그런 모습을 보일 때, 아이도 쉽게 따라온다.

6. 가능한 한 많은 선택권을 주어라

아이가 해야 할 일에 한해 언제, 어디서, 어떻게, 누구와 하고 싶은지 물어보아라. 일단 당신과 아이가 이 문제에 대해 생각하기 시작하면, 놀랍게도 반드시 꼭 해야만 하는 일에도 많은 선택의 기회가 생긴다.[16]

지금까지 말한 이 여섯 가지 제안을 종종 결합해서 사용할 수도 있다. 예를 들어, 아이가 저녁 먹기 전에 손을 씻지 않으려 한다고 가정하자. 부모는 이렇게 말할 수 있다.

"네가 지금 하는 일이 세면대로 가는 일보다 더 재미있다는 것을 알아. 하지만, 손을 씻어야 먼지가 입에 들어가 병나는 일이 없지. 손이 깨끗하지 않으면 밥 먹을 때 입은 즐겁겠지만 배는 아플 거야.(재밌는 목소리와 함께 배를 보호하는 행동을 한다) 그러니까 여기 부엌에서 씻을래, 욕실에서 씻을래?"

또 다른 선택도 가능하다.

"혼자 씻을래, 아니면 엄마랑 같이 씻을까?"

"싱크대에서 씻을래, 아니면 세숫대야에 거품 풀어줄까?"

때로는 아이가 절대로 받아들일 수 없는 행동을 해서 아이의 뜻을 반드시 꺾어야 할 때가 있다. 이때 아이가 우리의 간섭을 처벌로 받아들일 경우, 근본적인 문제를 차분히 다루기도 어렵고, 관계를 망가뜨리지 않기도 어렵다. 이 때문에 직접적인 강압은 마지막 수단으로 어쩔 수 없을 때 사용해야 한다. 이 방법을 꼭 사용해야 할 때에는 가능한 한 충격을 줄이고 부정적인 영향을 최소화하기 위해 온 힘을 기울여야 한다. 어조는 따뜻하고 애석한 투여야 하며, 함께 문제를 해결할 수 있다는 확신을 담고 있어야 한다.

또한, 아이가 자신의 존엄성과 영향력을 회복하도록 돕는 방법도 찾아야 한다. 열두 살짜리 아이가 보호자 없이 파티에 참석하는 것을 허락하지 않아 아이가 심하게 분개하면, 아이의 일상에서 더 많은 결정권을 줄 수 있는 다른 부분을 찾아야 한다. 아이에게 옷이나 귀가 시간, 컴퓨터 사용 등에 대해 더 많은 발언권을 줄 수도 있다. 이런 조치에 좋은 이름 하나를 붙인다면 '자율성 보상compensatory autonomy support'이라 부를 수 있다.

하루는 세 살 된 딸아이와 장을 보러 갔는데 아이가 집으로 돌아가기를 거부하고는 그대로 인도에 주저앉아 버렸다. 다행히 급한 일이 없었기 때문에 나는 아이를 기다렸다. 마침내 아이가 일어나 나에게 아무 말도 하지 않은 채 화난 듯 걷기 시작했다. 내가 겉으로 보기에는 강압적인 행동을 안 한 듯했지만, 사실 나는 내 방식대로 했고 아이는 그렇게 하지 못했다. 아이는 그 때문에 화가 난 것이었다. 우리가 집에 도착했을 때 아이는 차에 남아 음악을 듣고 싶다고 했다. 나는 평소보다 더 오랜 시간 아이 뜻대로 하게 했고, 간간이 차로 돌아가 이제 집에 들어올 준비가 됐는지 물어보았다. 나는 아이의 결정에 맡기겠다는 뜻을 확실히 전달하려고 했던 것이다. 다시 한번 말하지만, 요점은 간단하다. 한쪽에서 아이의 결정권을 축소해야만 할 때에는 다른 한쪽에서 아이의 결정권을 강화하도록 해야 한다.

물론 바닥에 주저앉아 버리는 수동적인 저항은 발끈 화를 내는 적극적인 반항만큼 우리에게 심한 부담감을 주지는 않는다. 사려 깊은 어떤 저자들은 화를 건전한 발달을 위해 중요하다고 생각하는 한편, 다른 저자들은 화를 아이가 부모의 행동에 실망한 나머지 이 실망감을 달리 어떻게 표현해야 할지 몰라 나타내는 신호로 본다. 아마도 이런 관점 모두 단편적인 진실만을 담고 있는 듯하다. 화는 불가피하다거나 바람직한 것도 아니며, 잘못된 양육의 증표도 아니다. 어쨌거나 중요한 점은 아이가 화를 낼 때 우리는 가능한 한 건설적으로 대응해야 한다는 점이다.

규칙 1 공공장소에 있을 때 주변 사람을 신경쓰지 마라. 다른 사람이 당신의 양육방식을 어떻게 판단할지 걱정하면 할수록 아이를 더 심하게 통제하게 되고, 사랑과 인내도 보여주지 못하게 된다. 당신을 대하는 사람의 생각이 중요한 것이 아니라 아이에게 필요한 것이 무엇인지가 중요하다.

규칙 2 아이의 관점에서 생각하라. 화가 난 아이는 자신의 분노를 어쩌지 못하고 통제력을 잃을까 두려워할 가능성이 크다. 결국 부모는 아이를 무시하거나 거칠게 대함으로써 아이의 요구를 거절한다. 아이의 안전에 대해 필요 이상의 통제는 하지 마라. 편안하고 차분하게 안심시키는 데 집중하라. 화가 스스로 사라지도록 하라. 문제의 근본 원인은 나중에 함께 이야기할 수 있다.

시도해 보기

　이 장에서 내가 말하고자 했던 목표는 선택 과정에서 우리가 얼마나 자주 아이를 배제하는지를 알아보고, 이로 인해 우리가 얼마나 아이의 학습을 도와줄 기회와 아이의 자율성 욕구를 채워줄 기회를 잃는지를 명확히 밝히는 것이었다. 그리고 이를 위해 아이에게 선택권을 주는 몇 가지 예를 소개했다.

　문제는 이런 예가 당신의 삶과 관련이 있는지를 내가 알 방법이 없다는 점이다. 우리가 지금 함께 있다면, 나는 당신의 특정 관심사에 대해 질문하고 답할 수 있을 것이다. 어쩌면 당신의 특별한 상황에 맞추어 당신의 아이가 더 많이, 혹은 더 의미 있게 결정에 참여하도록 하는 방법을 제시할 수도 있을 것이다. 하지만, 이것은 책이지 워크숍이 아니다. 지금 내가 할 수 있는 최선의 방법은 이 장의 마지막 부분을 당신에게 맡기는 것이다. 당신의 배우자나 부모가 된 친구와 함께 다음 세 가지 연습 문제를 풀어보기를 권한다.

연습 문제 1

우선, 흔히 일어나는 상황에 대한 대응책 몇 가지를 생각해보자. 여기서 핵심은 함께하는 방법을 생각는 습관을 들이고, 우리가 흔히 사용하는 일방적인 대응책과 어떻게 다른지를 알아보는 것이다.

예제 ① 아이가 잠자리에 들기를 거부한다. 처음에는 잘 시간이라는 당신의 말을 못 들은 척하더니, 그다음에는 몇 분만 더 있다가 자겠다고 조른다. 그다음에는 조금만 하면 끝나는 일이 있다고 하더니, 이렇게 일찍 자야 하는 것은 불공평하다고 주장한다. 그리고 마침내 화난 목소리로 안 자겠다고 말한다.

일방적인 대응책을 나열해보라.

_____
_____
_____
_____
_____
_____

함께하는 대안에 대해 나열해보라.

_____
_____
_____
_____
_____
_____
_____

예제 ② 최근 아이가 당신이나 동생과의 대화에서 버릇없는 말투를 쓰기 시작했다.
일방적인 대응책을 나열해보라.

_____
_____
_____
_____
_____
_____
_____

함께하는 대안에 대해 나열해보라.

연습 문제 2

이제는 당신의 아이가 그동안 당신을 귀찮게 하거나 걱정시켰던 일을 생각해보자. 이 책에서 논의한 문제일 수도 있고, 내가 언급하지 않은 문제일 수도 있다. 먼저, 그 문제에 대해 설명해보라.

지금쯤 당신이 해서는 안 되는 행동에 대해 잘 알게 되었으리라 가정하고, 필요한 만큼 충분한 시간을 갖고(몇 분, 몇 시간도 좋고 며칠이 되어도 좋다) 아이의 행동을 바로잡을 수 있는 가장 좋은 방법을 생각해보라. 그리고 그 방법을 적어보라.

_____
_____
_____
_____
_____

목록에 있는 방법 중에서 당신이 실제로 시도할 만한 방법 한 가지에 동그라미를 치거나 밑줄을 그어라. 그런 다음 시도해보라. 충분한 시간이 흐른 다음, 그 일이 얼마나 좋은 결과를 낳았는지, 그리고 그 효과를 높이기 위해 다음에는 어떤 행동을 해야 하는지 적어보라.

_____
_____
_____
_____
_____

이 과정이 유용하다고 생각되면, 한두 번 더 반복해보라.

연습 문제 3

지금까지 함께하는 방법에 대해 읽고 당신의 방법도 만들어 봤으며, 아이와 경험했던 실제 문제에 대해서도 대응책을 찾아보았다. 이제 마지막 단계에 들어설 차례다. 이 마지막 단계는 지금까지 당신 혼자 함께하는 방법을 만들었다면 이제는 아이와 함께 만드는 단계다.

여기서 설명한 문제 이외의 문제를 다루고 싶다면 새로운 문제를 적어보라.

적절한 때에 아이에게 이 문제를 해결할 좋은 방법이 있는지 물어보라.
답을 두세 개 이끌어내 여기에 적어보라.

1. _____
_____
_____
_____

2. _____
_____
_____
_____

3. _____
_____
_____
_____

아이와 함께 특별히 좋아 보이는 의견 하나를 고른 다음, 시도해보라. 마지막으로 그 일이 어떤 결과를 낳았는지, 그리고 당신과 아이가 생각하는 더 좋은 방법은 무엇인지 적어보라.

제 10 장
아이 관점에서 생각하기

도덕적인 아이
관점 바꾸기
아이의 눈으로 바라보기

어떻게 하면 행복한 아이로 키울 수 있을까? 이것도 중요한 질문이지만, 중요한 질문이 하나 더 있다. 어떻게 하면 다른 사람의 행복도 생각하는 아이로 키울 수 있을까?[1]

첫 번째 질문을 두 번째 질문보다 우위에 둬서는 곤란하다. 공손하고 품행이 바른 아이로 키우는 일에 못지않게 동정심 많고 진정으로 올바른 일에 헌신하는 아이로 키우는 일에도 많은 힘을 쏟아야 한다. 우리는 아이의 도덕발달에 집중할 필요가 있다.

도덕발달에 집중한다는 말은 다른 교육서에서 논의한 의견을 수정해야 한다는 의미다. 예를 들어, '한계'나 '제한'은 어른이 아이에게 부과하는 제약을 말한다. 하지만 아이는 어떤 일을 하지 말아야 하는 이유를 우리가 그렇게 말했기 때문이 아니라, 원래 올바르지 않은 일기기 때문임을 알아야 한다. 다시 말해, 아이는 자신이 해시는 안 될 행동의 본질을 알아야 한다는 의미다.

"내가 A해도 돼요?", "A를 하면 내가 곤란해질까요?"

우리는 아이가 이렇게 묻기를 바라지 말고, 다음과 같이 묻기를 바라야 한다.

"내가 A를 하면 다른 아이는 어떻게 느낄까요?"

이는 참으로 원대한 목표이긴 하지만 비현실적인 것은 아니다. 왜냐하면, 이미 우리는 그럴 만한 자질을 갖고 있기 때문이다. 인간은 배려하는 능력을 갖고 태어난다. 그러므로 마틴 호프만이 말했듯이, 다른 사람의 어려움에 귀를 기울일 줄 아는 아이로 키우길 바라는 부모는 이미 '아이 마음속에 동맹군'을 데리고 있는 것과 같다.

물론 이 말은 아이를 자기 생각대로 내버려 둬도 저절로 윤리적인 사람이 된다는 말은 아니다. 아이는 우리의 도움이 필요하다. 무엇보다 먼저 우리는 도덕적 성장을 방해하는 행위, 즉 처벌이나 보상과 같이 아이가 자기 이익만을 생각하게 하는 행위를 멈춰야 한다. 이런 전형적인 교육 요소를 없애는 일이 아이가 다른 사람의 행복에 귀를 기울일 수 있도록 돕는 첫 단계다. 나쁜 양육 습관을 없애고 나면, 반드시 좋은 양육 습관이 함께할 것이다.

도덕적인 아이

이 주제에 대해서는 아동발달 전문가, 특히 '친사회적' 행동에 집중하는 이들이 상당히 많은 연구를 했다. 그 자료를 꼼꼼히 조사해보면, 도덕적 성장을 촉진하는 핵심권장사항 몇 가지를 추출해낼 수 있다.[2] 그리고 이 항목은 7장에서 제시한 조건 없는 양육원칙과도 상당수 겹친다.

1. 아이에게 관심을 기울여라

도덕발달의 근간은 부모와 아이의 관계다. 부모의 모든 지시와 간섭은 아이가 따뜻하고 안전하며 조건 없는 사랑을 느끼는 관계에서 시작돼야 한다. 도덕적인 아이로 키우기 위해 다른 전문가가 제시한 지침에도 같은 말이 계속 등장한다. 안정 애착, 애정 어린 배려, 존중, 적극적 반응, 공감 등 이 모두는 인간이 가진 기본욕구다. 이런 욕구가 충족되면 아이는 여기에 집착하지 않고 열린 마음으로 타인을 도울 수 있다. 하지만,

이런 욕구가 충족되지 않으면 이 욕구가 아이의 귓가에 계속 맴돈다. 그 결과 아이는 다른 사람의 고통을 듣지 못하게 된다.

자신이 사랑받고 있음을 아는 아이는 안전함을 느끼며 방어적 자세를 취하지 않는다. 그래서 자신과 전혀 다른 사람과도 과감히 접촉한다.

부모와 안정적 애착관계를 형성한 아이는 타인에게 더 적극적으로 반응함은 물론, 자신감 있고 독립적이기 때문에 사회적으로도 유능하며, 심리적으로도 건강한 특징을 보인다.

2. 도덕적 삶의 모습을 보여라

아이는 제 발로 걷기 전부터 부모의 가치관을 흡수한다. 아이는 부모를 통해 사람은 어때야 하는지를 배운다. 부모가 곤경에 처한 사람을 무관심하게 지나치면, 아이는 다른 사람의 고통은 자신과 상관없는 일이라고 배운다. 하지만, 부모가 모르는 사람에게도 관심을 보이면, 아이는 강한 도덕적 교훈을 얻는다. 연구 결과 아주 오래전이라도 누군가 자선 행위를 하는 모습을 본 아이가 똑같은 행위를 할 가능성이 크다는 사실이 증명되었다. 자신을 키워주는 따뜻한 누군가가 보여주는 본보기는 아이의 행동과 신념에 뚜렷한 영향을 미친다. 이처럼 정직함의 중요성을 가르치고자 하는 부모는 더 이상 과자를 먹을 수 없는 이유를 설명할 때, 그냥 남은 과자가 없다고 말하는 것이 편하더라도 절대 거짓말하지 않는다.

우리는 또한 모든 윤리적 결정이 쉬운 일만은 아니라는 사실을 아이에게 보여줌으로써 좋은 본보기가 될 수 있다. 두 개의 가치가 충돌하는 상황을 해결하는 일은 무척 어렵다. 당신이 다른 선택을 하면 다른 사람에게 얼마나 많은 영향이 미치는지를 파악하는 일 역시 어렵다. 진퇴양난에 빠진 당신의 생각과 느낌을 아이에게 알려줘라. 당신이 도덕적 삶을 살려고 노력하는 과정을 보면서 아이는 무언가 배울 것이다. 하지만 더 중요한 점은 도덕이란 미리 결정되는 경우가 드물다는 사실을 아이가 깨닫는다는 것이다.

3. 아이가 실천할 수 있도록 하라

보는 것이 중요하듯, 실천을 통해 학습하는 것 역시 중요하다. 따라서 아이에게 도울 기회를 충분히 줘야 한다. 아이에게 어린 동생을 돌보거나 애완동물을 키울 기회를 주면, 아이는 보살피는 효과에 대한 살아 있는 교훈을 얻는다. 또한 아이는 자신이 남에게 도움이 되는 사람이라는 생각도 하게 된다.

이것이 바로 유능한 교사가 학생들이 서로 배울 수 있도록 자리를 배치하는 이유 중 하나다. 수많은 연구에서 증명했듯이, 학생들은 함께 자료를 모아 서로 머리를 맞대고 협력하며 문제 해결 방안을 찾을 때, 가장 깊은 사고를 한다. 이들은 또한 교과과정 외에 타인에 대한 배려도 배운다. 협력은 본질적으로 참여자가 타인에 대해 우호적 감정을 갖는 인간적 경험이다. 협력은 신뢰, 감수성, 열린 대화와 함께 궁극적으로 유익함을 촉진한다. 반대로 경쟁적이거나 개인주의적인 환경에서 아이를 키우거나 가르치면 아이가 이런 이점을 얻지 못할 뿐 아니라 부정적인 결과로 이어진다. 실제로 한 그룹의 연구자는 협력이 타인에 대한 관대함

을 강화하는 반면, 경쟁은 타인에 대한 관대함을 억누르는 기능을 한다고 결론지었다.[3]

4. 아이와 의논하라

부모에게는 기본적으로 권력을 사용하지 않는 대신 할 수 있는 두 가지 방법이 있다. 사랑과 이성이다. 하나는 마음에서 나오고, 하나는 머리에서 나온다. 이상적인 방법은 이 두 가지를 적절히 혼합하여 사용하는 것이다. 이 책의 핵심주제는 조건 없는 사랑이다. 하지만, 도덕발달과 관련한 이성의 중요성도 이해해야 한다. 이것은 앞선 세 항목보다 복잡하기 때문에 조금 더 긴 설명이 필요하다.

예절 바른 아이로 키우기를 원하는 부모는 상당히 많은 시간을 들여 아이를 지도하고 아이에게 사물의 이치를 설명한다. 우리가 훌륭한 가치관을 가지는 것만으로는 충분치 않다. 이런 가치관을 아이의 눈높이에 맞게 전달할 수 있어야 한다. 그렇게 하지 않으면 아이는 우리가 원하지 않는 방식으로 원하지 않는 영향을 받는다. 예를 들어, 아이가 이기적인 행동을 했을 때 아무 말도 하지 않는 것은 간섭하지 않는 양육의 미덕이 아니라, 이기적인 행동을 인정한다는 메시지를 전달할 가능성이 크다.

우리가 기대하는 바를 명확히 하기 위해 도덕적 지침을 세워야 하지만, 강압적인 측면은 최소화해야 한다. 우리의 말 속에는 어느 정도 강제성이 있다. 하지만 그 강제성이 메시지가 되지 않도록 해야 한다. 그럴 경우, 두려운 분위기가 조성되어 아이의 학습에 방해가 된다. 나쁜 일을 하면 애정철회를 받을 것이라는 두려움을 아이가 가진다면, 우리가 얻는 것은 이해나 내적 동기가 빠진 일시적 복종뿐이다.

하지만, 이 단계를 좀 더 넓게 생각해보자. 도덕적인 학습은 고함에서 비롯되는 것도, 충고에서 비롯되는 것도 아니다. 단순한 금지("하지 마.")는 그다지 도움이 되지 않는다. 사실 이런 말은 아이의 경계를 강화하기 때문에 아이가 도움의 손길을 내밀 가능성이 낮아진다.[4]

"사람을 때려서는 안 돼!"

이런 식의 좀 더 구체적인 문장도 좋은 말은 아니다. 도덕발달을 돕기 위해서는 우리의 메시지가 때리는 것은 나쁜 것, 나누는 것은 좋은 것과 같이 단순해서는 안 된다. 아이가 이 말이 옳은 이유에 대해 이해하도록 도와야 한다. 우리가 그 이유를 설명하지 않으면, 아이는 다른 사람을 때리지 말아야 하는 가장 중요한 이유가 때리면 벌을 받기 때문이라고 생각하게 된다.[5]

참을성 있게 이유를 설명하면, 우리는 동시에 두 가지를 이룰 수 있다.

첫째, 우리에게 중요한 것과 그 이유를 아이가 알게 된다.

둘째, 아이가 마음을 돌려 도덕적 문제를 깊이 생각하게 된다.

이유를 설명함으로써 아이의 독립적 사고를 촉진하고, 우리가 아이를 돕고자 한다는 점과 아이 스스로 생각하기를 바란다는 점을 분명히 할 수 있다. 이런 효과 또한 연구를 통해 증명되었다. 아이가 성장해 성인이 되면, 단순히 복종을 요구하는 부모보다는 이유를 설명하는 부모 밑에서 자란 아이가 타인을 배려하는 경향이 강하고, 정치에도 적극적이며, 사회 봉사활동 참여율도 높았다.[6]

그러므로 고함치는 것보다는 말하는 것이 낫다. 말하는 것보다는 설명하는 것이 낫다. 이제 여기에 하나를 덧붙이자. 설명하는 것보다는, 혹은 설명만 하는 것보다는 의논하는 것이 낫다.

무언가를 배운다는 말은 단순히 정보를 습득한다는 의미가 아니다. 사람은 정보를 담는 수동적인 그릇이 아니다. 우리는 개념을 적극적으로, 이리저리 궁리한 끝에 이해한다. 수학처럼 가치관도 마찬가지다. 아무리 설득력 있게 그 중요성을 설명한다 해도 아이가 어떤 이상에 헌신하게 할 수는 없다. 우리의 말이 아이가 세상에 대해 생각하는 방식과 하나가 되지 않는다면, 아이는 옳은 일을 계속할 이유가 없다. 아이가 단지 시키는 일을 하는 사람이 아닌 도덕적인 사람이 되기를 원한다면, 공정성이나 용기와 같은 개념을 아이 스스로 구성할 기회를 줘야 한다. 아이는 자신의 경험과 문제점을 발판으로 자신을 재창조해 어떤 사람이 돼야겠다는 목표를 설정할 수 있어야 한다.[7]

이 모두는 앞서 아이의 자율성 지지를 강조한 내용과 일치한다. 여기서 논점은 이런 생각이 도덕성과 밀접한 관련이 있다는 사실이다. 실제로 한 연구에서 아이에게 단순히 이야기하는 것이 아니라 아이와 함께 대화하는 부모의 아이가 가장 두드러진 도덕적 성장을 보였다. 부모가 '아이의 의견을 이끌어내고, 문제를 명확히 설명하게 하고, 아이의 이해 정도를 확인'하면서 아이를 지지하고 격려할 때, 가장 훌륭한 결과가 나왔다. 이보다 더 폭넓게 연구한 내용을 보면, 의사 결정에 적극적으로 참여한 아이가 높은 수준의 도덕적 추론을 한다는 사실도 밝혀졌다.[8]

아이의 자율성을 지지하는 과정에는 몇 가지 형태가 있다. 우리는 존중하는 마음으로 아이의 의견을 경청함으로써 우리가 아이의 의견을 중요하게 생각한다는 점을 확실히 전하길 원한다. 따라서 아동발달 전문가인 매릴린 왓슨이 제안했듯이 '우리만의 입장을 정당화하기 위해 온 힘을 다해 우리 주장을 펼침으로써 아이가 우리의 논리에 질리도록' 해서는 안 된다. 사실 우리는 아이의 입장에 동의하지 않더라도 아이가 자신의 관점을 뒷받침하는 이유를 전개하도록 도와야 한다.

왓슨은 다음과 같은 예를 들었다. 당신 아이가 부적절하다고 생각하는 텔레비전 프로그램을 보고 있다고 가정하자. 아이가 자신의 행동을 뒷받침하기 위해 이렇게 말한다.

"내 친구들도 다 본단 말이야!"

그럼 당신은 다음과 같이 극단적인 예를 들어 아이의 주장을 일축한다.

"그럼 네 친구가 지붕에서 뛰어내리면 어떻게 할래?"

하지만 당신은 아이가 표현을 잘못했을 뿐이며, 아이 말은 다음과 같은 의미임을 안다.

'다른 아이 모두 아는 것을 나만 모르고 있으면 또래 문화에 낄 수 없을까 두려워요.'

그러므로 아이가 실제로 의미하는 것에 반응하라. 아이의 의도가 확실치 않다면, 당신 생각을 점검하라. 왓슨은 당신이 생각하기에 문제가 되는 프로그램이 너무 폭력적이기 때문에 못 보게 하더라도 다음과 같이 해야 한다고 말한다.

"아이가 자신의 견해를 분명하게 표현하도록 돕거나 아이의 관점에서 할 수 있는 최선의 말을 생각해야 한다."

당신의 궁극적 목적은 당신 뜻대로 하는 것이 아니다. 오히려 당신은 아이가 자신의 의견을 관철하기 위해 당신처럼 능숙하게 주장하지 않아도 된다는 사실을 알기를 원한다. 그리고 아이가 설득력 있게 자기주장의 틀을 잘 짜도록 돕기를 원한다. 우리는 아이가 예의를 갖추고 있는 한 우리에게 대꾸하기를 원한다. 그리고 이런 대꾸에 더 능숙해지기를 원한다.[9]

앞부분에서는 아이에게 설명하는 방법이 중요하다는 점을 증명하는 데 집중했다. 이제는 설명하는 내용에 대해 알아보자.

남을 때리는 행동이 나쁘다고 말하는 것만으로는 충분치 않다고 했다. 이제 우리는 아이가 이런 행동이 왜 나쁜지를 생각하도록 도와야 한다.

그렇다면, 남을 때리는 행동은 왜 나쁠까?

한 가지 답은 이기심에서 찾을 수 있다. 이미 언급했듯이, 이런 생각은 처벌이 낳은 결과다. 아이는 들키면 곤욕을 치르기 때문에 남을 해치는 일은 하지 말아야 한다고 생각한다. 어떤 부모는 강압적인 위협 대신 설명을 하지만 이들이 설명하는 이유 역시 똑같은 동기를 불러일으킨다.

다음과 같이 말하는 부모가 이에 해당된다.

"반 친구들에게 심술궂게 굴면, 아무도 너와 친구가 되려고 하지 않을 거야."

"다른 사람을 밀어 넘어뜨리면, 어느 날 누군가도 널 밀어 넘어뜨리거나 다치게 할 거야."

마찬가지로 이런 부모는 다른 사람을 도와야 하는 이유 역시 아이가 이득을 얻기 때문이라고 설명한다.

"마샤에게 네 자전거를 빌려주면, 나중에 마샤의 레고를 함께 가지고 놀 수 있을 거야."

다시 말해, 내가 대하는 대로 상대방도 나를 대한다는 말이다.

여기서 문제점을 발견했는가? 이런 방법은 타인에 대한 진심어린 걱정을 불러일으키지 못한다. 이런 방법은 자신을 위한 약삭빠른 행동을 부추긴다. 이런 아이는 자신이 곤욕을 치르지 않을 방법을 알면, 남을 해치고 싶은 유혹에 빠진다. 또한, 이런 아이는 대가가 없는데 왜 번거롭게 남을 도와야 하는지 의아해할지도 모른다. 그래서 부모는 아이를 단순히 설득하는 데 그쳐서는 안 된다.

"그렇게 하면 나에게 뭐가 좋아요?"

아이가 이렇게 묻는 사람이 아닌 도덕적인 사람이 되도록 아이를 설득해야 한다.

8장에서 나는 아이의 관대한 행동을 칭찬하면, 아이는 자신의 행동을 우리가 인정한 것에 주목하게 되고, 그렇게 우리는 아이가 자신의 행동이 타인에게 미치는 영향에 관심을 갖게 할 수 있다고 했다. 예를 들면 이렇다.

"마샤에게 네 자전거를 빌려주면, 마샤도 즐겁게 놀 수 있고 또 행복해할 거야."

아이가 남에게 해를 끼치는 행동에도 같은 방식으로 접근하는 게 좋다. 아이의 행동을 인정할 수 없다는 점에 집중하기보다는 아이가 해를 끼친 사람에게 어떤 영향이 미쳤는지를 생각하도록 유도해야 한다. 아주 어린 아이에게는 이렇게 말할 수 있다.

"안 돼! 맥스의 얼굴을 좀 봐! 아주 속상해 보이지 않니? 지난주에 네가 넘어졌을 때 아파서 울었던 기억나니? 네가 한 행동 때문에 맥스가 똑같이 아플 것 같아 걱정이구나. 맥스의 기분이 나아지게 하려면 이제 어떻게 해야 할까?"

우리가 흔히 어린아이를 다그칠 때 하는 말이 있다.

"똑똑히 분명하게 말해!"

때로는 아이가 옳은 단어를 알지 못할 때에도 이렇게 말한다. 하지만, 우리가 정작 아이에게 분명하게 해야 하는 말은 남을 돕거나 해치지 않는 이유가 자신의 이득을 위해서가 아닌 상대방에게 미치는 영향 때문임을 알도록 돕는 말이다. 달리 말하면, 아이 자신에게 미치는 결과보다 상대방에게 미치는 결과의 중요성을 가르쳐야 한다는 말이다.

많은 연구자가 마틴 호프만의 뒤를 이어 이런 방식을 '타인 지향적' 추론, 혹은 '귀납적' 교육이라고 불렀다. 왜냐하면, 아이로 하여금 자신의 행동이 타인에게 미치는 영향에 대해 생각하도록 유도하기 때문이다. 호프만은 이 방식을 꾸준히 사용하는 부모의 아이가 '향상된 도덕발달'을 보인다는 사실을 발견했다. 이어진 연구에서도 이런 결과를 확증했다. 그리고 몇몇 심리학자들은 귀납법은 좀 더 큰 아이에게 가장 효과적이라고 주장한 반면, 다른 연구에서는 귀납법은 유치원 아이가 더 협력적이고, 덜 공격적이며, 또래에게 인기 많은 아이로 자라는 데 도움이 된다고 했다. 또 다른 연구에서는 유아도 엄마가 '행동의 결과'를 설명하는 습관이 있으면, 곤경에 처한 사람을 더욱 많은 배려와 동정심으로 대한다는 사실을 발견했다.[10]

타인 지향적 추론은 예의에 관한 문제를 재정립하는 데도 유용하다. 가끔은 자의적인 사회적 관행, 예를 들면 적절한 순간에 '실례합니다'라고 말하거나 특정 장소에서 모자를 벗는 일 등을 너무 강조한 나머지 아이는 정말 중요한 것보다 이런 규범이 더 중요하다고 믿게 된다. 심할 경우, 아이는 인간 상호작용이 일련의 연극이라는 생각까지도 하게 된다.

"예의를 지켜라.", "지금은 바르게 행동할 때야."

이런 말은 특정 대사를 기억하고 낭독하라는 신호에 불과하다.

"고맙습니다."

오래전에 나도 아이가 어떤 물건을 받을 때마다 기계적으로 이렇게 말해야 한다고 생각했다.

"뭐라고 말해야 하지?"

하지만, 앵무새처럼 이런 말로 아이를 부추기는 부모가 절대 되지 않겠다고 맹세했다.

"예쁘게 다시 말해봐."

그리고 아이가 어떤 요구를 할 때 이런 말로 아이를 괴롭히지 않겠다고 다짐했다.

아이가 예쁘게 말할 때까지 원하는 물건을 주지 않는다면, 물론 아이가 '주세요'라고 말할 것이다. 하지만 이는 우리가 다시 한번 아이의 이기심에 호소하고 있다는 의미다.

가정에서는 더 중요한 가치를 위해 이런 말을 쉽게 줄일 수 있다. 하지만, 나는 이런 말이 사회적 관행이라는 현실에 부딪혔다. 내가 이런 것에 신경 쓰지 않더라도 다른 사람은 신경을 쓴다는 말이다. 사회적 관행을 무시하는 데는 대가가 따르며, 예절의 원칙을 거부하는 것 또한 내 목적은 아니다. 그리고 그 대가를 아이에게 치르게 하고 싶지도 않다. 아이가 대화할 때, 사회적으로 지켜야 할 예절을 지키지 못하면 사람들은 그 아이를 뭔가 부족한 아이로 판단하는 게 현실이다.

나는 그 해결책으로 '주세요', '고맙습니다'라는 말을 예의라기보다는 다른 사람을 기분 좋게 하는 방법이라고 생각했다. 나는 사람들이 이런 말을 듣기 좋아하기 때문에 이런 말을 하는 것은 좋은 일이라고 아이에게 가르쳤다. 물론 다른 사람을 돕고 기쁘게 하는 더 의미 있는 방법도 있다. 하지만, 크든 작든 이런 목표를 위해 우리가 할 수 있는 모든 일을 해야 한다. 고맙다는 말을 하지 않으면 상대방이 화를 낼까 두려워 고맙다는 말을 하지 마라. 이는 터무니없는 이유다. 고맙다는 말이 예의이기 때문에 고맙다고 말하지 마라. 이 또한 대단한 이유가 못된다. 당신이 고마워하는 사람에게 미칠 영향을 생각해서 고맙다고 말하라.

관점 바꾸기

하루는 세 살 된 아들 에이사가 신기하다는 투로 자기 친구 데이비드에 대해 이야기했다.

"데이비드는 항상 자기 집에 있어요!"

에이사는 우리가 데이비드 집을 방문하고 나서 항상 우리끼리 집에 돌아온다는 사실을 이미 알고 있었다. 하지만 이제 에이사는 우리가 데이비드 집을 떠날 때 데이비드가 어떻게 작별인사를 하는지, 우리가 우리 집에서 살 듯 데이비드도 자기 집에서 산다는 점을 생각하기 시작했다. 에이사는 데이비드가 자기와는 다른 그만의 삶이 있다는 사실을 이해하기 시작했다.

자기 관점에서 벗어나 다른 사람 눈엔 세상이 어떻게 보이는가 하고 생각해보는 것은 인간의 가장 두드러진 능력 중 하나다.

심리학자들은 이를 '관점 바꾸기'라 부르며, 관점 바꾸기는 세 가지 형태로 나타난다.

첫째, 공간과 관련해서 나는 당신이 세상을 어떻게 '보는지' 짐작할 수 있다. 즉, 우리가 마주보고 있을 때, 내 오른쪽에 있는 물건이 당신에게는 왼쪽에 있다는 사실을 안다.

둘째, 나는 당신이 어떻게 '생각하는지' 짐작할 수 있다. 예를 들어, 내가 쉽게 해결하는 문제를 당신은 얼마나 어렵게 생각하는지 짐작할 수 있다. 또는 내 양육방식과는 다른 양육방식을 당신은 얼마나 확신하는지 짐작할 수 있다.

셋째, 당신이 어떻게 '느끼는지' 짐작할 수 있다. 즉, 나에게는 아무렇지도 않은 일이 당신에게는 얼마나 마음 상하는 일인지 짐작할 수 있다.

관점 바꾸기의 이 세 번째 형태는 때로 상대의 기분을 공유하는 '감정이입'과 혼동되기도 한다. 감정이입은 단순히 상대가 화났다는 점을 이해하는 것이 아니라 실제로 상대와 함께 화를 내는 것이다.

관점 바꾸기에 관한 연구를 개척한 장 피아제Jean Piaget는 아이가 일곱 살이 될 때까지는 관점 바꾸기를 할 수 없다고 말했다. 그러나 그가 사용한 측정법은 어린아이가 자신의 이해력을 보여주기에는 너무 복잡한 방법이었다. 유치원에 들어가기 전이라도 아이는 기본적인 형태의 관점 바꾸기를 할 수 있다.[11] 아이는 자신이 따뜻할 때도 다른 사람은 추울 수 있으며, 자신은 행복해도 다른 사람은 슬플 수 있다는 사실을 안다. 아이는 노래를 배울 때 아빠가 학교에 없었기 때문에 아빠는 그 노래 가사를 모른다는 사실도 깨닫기 시작한다. 아이는 다른 아이의 연필로 장난을 치고 싶더라도 연필을 빼앗으면 친구가 화낼 것이라는 사실도 어느 정도 이해한다. 물론 아이가 이런 생각을 지속적으로 할 수 있다거나 매 순간 자신이 깨달은 바를 행동에 옮기지는 못한다. 하지만, 아이는 시간이 지날수록 더 발달할 이 멋진 능력을 아주 어릴 때부터 발휘할 수 있다.

다른 사람의 관점을 짐작하는 능력, 즉 다르게 생각하는 능력을 상상력이라고 한다면, 상상력에 능통한 사람이 사물을 여러 가지 방식으로 생각할 수 있다. 하지만, 관점 바꾸기에서 내 일차적 관심은 지적인 면보다는 윤리적인 면에 있다. 지금 우리가 이야기하는 방법은, 말 그대로 자기중심적인 생각과 반대 개념이며, 도덕성의 근간을 이룬다.

다른 사람은 세상을 어떻게 살아가는가에 대해 생각하는 사람은 자신의 손을 내밀어 그들을 도울 가능성이 크며, 최소한 그들에게 해를 끼치지는 않는다. 카프카Kafka는 한때 전쟁을 '상상력의 터무니없는 실패'라고 묘사한 적이 있다. 전쟁을 일으키는 사람은 사람을 죽이기 위해 각각의 사람을 한 인간으로 보지 않고 '적'이라는 추상적 개념으로 본다. 그들은 그들 자신이 세상 중심에 있듯이 폭탄에 깔린 사람도 세상 중심에 있다는 사실을 망각한다. 이들은 비록 누군가 지구 반대편에서 다른 언어를 구사하며 살지라도, 그도 독감에 걸리고, 어머니를 걱정하며, 단 음식을 좋아하고, 사랑에 빠지는 사람이라는 사실을 망각한다. 누군가의 관점에서 생각한다는 말은 그를 인간답게 만드는 모든 요소를 인지하고, 궁극적으로는 그의 삶도 당신의 삶만큼 가치 있다는 사실을 이해하는 것이다. 텔레비전 프로그램을 보면, 아무리 나쁜 사람도 자기 아이에게만큼은 나쁜 모습을 보이지 않는다. 우리는 실제 사람이 아닌 만화 속 죽음에만 환호할 수 있는 것이다.

우리가 일상에서 마주하는 많은 사회적 문제도 관점 바꾸기의 실패로 이해할 수 있다. 쓰레기를 버리는 사람, 이중주차로 길을 막는 사람, 도서관의 책 몇 쪽을 찢어서 몰래 가져가는 사람은 자신 속에 갇힌 사람이다. 이런 사람은 다른 사람이 자신의 쓰레기를 어떻게 볼지, 자신의 차를 피해 어떻게 운전할지, 필요한 책의 내용을 알지 못해 얼마나 실망할지 등을 생각하지 못하거나 생각하려 하지 않는 사람들이다.

다른 사람의 관점에서 사물을 보려고 애쓴다는 말은 아주 다른 삶을 경험한다는 말이다. 당신은 영화관에서 앞사람의 머리를 피해 목을 길게 빼고 불편하게 영화를 보다 보면 점점 짜증이 난다. 그러다 문득 뒷줄에 앉은 사람도 당신 때문에 똑같이 짜증이 날 것이라는 생각이 든다. 이때 당신은 영화를 보면서 방해받고 있을 뿐만 아니라 방해도 하고 있는 것이다.

다른 예를 하나 생각해보자.

"낙태에 대해 저런 입장을 취하다니!"

낙태에 관한 의견에 많은 사람이 이렇게 반박하고 나설 때, 관점 바꾸기에 익숙한 사람은 느낌표 대신 물음표를 사용한다.

"낙태에 대해 어떻게 저런 입장을 취할 수 있지? 어떤 경험, 가정, 가치 기준이 있기에 나와 저렇게 다른 관점을 갖게 된 걸까?"

자신의 틀 밖으로 나오려는 노력이 바로 우리가 아이에게 길러줘야 하는 덕목이다.

물론 관점 바꾸기에도 다양한 수준이 있으며 아주 어린 아이는 복잡한 관점 바꾸기를 이해하지 못한다. 네 살 난 아이에게 바랄 수 있는 최상의 관점 바꾸기는 황금률(Golden Rule, 성서에 나오는 말로 "남에게 대접받고자 하는 대로 남에게 대접하라." – 옮긴이)이라는 기본 윤리다. 우리는 비난보다는 반성을 유도하는 톤으로 이렇게 말할 수 있다.

"에이미가 마실 주스를 하나도 남기지 않고 네가 다 마셨구나. 만약 에이미가 똑같이 했다면, 넌 어떤 기분이 들겠니?"

이 질문의 전제는 두 아이 모두 주스를 좋아하며, 마실 주스가 없으면 실망한다는 뜻이다.

하지만, 조지 버나드 쇼George Bernard Shaw는 이런 가정이 항상 옳지만은 않다고 지적했다.

"남이 네게 해주길 바라는 대로 남에게 하지 마라. 다른 사람의 취향이 같지 않을 수도 있다."

다른 사람의 취향이란 욕구, 가치관, 배경 등을 의미한다. 큰 아이나 성인은 다른 사람의 상황에 있는 자신을 상상해보는 것만으로는 충분치 않다. 우리는 그 상황에 있는 바로 그 사람을 생각해야 한다. 우리의 시각보다는 그 사람의 시각에서 봐야 한다. 우리가 그의 입장이라면 어떨지 물을 게 아니라 그의 입장은 무엇인가를 물어야 한다.

그렇다면 어떻게 우리 아이의 관점 바꾸기를 향상시킬 수 있을까? 아이가 자신의 관점과 다른 관점으로 사물을 보는 방법을 점차 섬세하게 이해할 수 있도록 어떻게 도울 수 있을까? 반복되는 말이지만, 한 가지 방법은 본보기를 보여주는 것이다. 슈퍼마켓 출납원이 무례한 말을 하자, 공격의 희생양이 된 부모는 옆에서 지켜본 아이에게 말한다.

"저 사람은 오늘 기분이 좋지 않은가 봐, 그렇지? 저 사람을 저렇게 뾰로통하게 만든 일이 뭘까? 누가 저 사람 기분을 나쁘게 했을까?"

아이에게 이처럼 말하면 굉장한 효과가 있다. 이런 말은 불쾌하게 행동한 사람에게 화를 내거나 자신을 탓할 필요가 없다는 사실을 아이에게 가르쳐 준다. 이런 과정을 통해 아이는 다른 사람의 세상으로 들어가는 법을 배운다. 이는 우리의 선택에 달렸다. 아이는 다른 사람의 관점에서 생각하는 우리 모습을 보거나 늘 자기중심적인 우리 모습을 볼 수도 있다. 아이는 모르는 사람도 같은 인간으로 보려고 노력하는 우리 모습을 보거나 그렇지 못한 우리 모습을 볼 수도 있다.

본보기를 보여주는 방법 외에도 아이와 함께 책을 읽거나 텔레비전을 보면서 주인공의 다양한 관점을 중심으로 이야기하면서 관점 바꾸기를 장려할 수 있다.

"우린 지금 이 모든 상황을 의사의 눈으로 보고 있지? 하지만, 방금 일어난 일로 저 어린 소녀는 어떤 기분일 것 같니?"

우리는 관점 바꾸기를 아이의 싸움을 해결하는 도구로도 사용할 수 있다. 한바탕 소동이 지나고 나서 우리는 이렇게 말할 수 있다.

"좋아. 방금 일어난 일을 이야기해봐. 하지만, 네가 오빠라고 생각하고 오빠가 이 일을 어떻게 생각할지 설명해봐."[12]

마지막으로 우리는 더 어린 아이가 다른 사람의 감정에 민감해지도록 도울 수도 있다. 이는 우리가 아이로 하여금 다른 사람의 목소리 톤이나 자세, 표정에 관심을 갖도록 유도하면서, 그 사람이 무엇을 생각하며 어떤 기분일지를 생각하게 함으로써 가능하다. 여기서 목적은 능력, 즉 다른 사람의 감정을 읽는 능력을 길러주는 것이다. 그러나 여기에는 아이의 성향, 즉 다른 사람의 감정을 알고자 하거나 파악하려는 성향을 길러주려는 목적도 있다.

"할머니가 너와 다시 산책하러 가겠다고 하시더라. 하지만, 말씀하시기 전에 잠시 뜸을 들이더라고. 방금 할머니가 앉아계실 때 얼마나 피곤해 보이셨는지 봤니?"

아이가 할머니의 기분을 알게 하는 이런 말은 아이가 다른 사람을 더 깊이 관찰하는 습관을 기르는 데 도움을 준다. 이런 과정을 통해 아이는 다른 사람처럼 세상을 경험하고 다른 사람이 되었을 때의 기분을 알게 된다. 이는 아이가 다른 사람을 해치기보다는 돕고자 하는 마음을 기르는 데 도움을 주고, 궁극적으로는 스스로가 더 좋은 사람이 되게 하는 중요한 과정이다.

아이의 눈으로 바라보기

우리가 아이에게 관점바꾸기를 알려주고 싶은 만큼 우리가 아이의 관점을 갖는 일 역시 중요하다. 아이의 관점을 갖는다는 말은 그 자체로 관점의 큰 변화다. 우리는 아이가 다른 사람의 관점에서 생각하도록 도울 수도 있지만, 우리는 우선 부모로서 아이의 관점에서 어떻게 보이는가를 생각해야 한다. 이는 단순히 특별한 기술 중 한 가지 본보기를 보여주라는 말이 아니다. 이는 바람직한 양육의 핵심 요소다.

관점 바꾸기는 이 책을 통해 줄곧 주장한 내용의 공통분모다. 예를 들어, 아이가 발각되지 않을 방법에만 관심을 갖게 하는 처벌의 효과는 우리가 처벌받는 사람의 눈으로 보면 정확히 알 수 있다. 마찬가지로 부모 둘 다 획일적인 모습을 보일 때 나타나는 효과와 부모가 만족을 위해 긍정적 강화를 할 때 나타나는 효과도 알 수 있다. 이런 행동이 아이의 눈에 어떻게 보일지를 생각해보면, 그 부정적 효과가 그리 놀랍지도 않을 것이다.

우리는 항상 아이를 가르치지만, 우리가 가르치는 것이 과연 무엇인가를 알려면 아이 관점에서 봐야 한다. 연구에 따르면 우리 행동의 효과를 예측하는 기준은 우리가 보냈다고 생각하는 메시지가 아니라 아이가 받은 메시지다. 그러므로 중요한 것은 아이가 조건 없는 사랑을 느끼는지, 아이 자신이 의사 결정 기회가 있다고 믿는지 등이다.[13] 더 구체적인 예를 들어보자. 늦게 들어와 저녁을 먹지 못한 십 대 아이에게 당신은 아주 좋은 의도로 말한다.

"아마 다음번에는 좀 더 서둘러서 들어와야 할 거야."

하지만, 아이는 이 말을 이렇게 받아들일 수 있다.

'부모님은 왜 늦었는지, 혹은 내가 어떤 일을 겪고 있는지는 관심도 없어. 저녁을 다시 차리는 데는 2분밖에 걸리지 않을 텐데, 내가 배고픈 게 좋은가 보지. 부모님은 그 멍청한 규칙을 나보다 더 중요하게 생각하는 게 분명해. 내가 관심받을 가치가 없는 걸까?'

관점 바꾸기는 앞 장에서 제시한 조언을 하나로 엮는다. '아이를 진지하게 받아들인다'는 말은 아이를 뚜렷한 관점을 가진 한 사람으로 본다는 말이다. '적게 말하고 많이 질문하라'는 말은 아이가 보는 방식을 학습하는 방법을 말한다. 이런 과정을 통해 우리의 요구가 아이 관점에서 볼 때 합리적이지 않을 수 있다는 사실을 깨달으면, 단순히 그 요구를 강제하려 하지 말고 '우리의 요구를 다시 생각'해야 한다. 또한, 우리가 아이의 순종을 요구해야 할 때도 아이의 기분을 이해하고 있다는 사실을 확실히 알려줘야 한다. 그리고 가정에서 혼란이 발생할 때도 우리가 아이의 관점을 갖고 보면 우리는 훨씬 더 효과적으로 대응을 할 수 있다. '통제력을 잃으면 어떤 기분일까, 그런 상황에서 우리는 어떤 도움을 줄 수 있을까?'

관점 바꾸기는 부모가 아이의 욕구에 귀를 기울이고 이해할 수 있도록 도와준다. 한 연구자는 관점 바꾸기를 한 부모는 아이와의 관계를 통제의 관점에서 보지 않고 처벌을 사용할 가능성도 낮다고 말했다.[14] 사실 관점 바꾸기의 효과와 관련한 더 직접적인 증거도 있다. 네덜란드의 한 연구자 그룹은 125가구를 대상으로 부모와 인터뷰하고, 그 부모가 6~11세 아이와 노는 장면을 관찰했다. 연구 결과 양육의 질을 예측할 수 있는 가장 중요한 요소 중 하나는 부모가 아이의 특별한 관심과 욕구를 얼마나 잘 이해하며, 아이의 관점을 얼마나 잘 수용하는가에 있는 것으로 밝혀졌다.

이 연구서가 발표된 1997년, 두 잡지사가 동시에 동일한 주제에 대한 보고서를 발표했다. 한 보고서에서는 '의견이 일치하지 않더라도 십 대 아이의 사고와 느낌을 정확히 파악'하는 캐나다 부모가 아이와 갈등을 적게 빚으며, 갈등이 발생하더라도 만족스럽게 해결한다고 발표했다. 다른 보고서는 유아가 있는 미국 가정에 관한 연구로, 아이의 관점을 받아들이는 부모가 결과적으로 아이의 욕구에도 잘 반응하는 것으로 나타났다. 반응성이 클수록 아이가 부모의 가치를 잘 수용하고 부모의 요구에도 긍정적으로 반응했다.

이렇게 2~15세 아이가 있는 가정을 상대로 한 세 나라의 연구를 통해 우리는 부모가 아이의 관점에서 보려는 노력이 얼마나 큰 도움이 되는지를 확인할 수 있었다.[15] 우리의 말과 행동을 아이는 어떻게 받아들일까 하고 상상하는 데서 오는 긍정적 효과는 다른 방법으로는 얻기 힘들다. 실제로 여기에는 세 가지 이점이 있다.

관점 바꾸기는 실제 일어나는 일을 파악하는 데 도움을 준다

아이가 우리에게 자신의 동기를 설명할 수 없거나 설명하려 하지 않을 때 특히 도움을 준다. 따라서 우리는 성급히 잘못된 판단을 내리지 않고, 처벌로써 아이를 대하지 않을 수 있다. 우리는 단순히 행동에 반응하기보다는 그 내면을 살피는 데 도움이 될 정보를 얻는다. 이를 통해 우리는 더 깊은 의미를 알고 근본적인 문제 해결을 위한 방안을 강구할 수 있다.

관점 바꾸기는 인내심으로 아이를 대하게 한다

우리가 아이의 눈으로 세상을 보면, 단순히 외부에서 지켜볼 때보다 더 다정하고 존중하는 마음으로 아이에게 반응하게 된다. 이로 인해 아이는 자신에게 좋은 감정을 갖고, 우리에게 안정감을 느끼며, 우리와 결속되어 있고, 우리에게 소중한 존재라는 느낌을 받는다.

우리가 본보기가 된다

우리가 본보기가 되어 아이에게도 관점 바꾸기를 장려할 수 있다.

문제는 많은 사람들이 관점 바꾸기를 어렵게 생각한다는 데 있다. 아기가 울면 우리 대부분은 무엇이 아기의 심기를 건드렸는지를 알려고 노력한다. 하지만, 큰 아이가 소리를 지르고 발을 구르면 우리는 그 아이의 세상 속으로 들어가 보려고 하지 않는다. 이때 우리는 이해하기보다는 먼저 비난하거나 통제하려는 충동을 느낀다. 역설적이게도 우리가 관점 바꾸기를 시도하지 않는 상황이 사실은 관점 바꾸기가 가장 절실한 때다. 당신이 자기 관점에서 벗어나지 못하면, 지금 벌어지는 상황에 또 다른 정당한 이유가 있다는 사실을 인식하기 어렵다. 또한 일촉즉발의 위기를 피하는 방법을 찾기도 어렵다. 당신 스스로의 관점에 갇혀 있을수록 강압적인 태도를 고수하고자 하는 충동은 더 강해지고 상황은 더 악화된다.

부모가 관점 바꾸기를 하지 않는 형태는 여러 가지로 나타난다. 가장 우려스러운 경우는 무조건 아이의 감정을 무시하거나, 부모가 경험한 것을 아이에게 주입하는 형태다. 다음과 같은 말이 가장 전형적인 예다.

"춥네. 가서 스웨터 입어라."

더 흔한 예는 아이 세계와 그들의 고민거리가 우리와 얼마나 다른지 인식하지 못하는 경우다. 하루는 다섯 살 난 딸아이가 아직 몇 달이나 남은 핼러윈에 옷을 입고 두건을 쓰면, 앞이 잘 보이지 않아 자신이 싫어하는 사탕을 실수로 먹지는 않을까 하는 걱정을 내게 말했다.

이때 아이에게 그런 걱정은 어리석은 걱정이라고 말해서는 안 된다. 아이가 훌쩍거릴 때는 더욱 그렇다. 우리가 생각하기에 어린아이는 종종 아무것도 아닌 일로 운다. 하지만 아이에게 그 일은 아무것도 아닌 게 아니다. 아이가 울음을 터뜨리는 이유는 그 일이 아이에게는 그만큼 중요하기 때문이다. 아이가 울음을 터뜨리면 우리는 몹시 화를 낸다. 그곳이 공공장소라면 당황하기도 한다. 하지만, 이런 경험이 아이에게는 매우 괴로운 일이라는 점을 우리는 잊고 있는 듯하다.

물론 부모가 되는 일은 어렵다. 하지만 아이가 되는 일은 훨씬 더 어렵다.

우리가 아이의 두려움이나 슬픔을 사소하게 여기면, 그럴 의도가 없었더라도 아이는 자신이 어리석거나 사랑받지 못한다는 느낌을 받는다.

우리는 종종 유치원 아이에게 인내심을 잃어버릴 때가 있다.

"제발, 좀! 오른쪽 양말을 먼저 신든 왼쪽 양말을 먼저 신든 어차피 똑같잖아!"

또한, 우리는 매정한 논리로 십 대 아이의 내적 혼란을 해결할 수 있다고 생각한다.

"그 애가 좋으면 가서 사귀자고 해. 최악의 상황은 그 애가 싫다고 말하는 거겠지? 넌 잘 견뎌낼 거야."

하지만, 우리가 더 잘 알고 있지 않은가. 우리도 한때는 아이였지 않은가. 이해하지 못하는 어른들 때문에 우리 세상이 엉망이 됐던 때를 잊었는가? 심한 경우 같은 어른에게 무시당할 때의 기분은 어땠는가?

어떤 치료사들은 이런 질문에 흥미로운 답을 한다. 예를 들어, 앨리스 밀러는 이런 행동은 모순적이거나 특별히 놀랄 일이 아니라고 주장한다. 그녀의 주장에 따르면, 그토록 많은 부모가 자신도 똑같이 겪었음에도 불구하고 아이의 두려움을 무시하거나, 아이의 관점에서 생각하지 못한다는 말은 정확한 말이 아니라고 한다. 오히려 이런 부모는 자신도 똑같이 겪었기 때문에 그렇게 행동한다. 어린 시절의 자신을 받아들이기 힘들기 때문에 아이의 관점을 갖기 어려운 것이다. 오래전 우리에게 있었던 일을 인정하기란 너무나 가슴 아픈 일이다.

이어서 밀러는 말한다.

"경시는 나약함의 무기다."

그토록 많은 부모가 아이의 감정에 나타내는 경시는 힘이라는 허울 뒤에 숨은 부모의 나약함을 나타낸다.

첫째, 어른은 여전히 두려움이 있으며, 아이의 두려움을 어리석다고 깔봄으로써 자신이 강하다는 느낌을 받는다.

둘째, 어떤 부모는 '자신이 이전에 받은 창피'를 갚으려고 한다. 자신의 무력감과 고통을 기억하는 것이 너무도 괴롭다는 점을 감안하면, 이런 패턴이 무의식적으로 발현된다는 말에는 일리가 있다.[16]

솔직히 나는 이런 이론이 어디까지가 진실이고, 얼마나 많은 사람이 여기에 해당하는지는 알지 못한다. 부모가 아이의 감정을 그렇게 이해하지 못하는 데에는 표면적인 상황에 따른 다른 이유가 있을 수 있다.

"방금 일어난 일을 우리 아이는 어떻게 이해할까?"

이렇게 묻기에는 우리의 시간과 인내가 너무 부족할 수도 있다.

그리고 사실 위의 두 가지 설명은 너무 단순하다는 생각도 든다. 설명대로라면 우리는 쉽게 문제를 해결할 수 있어야 한다. 하지만, 어쨌든 아이가 겪는 일을 우리가 현실적으로 받아들이기 위해 아이였을 때의 우리 경험을 최대한 떠올려야 한다. 어른이 되어 겪은 일이라도 지금 아이가 겪는 경험과 비슷한 경험이 있다면, 그 경험을 떠올려 보는 것도 가치 있는 일이다. 예를 들면, 남에게 지시받았을 때, 우리가 좋아하는 일이 무시당했을 때, 즐거운 일을 하지 못하도록 압력받았을 때, 우리 기분이 어땠는지 생각해보는 것이다.

물론 이는 실제 상황에 대비해 아이 관점에서 생각해보는 연습에 불과하다. 하지만, 우리는 이런 연습부터 시작해야 한다. 내 딸아이가 태어난 지 몇 달 지나지 않았을 때, 아이는 기저귀 가는 것을 몹시 싫어했다. 처음 나는 기본적인 반응을 보였다.

"미안해, 하지만 네가 좋든 싫든 기저귀는 꼭 갈아야 해."

그 후 나는 아이가 잠에서 깨자마자 기저귀 가는 것을 특별히 싫어한다는 사실을 알았다. 나는 아이 관점에서 생각해보려고 노력했다.

'이봐! 난 아직 비몽사몽인데 벌써 내 엉덩이를 마구 다루면 어떡해!'

나는 시험 삼아 기저귀를 갈기 전에 아이가 잠에서 완전히 깰 때까지 10분에서 15분 정도 기다렸다. 예상대로 아이의 반응이 훨씬 나긋나긋해졌다.

아기의 관점에서 생각해보는 일 또한 우리가 나중에 관점 바꾸기 습관을 들이는 데 도움이 된다. 어린아이가 말을 하기 시작할 때, 즉 아이 특유의 말썽이 시작될 때는 확실히 관점 바꾸기가 필요하다. 예를 들어, 아이가 두 살이 되면 '싫어'라는 말을 부쩍 많이 한다. 하지만, 우리는 항상 아이에게 '이렇게 하면 안 돼', '저기에 가면 안 돼', '부엌 싱크대에서 장난감을 가지고 놀면 안 돼'라고 말한다. 아이 관점에서 보면, 문제는 우리가 이렇게 '안 돼'라는 말을 너무 많이 한다는 데 있다.[17]

또 다른 나이대의 아이에게는 종종 '조작에 능하다'고 말한다. 하지만, 다시 한번 아이의 관점에서 보면, 아이는 단지 자기 일에 대한 결정권을 가지려고 애쓰고 있을 뿐이다. 여기서 조작하는 사람이 있다면 아마도 어른일 것이다. 어쩌면 아이는 《까다로운 부모 상대하기 How to Handle Your Difficult Parents》라는 책에서 힌트를 얻었을지도 모른다. 우리가 아이를 판단하고 가르치면서 얼마나 많은 시간을 보내는지를 생각할 때, 아이도 우리에게 똑같이 할 기회가 있다고 상상하는 것은 유쾌한 일이다. 다음의 유아용 외식 가이드가 여기에 해당할 것이다.

저녁 식사로 '끝내주는' 핫도그와 훌륭한 디저트를 먹으면 100점 만점이다. 하나라도 먹을 행운이 온다면 말이다. 하지만, 어떤 음식은 정말 구역질이 나니 주의하라. 특히 시리얼은 '토사물처럼 보일' 수 있다. 서비스는 각기 다르게 평가된다. 개인적인 관심에 높은 점수가 부여되지만, '그만 좀 돌아다니고 바르게 앉아 있으라고 항상 말하는 저 아줌마' 없이도 잘할 수 있다고 말하는 사람도 있다.

웃음은 종종 관점 전환의 직접적인 계기가 되기 때문에 유머 사용은 관점 바꾸기와 밀접한 관련이 있다. 유머는 긴장된 상황을 진정시키거나 냉담한 충돌을 완화하는 매우 효과적인 방법이다. 만약 당신이 아이와 함께 앉아 바뀌었으면 하는 아이의 행동에 대해 이야기하고 있다면, 당신이 그 문제에 대해 잔소리할 때 어떻게 말하는지 아이가 흉내를 내보도록 하는 것도 좋은 방법이다. 이렇게 하면 긴장도 풀어지고, 아이의 감정에 힘도 실린다. 또한 당신이 아이의 처지를 이해한다는 사실도 분명히 전달할 수 있다.

관점 바꾸기는 다른 사람의 아이와 시간을 보낼 때에도 역시 중요하다. 자기주장만 늘어놓고 아이의 비언어적인 강한 신호는 무시하는 어른은 자기를 피해 뒷걸음치는 아이를 '부끄럼' 타는 아이로 단정 짓는다. 반대로 '아이를 잘 다루는' 어른은 아이의 눈엔 어떻게 보이는지를 직관적으로 안다. 이들은 아이를 소개받을 때, 아이의 즉각적인 감정 표현은 기대하지 않는다. 여느 아이처럼 활달한 아이도 낯선 사람을 만나면 부모와 있을 때처럼 자연스럽게 행동하지 않는다는 사실을 알기 때문이다. 이들은 너무 열정적으로 새로운 친구에게 다가가지도 않고 다음과 같이 바로 심문에 들어가지도 않는다.

"몇 살이야? 학교는 어디니?"

오히려 처음에는 거리를 두고 아이가 재미있어 할 만한 소재를 찾아서 질문하는 식으로 아이가 자신에게 관심을 갖게 한다. 그런 다음 아이와 함께할 수 있는 놀이를 찾는다. 이들은 아이를 통해 아이가 관심 있어 하는 것, 이야기를 좋아하는지 놀이를 좋아하는지 등의 단서를 얻는다.

아이의 눈으로 세상을 볼 수 있다면 아이에게 단서를 얻기가 훨씬 쉬워진다. 하루하루 관점 바꾸기를 하면 바람직한 양육에 더 가까이 다가갈 수 있다. 우리가 아이의 취향을 존중할 수 없을 때에도 아이의 관점을 이해하고 인정하기 위해 온 힘을 다하는 일이 무엇보다 중요하다.

"네가 보기에 이것이 이렇게, 이렇게 보일 거야."

이런 노력은 우리가 아이의 말을 듣고 있으며, 아이를 배려하고, 조건 없이 사랑한다는 사실을 아이에게 알리는 데 도움이 된다.

물론 이것이 양자택일의 문제는 아니다. 부모가 아이의 관점에서 생각하려고 노력하는 빈도나 정도를 이야기할 때, '지속적으로'와 '절대로', 또는 '노련하게'와 '형편없이'라는 표현 사이에는 많은 단계적 변화가 있다. 그리고 이 책에서 논의한 모든 문제도 마찬가지다. 전적으로 일방적인 방법이나 함께하는 방법만을 고집하는 부모는 거의 없다. 또는, 순전히 조건적 사랑이나 조건 없는 사랑만을 주는 부모도 거의 없다. 우리 대부분은 이런 방법 사이 어딘가에 있다. 그리고 우리가 마치 스위치를 끄고 켜듯이 즉시 이런 방법은 멈추고 저런 방법은 시작할 수 있다고 제안하는 것도 아니다. 우리는 올바른 방향으로 꾸준히 발전해가는 하나의 여정에 있다고 할 수 있다.

이런 여정을 시작하기에 너무 늦었다고 생각하는가? 어떤 사람은 몇 년간 행한 조건적 양육이나 과도한 통제 때문에 생긴 상처를 되돌릴 수 있는지 나에게 확답을 요구할 때가 있다. 물론 확실하게 말할 수는 없다. 하지만 자신이 잘못된 길을 걸어왔을지도 모른다는 사실을 인정하는 데는 엄청난 용기가 필요하며, 이런 용기만으로도 가능성은 충분하다. 아이가 얼마나 자랐든지 간에 앞으로 아이에게 긍정적인 영향을 주기에 너무 늦지 않았다는 믿음을 가져야 한다. 우리 모두 발전할 수 있는 충분한 여지가 있다. 어떤 이유에서든지 우리는 매우 건전하지 못한 방식으로 아이를 키워왔을 수 있으며, 상황을 되돌릴 지금보다 더 좋은 때는 없다.

부록

양육방식

문화, 계층, 인종과의 관련성

　인간 행동에 대해 논할 때 누군가의 설명이나 평가는 보편적이지 않은 세계관을 기초로 할 가능성이 항상 존재한다. 우리가 아동발달이나 기타 문제에 대해 당연시하는 많은 문제도 사실은 문화적 편견의 영향을 받는 경우가 종종 있다. 이런 점에서 문화적 편견은 논쟁의 여지를 낳는다. 이 책의 내용은 필자인 내가 백인이고 중산층 미국인이라는 사실을 바탕으로 받아들여야 한다. 그럼 나와 다른 특성을 지닌 사람은 내가 쓴 내용을 어떻게 받아들일 것이며, 어떻게 받아들여야 할까?

　내가 세계적인 양육방식이나 신념에 관한 전문가라고는 하나 이 주제에 관한 방대한 연구 논문을 여기서 공평하게 취급할 수는 없다. 아이에 관한 가설이나 아이를 돌보는 적절한 방법에 대한 이론은 매우 다양하다. 이런 이론에는 언제, 어느 정도, 혹은 어떤 상황에서 부모가 아이를 처벌하거나 설득해야 하는지에 관한 내용도 포함된다. 예를 들어, 한 인류학자는 미국 엄마가 단 몇 초라도 우는 아기를 내버려 두는 행동이 케냐 남서부지역의 구시족Gusii에게는 얼마나 충격적인 일인지를 설명한다.

"구시족은 끊임없는 신체접촉을 통해 아기가 울지 못하도록 하는 것이 실용적인 방안일 뿐만 아니라 도덕적인 면에서도 모성 행동의 필수 덕목이라고 생각한다."[1]

유아 역시 문화에 따라 다른 대접을 받는다. 그 결과 '미운 두 살'이라는 말도 보편적으로 통용되는 말이 아니라는 사실이 새로운 연구 결과 증명되었다. '미운 두 살'이라는 말은 부모가 얼마나 자기 권위를 주장하느냐,[2] 그리고 아이를 위한 궁극적인 목적이 무엇이냐에 따라 달라진다. 이 말은 문화적으로 다양하게 나타나는 생각이나 방식에 따라 행동도 다르게 나타난다는 하나의 예에 불과하다. 우리가 아동발달에 대해 알고 있는 간단한 사실을 모든 곳에서도 똑같이 받아들이지는 않는다.

그렇다면 이 책의 핵심 주제가 다른 문화의 관점에서 보면 비판받을 수밖에 없다는 점도 그리 놀랄 일이 아니다. 터프츠 대학Tufts University의 프레드 로스바움Fred Rothbaum은 어떤 문화에서는 조건 없는 부모의 사랑을 우리 문화만큼 의심하지 않는다고 말한다. 그러나 이 개념은 요점을 벗어난 부분이 있다고 덧붙였다. 조건 없는 인정은 보편적이지 않은 방식으로 개인을 인정한다는 의미일 수 있다. 우리는 아이가 자기 자신을 인정하기 위해서는 부모에게 사랑받아야 한다고 생각한다. 하지만, 자신을 인정한다는 개념이 모든 곳에서도 똑같이 중요한 의미를 갖지는 않으며, 심지어 개인주의적인 문화가 발달하지 않은 곳에서는 다소 괴상한 개념으로 받아들일 수 있다.

더욱이 로스바움은 '널 사랑한다'는 말은 아이를 사랑하지 않을 수도 있다는 가능성을 내포하고 있다고 말한다. 즉, 우리가 사랑한다는 말을 하고 있다면, 이 말을 당연하게 받아들여서는 안 된다는 말을 전하고 있는 것이다. 우리의 사랑에 조건이 없다면, 그것은 우리가 그렇게 느끼기로 했기 때문이다. 반면 다른 문화에서는 부모와 자식을 포함한 각 개인의 관계가 누구도 의문을 갖지 않는 역할 및 규범의 형태로 존재한다. 이런 역할 및 규범은 누군가가 헌신해야 하는 것이 아니라 당연한 의무다.[3] 이것이 심오한 조건 없는 양육의 한 형태인가? 아니면 자유의지로 선택한 사랑보다 의미가 없는가? 우리가 어떤 평가를 하더라도, 조건 없다는 개념에 대해 다시 생각해볼 필요가 있다.

'자유로운 선택'에 대해서도 이야기해보자. 지금까지 아이에 대한 통제를 누그러뜨리고 아이가 자율성을 경험하도록 돕는 일이 중요하다고 강조했다. 그리고 이런 과정에서 나타나는 장점은 연구를 통해서도 입증되었다. 하지만, 이런 연구는 특정 지역에만 적용할 수 있는 것인가? 비교적 개인주의적이고 전통의 구애를 덜 받는 문화에서 자란 아이만이 자신의 삶에 대한 발언권을 가지고 이익을 얻는가? 우리 아이들은 권력을 가진 사람으로부터 지시받을 때보다 스스로 의사 결정에 참여할 때, 더 행복하고 더 적극적인 듯하다. 하지만, 모든 곳의 아이가 다 그럴까?[4]

부모가 아이를 통제하는 정도는 당연히 사는 곳의 영향을 받기 마련이다. 그러나 웬디 그롤닉이 지적하듯이, 이 말은 어떤 사회에서나 통제를 선호한다는 의미는 아니다. 그롤닉은 '통제하는 양육은 모든 문화에서 아이에게 더 부정적인 결과를 낳는다'는 연구 내용을 인용한다.[5] 마찬가지로 리처드 라이언과 에드워드 디치는 '자율성은 누구에게나 중요한 요소'임을 나타내는 자료에 주목한다. 하지만 이런 의견에 의문을 제기하는 사람들이 있다. 그 이유 중 하나는 '자율성'이라는 단어의 정의 때문이다. 자율성은 가끔 독립성, 혹은 '영향력에 대한 저항이나 타인과 대립하는 자기주장'이라는 말과 동일시된다. 이 정의를 받아들이는 사람은 이 개념이 '오직 개인주의적인 문화와 관련 있다'고 생각하는 듯하다. 하지만, 자율성을 결단력이나 '선택 능력'으로 이해한다면, 이야기가 달라진다. 이런 관점에서 본다면 '사람은 자율적으로 개인주의를 선택할 수 있는 만큼 자율적으로 집산주의(collectivism, 모든 농장이나 산업을 정부나 집단이 소유하는 정치 제도. 개인의 목표보다 집단의 목표를 우선시함 - 옮긴이)를 선택할 수 있다.'[6] 그러므로 통제를 완화하는 일은 서양이든 동양이든, 현대적인 도시든 제3세계 작은 마을이든 상관없이 아이들에게 바람직한 일이다.

당연히 교육방식의 차이는 여러 문화뿐만 아니라 단일문화 속 다양한 그룹에서도 나타난다. 특히, 미국과 같이 복잡한 현대사회에서는 더욱 그렇다. 하지만, 이런 차이를 언급하기에 앞서, 우리가 통계적 일반화에 따라 설명하고 있음을 확실히 해야겠다. A그룹의 부모가 B그룹의 부모보다 특별한 방법으로 아이를 대한다 하더라도, A그룹의 모든 부모가 이런 방법으로 행동한다거나 B그룹의 누구도 이런 방법으로 행동하지 않는다는 의미는 아니다.

이 점을 명심하고 연구자가 가정의 사회경제적 지위(SES: socioeconomic status)와 관련해 일상적으로 발견하는 차이점부터 살펴보도록 하자. 연구 대부분을 보면, 사회경제적 지위가 낮을수록 '체벌을 사용하는 부모의 비율'이 높게 나타났다. 또 다른 연구 그룹에 따르면, 일반적으로 낮은 사회경제적 계층에 속하는 아이가 또래보다 더 엄격한 교육을 받고 자랄 가능성이 큰 것으로 나타났다. 즉, 이들 부모는 아이를 따뜻하게 대하지 못하고 공격성이 문제 해결을 위한 적절하고 효과적인 수단이라는 가치관을 지니고 있을 가능성이 크다는 말이다.[7]

이런 사실은 부분적으로 경제적 압박에서 비롯된다. 부모가 경제적 압박을 많이 받을수록 아이를 복종시키기 위해 강압적인 방법을 사용할 가능성이 크다.[8] 멜빈 콘Melvin Kohn이 증명한 바에 따르면, 노동 계층의 부모는 아이를 규칙에 순응하고 권력을 중시하도록 키우며, 이런 목표를 달성하기 위해 처벌을 사용할 가능성이 크다. 반면 중산층, 특히 화이트칼라 부모는 주도적이며 자율적으로 의사 결정을 하는 아이로 키우기를 바라는 성향이 강하다. 콘은 이어서 이런 성향은 부모가 직장에서 느끼는 기대와 관련이 있으며, 계층별로 다양하게 나타난다고 말했다. 콘의 이런 일반적인 결론은 다른 연구자에 의해서도 입증되었으며, 주체성을 강조하는 문화보다 순응을 강조하는 문화가 아이에게 체벌을 더 일반적으로 가한다는 국제적 자료를 통해서도 확인되었다.[9]

인종 문제는 조금 더 복잡하다. 미국 내에서 사회경제적 지위가 같더라도 아프리카계 미국인은 백인 부모보다 아이의 자율성을 인정하지 않고 복종을 더 선호하는 듯하다. 아프리카계 미국인 엄마는 백인 엄마보다 아이의 공격성을 더 인정하는 경향이 있다.[10] 체벌을 포함한 엄격한 교육방식의 경우는 자료를 통해 두 가지 결론이 도출된다. 계층이 인종보다 더 큰 영향력을 행사하지만, 인종 또한 중요하다. 지난주에 아이를 때렸는지를 수천 명의 부모에게 질문했을 때(1990년), 아프리카계 미국인 약 70%와 백인 60%가 그렇다고 대답했다. 지난해에 아이를 때렸는지를 질문한 또 다른 연구에서는(1995), 각각 77%와 59%가 그렇다고 대답했다. 비율 변화가 크진 않지만 사회경제적 지위를 감안하면 그 차이는 여전히 통계학적 의미가 있다.[11]

부모에게 체벌에 관한 의견을 물었을 때(1988년), 백인은 22% 남짓이 반대한 데 비해 아프리카계 미국인은 9% 정도만이 반대했다. 놀라운 점은 시간에 따른 의견 변화가 일치하지 않는다는 점이다. 1968년, 아이를 때리는 행동을 모든 인종의 미국인 90%가 아무렇지 않게 생각했었다. 이때부터 1994년까지 일련의 조사에서 체벌을 지지하는 백인 수는 꾸준히 감소했으며, 사실상 1/3로 줄었다. 그러나 똑같은 26년 동안 아프리카계 미국인 사이에서는 단 14%만이 감소했다.[12]

체벌에 반대하는 이런 증거는 상당히 주목할 만하다. 하지만, 지난 몇 년간 체벌을 모든 인종이 같은 의미로 생각하지 않는다는 흥미로운 주장이 제기되었다. 커비 디터-데카드Kirby Deater-Deckard와 케네스 닷지Kenneth Dodge, 그 외 연구자 두 명은 이 연구에서 상당한 주목을 받았다. 이들은 아프리카계 미국인이 물리적인 힘으로 아이를 교육하는 방법을 더 보편적으로 받아들이기 때문에, 흑인 아이는 부모에게 맞는 것을 백인 아이와 같은 방식으로 생각하지 않으며, 그렇기 때문에 백인 아이와 같은 부정적인 영향을 받지 않는다고 주장했다. 466명의 백인 아이와 100명의 흑인 아이를 대상으로 한 이 연구에서 백인 아이만이 심한 체벌이 공격성 등의 문제를 일으키는 것으로 나타났다. 이 연구자들은(공교롭게도 모두 백인이었다) 체벌이 학대의 수준까지 이르지 않는다면, 아프리카계 미국인 아이는 부모의 체벌을 따뜻함과 관심이 부족해서 가하는 행동으로 여기지 않을 것이라고 추측했다.[13]

이런 사실은 고의로 아이를 때리는 행동은 장소나 가해자, 이유에 상관없이 용납할 수 없다는 우리 생각에 반하는 내용이다. 또한 체벌에 대한 우리의 반대가 보편적으로 적용할 수 없는 문제인가 하는 의문을 갖게 한다.

"절대 아이를 때리지 마라."

이런 격언은 단순히 강한 그룹이 상대적으로 약한 그룹에게 자신의 윤리를 강제하는 오만함인가? 아니면 무언가 잘못되었을 때, 공격적인 판단을 잠재우려는 노력이라고 확신할 수 있나?

나는 일반적으로 우리에게 벌어지는 일에 대한 심리적 효과가 기계적인 자극과 반응 형태로 나타나지 않는다고 주장했다. 오히려 중요한 점은 벌어진 일에 대한 우리의 생각이다. 행위 자체로는 그 영향력을 알 수 없다. 행위를 받아들이는 개인이나 사회에 따라 영향력이 달라지기 때문이다.[14] 하지만, 이런 해석적 접근법도 근본적인 문제에 부딪힌다. 이렇게 해석하면, 부모의 의도가 어떻든지 간에 아이를 때리거나, 아이에게 고의로 고통을 주는 행위가 절대 해롭지 않을 수도 있다는 얘기가 된다. 그렇다면 이 말은 옳은 말인가? 아이는 폭력 행위를 관심의 표현으로 받아들이려고 애를 쓰지만, 결국 이런 감정의 연금술은 불가능하다는 사실을 깨달을 것이다. 또한, 아이가 이런 고통을 적절히 받아들인다 하더라도, 사랑과 폭력을 혼합하는 것이 과연 올바른 방법인가? 아이가 사람을 아프게 하는 것이 그 사람에 대한 관심을 표현하는 방법이라고 생각하며 자라기를 바라는가?

체벌에 반대하는 최소한의 이유는 도덕적인 면보다는 현실적인 면에 있다. 체벌을 문제 있는 행동으로 본 연구자는 일반적으로 그 결과를 지적한다. 이런 결과가 어떤 아이에게는 발생하지 않는다는 디터-데카드와 닷지의 앞선 주장도 어느 정도는 고려해볼 만하다. 하지만, 몇 가지 이유로 나는 이 말이 진실이 아니라고 믿는다.

첫째, 이런 주장, 즉 흑인 아이는 백인 아이만큼이나 체벌에 부정적인 영향을 받지 않는다는 말은 체벌이 아프리카계 미국인에게 훨씬 더 만연하다는 전제에 입각한 주장이다. 우리가 보았듯이 이 말은 사실이다. 하지만, 체벌의 효과에 관한 결론을 도출하는 방법에 문제가 있다. 한번 유추해보자. 생선을 많이 먹으면 건강에 도움이 되는지를 연구하고자 한다면, 생선을 많이 먹는 사람과 적게 먹는 사람, 아예 먹지 않는 사람을 대상으로 관찰하는 방법이 현명할 것이다. 그런 다음 다른 요소를 고려해 건강과 생선 섭취량과의 관계를 조사해야 한다. 하지만, 규칙적으로 생선을 먹는 사람만을 연구한다면, 생선만 먹는 사람을 건강하다고 평가하기는 어렵다. 규칙적으로 체벌에 의존하는 가정의 경우도 마찬가지로 체벌의 효과를 도출하기 어렵다. 아프리카계 미국인이 아이를 훈육하는 방법의 범위나 다양성이 적기 때문에 체벌과 그 특정한 효과의 관련성을 판단하는 일은 적절치 않다.[15]

디터-데카드와 닷지의 주장처럼, 훈육의 개념이 사실상 체벌을 의미하며 이런 체벌을 부모의 개입이나 관심의 증표로 보는 사람들은 체벌이 없다면, 개입이나 관심이 부족하다는 신호로 생각할 수 있다. 그러므로 처벌받는 아이가 처벌받지 않는 아이만큼 잘 지낼 수도 있다는 사실은 그리 놀라운 일이 아닐 것이다.[16]

디터-데카드와 닷지의 결과를 반영한 몇몇 연구에서도 이런 점을 엿볼 수 있다. 한 연구에서는 유럽계나 아시아계, 혹은 라틴아메리카계 미국인이 아닌 아프리카계 미국인 십 대 부모의 일방적인 의사 결정이 아이의 적응력 향상과 관련이 있다는 점도 발견했다. 즉, 이들 십 대는 일탈 행동률이 낮았고, 학업 성취도도 높게 나타났다. 그러나 부모와 십 대 아이가 함께 의사 결정을 하는 가정에서는 인종에 상관없이 모든 아이의 일탈 행동률이 낮게 나타났다.[17]

또 다른 연구에서는 체벌이 성행하는 사회에서 체벌과 행동 문제 간의 어떠한 관련성도 찾지 못했다. 그러나 이런 사회에서도 중요한 경고 메시지가 있었다. 양육자의 관리와 교육의 효과를 고려하면, 이런 사회에서도 체벌은 반사회적 행동을 방지하는 데는 도움이 못됐다. 그러므로 아이를 때림으로써 발생하는 피해는 다소 차이가 있을지라도 아이를 때리는 행위는 큰 효과가 없다는 것을 의미한다.[18]

주목할 점은 다른 연구에서는 디터-데카드와 닷지의 연구 결과를 뒷받침하지 못했다는 사실이다. 1997년 연구에서는 체벌 사용이 소수민족 어린이나 백인 어린이 모두의 반사회적 행동을 증가시키는 원인이 되었으며, 그 정도는 아이가 앞서 받은 체벌의 양과 직접적인 관련이 있는 것으로 밝혀졌다.[19] 3년 후, 또 다른 연구에서는 강압적인 교육이 아프리카계 미국인 저소득층 아이의 행동 문제와 관련 있다는 사실을 확인했다. 이런 결과를 발표한 심리학자들은 이것이 디터-데카드와 닷지의 결과와 확실히 대조를 이룬다는 점을 강조했다.[20]

체벌을 해롭지 않은 문화의 일부로 받아들인다는 생각에는 아이가 체벌을 합당하게 여긴다는 의미가 담겨 있다. 하지만, 유아는 너무 어려 이런 판단할 수 없으며, 이 전체 이론에도 본질적인 문제가 있다. 어떤 연구에서는 심한 체벌이 성행하는 서인도제도의 큰 아이들(9세~16세)에게 체벌을 어떻게 생각하는지를 물었다. 체벌이 적절하다고 믿는 아이와 그렇지 않은 아이 모두에게 체벌은 부정적인 영향을 미치는 것으로 나타났다. 부모가 자신을 체벌해야 한다고 믿는 사춘기 아이의 심리적 적응력은 문화적으로 이런 믿음을 갖지 않는 아이의 심리적 적응력만큼이나 떨어졌다.[21]

마지막으로 행동장애와 같은 부정적 결과가 체벌을 받는 아프리카계 미국인 아이에게는 적어도 당장은 나타나지 않는다는 주장에 대해 생각해보자. 이런 처벌이 해롭지 않다는 사실은 증명할 방법이 없다. 자신도 모르는 사이에 아이가 사랑과 폭력을 동일시하게 되는 잠행성 효과 insidious effects에 대한 내 생각이 옳다면, 더 광범위하게 조사한 연구자들은 당연히 인종과 계층을 넘어선 부정적인 영향력도 발견했을 것이다.

아이에게 명령하거나 아이를 때리는 부모, 특히 이런 행위가 사랑의 표현이라고 생각하는 사회에 사는 부모는 당연히 아이를 가르치고자 그런 행동을 하며, 아이의 안녕을 걱정하는 마음에서 하는 행동일 것이다. 안타깝게도 의도가 훌륭하다고 항상 긍정적인 결과가 나타나는 것은 아니다. 좋은 의도로 행한 나쁜 일은 결코 좋은 의도로 행한 좋은 일만큼 유익할 수 없다.

이런 양육방식이 실제로는 사랑의 표현이라는 말을 아이가 스스로 인정하거나, 성인이 되어 이해한다 하더라도 긍정적 결과를 확신할 수는 없다. 우리는 얻을 수 있는 범위 안에서 얻는 법을 배운다. 다시 말해, 체벌이 무관심에 대한 유일한 대안으로 보인다면, 그것을 받아들인다. 하지만, 문제는 왜 두 가지 가능성, 즉 체벌과 무관심만 있다고 생각하는가 하는 점이다. 이런 견해는 앞서 칭찬에 대해 지적한 내용과 일맥상통한다. 조건적 인정이 유일한 가능성이라면, 아이는 이것을 흡수하고, 심지어는 더 받으려 할 것이다. 그러나 이 말은 칭찬에 대한 설득력 있는 변명이 되지 못한다. 모든 형태의 인정, 즉 사랑, 동기부여, 아이가 잘못했을 때 아이의 관심을 유도하는 방법 등이 같은 것이 아니며 바람직한 것도 아니다.

그룹 간의 차이를 이용해 특정 양육법을 설명하고 정당화하는 또 다른 방법이 있다. 우리는 권위주의적인 양육방식과 함께 체벌은 위험한 거주지에서 살기 위한 합리적인 대응방식이라는 말을 가끔 듣는다. 이런 주장은 다음과 같은 말이다. 부유한 지역은 편안하고 진보적이며 민주적인 양육방식의 호사를 누릴 수 있지만, 저소득층 지역에서는 상황이 다르다. 저소득층 지역에서는 아이가 법을 지키고, 통제에 복종하며, 권력을 가진 자의 말이 설령 부당하더라도 따르도록 해야 한다. 그래야 아이가 어른이 될 때까지 살아남을 수 있다. 이런 관점에서 보면 아이는 엄격한 교육도 적응할 수 있으며, 심지어 반드시 필요하다는 말이 된다. 올드 도미니언 대학Old Dominion University의 연구자인 미셸 켈리Michelle Kelley와 그녀의 동료는 이에 관해 이렇게 설명한다.

"저소득층 지역에 사는 아이가 규칙에 복종하지 않으면, 피해자 또는 가해자로서 반사회적 활동에 연루될 위험성이 커지고, 그 정도도 중산층 지역보다 심각하게 나타날 수 있다. 그리고 이렇게 연루되는 것을 방지하기 위해서는 더 강한 방법이 필요할지도 모른다."[22]

흥미로운 이론이다. 왜냐하면, 이 이론은 어떤 환경에 속한 개인에 관한 문제보다는 이런 환경 자체에 관한 문제 때문에 엄격한 교육법을 사용해야 한다는 점을 시사하기 때문이다. 그리고 이런 견해는 소득은 낮고 범죄율은 높은 지역에 사는 유색인종이 겪는 일상을 전혀 모르는 많은 부유층 백인을 일깨우는 말이기도 하다.

그럼에도 불구하고 이와 같은 설명에는 몇 가지 문제점이 있다. 우선, 이런 견해를 뒷받침하는 증거가 명확하지 않다. 켈리는 '저소득층 흑인 엄마'가 아이를 기르는 방식이 아이를 걱정하는 정도에 따라 영향을 받는다는 결과를 일관되게 발견하지 못했다.[23] 위험에 대한 객관적인 평가 외에 특정 교육법을 선호하는 원인이 있을 수 있다.

게다가 위험한 거주지 이론이 사실이라면, 아이의 교육방식과 반사회적 행동과의 관계가 사는 지역에 따라 다르게 나타난다는 말이다. 하지만, 두 연구를 예로 들어보자. 첫 번째 연구는 다양한 인종 3,000명 이상의 십 대를 대상으로 1996년에 시행했고, 두 번째 연구는 아프리카계 미국인 841가구를 대상으로 2002년에 시행했다. 이 대규모 연구 결과는 청소년 범죄가 많은 지역을 포함해 거주 지역에 따라 교육 효과가 다르게 나타나지 않는 것으로 밝혀졌다.[24]

경험적 증거는 젖혀두더라도, 위험한 거주지에 관한 주장은 '통제 아니면 자유방임'과 같은 잘못된 이분법에 근거를 둔 내용으로 보인다. 당연히 어떤 지역의 아이는 특별 보호와 관리가 필요하다. 하지만, 이 아이가 권위주의적인 양육이나 체벌이 필요하다는 말과는 다르다.[25] 이 아이가 특정 체계를 통해 혜택받을 수도 있지만, 그렇다고 통제를 통해 혜택받아서는 안 된다. 이들에게는 강한 부모가 필요하지만, 절대적이고 무조건적인 복종을 요구하는 부모는 필요치 않다. 마찬가지로, 함께하는 양육법을 자유방임적 허용과 혼동해서는 안 된다. 자유방임적 허용의 결점을 지적한다고 해서 통제를 주장한다는 의미도 아니다.

3장과 4장에서 살펴본 강압적 통제와 처벌의 효과를 증명한 연구로 돌아가 보자. 이런 방식으로 자란 아이는 정교한 도덕적 틀을 제대로 형성하지 못한다. 이 아이들은 직면한 상황을 융통성 있게 해결하는 능력을 개발하지 못하고, 자신의 이익만을 앞세우는 함정에 빠질 수 있다.

중요한 것은 도덕적 교양, 인식의 유연성, 타인에 대한 배려다. 이는 사치스러운 것이 아니다. 또한 기본적인 생존 능력이나 생활 물정과도 서로 배타적인 것이 아니다. 우리는 아이가 이 모든 것을 갖기를 바란다. 하지만, 전형적인 처벌식 교육법은 이들 중 어떤 것도 아이에게 주지 못한다. 복종이 목적이라 하더라도, 처벌은 복종을 얻는 효과적인 방법이 아니다. 부모가 통제하는 아이는 부모가 곁에 없으면 고분고분하지 않는다는 사실을 명심하라. 따라서 현명한 판단이나 책임감을 발달시키려는 궁극적 목적과는 다르게 단순히 아이가 권력에 복종하게 하려는 목적에 대해 의문을 가져야 한다. 끝으로 책 후반부에서 설명한 방법, 즉 조건 없는 사랑, 존중과 신뢰에 기초한 관계, 아이가 의사 결정에 참여하는 기회 등은 열악한 거주지에서 자라는 아이에게 더 중요하다고 말하고 싶다.[26] 어쨌든 부모가 두려워 아이가 바른 행동을 하는 실질적인 상황은 그리 많지 않다.

감사의 말

이 책에 등장하는 아비가일과 에이사가 없었다면, 양육에 대한 내 생각은 현실성과 흥미가 떨어졌을 것이다. 내 인생 역시 마찬가지다. 나는 부모가 된다는 의미를 아이의 부모가 되고서야 깨달았다. 마찬가지로 내 생각과 인생도 아이의 또 다른 부모인 내 아내 알리사 덕분에 말할 수 없이 풍요로워졌다. 그녀 역시 이 책에 가끔 등장하지만, 그것만으로는 아내에 대한 고마움을 다 표현할 수 없다. 아내의 특출한 통찰력과 인내심, 아이를 위해 최선을 다하는 끊임없는 노력은 나에게 깊은 감동을 주고 나를 발전시켰으며, 나만의 양육법을 연구하는 데 아주 큰 도움을 주었다. 아내는 때론 농담 삼아 이렇게 말하곤 한다.

"흠. 당신이 방금 한 행동을 보고 알피 콘은 뭐라고 할까요?"

알리사는 보다 구체적인 방법으로 이 책에 도움을 주었다. 그녀는 모든 원고를 하나도 빠뜨리지 않고 읽으면서 내 주장과 어조를 신뢰성 있게 개선하도록 여러 의견을 주었다. 마찬가지로, 나와 아무런 관련이 없는 매릴린 왓슨도 이 책에 배어 있는 많은 지혜와 학식, 삶의 경험을 전달해주었다. 이제 매릴린과는 오랜 지기知己가 되었으며, 2년 전 그녀의 책 머리말을 쓸 영광을 얻었을 때 밝혔듯이, 아동발달에 관한 그녀의 생각은 그 분야의 누구보다도 내게 많은 영향을 주었다.

하지만, 이 책의 모든 내용에 대한 책임을 매릴린이나 알리사에게 돌리지 말기 바란다. 그저 여러분이 일리 있다고 생각하는 부분에만 이들의 공로를 인정해 주기 바란다.

이 책을 쓰는 동안 내용을 읽어보고 크고 작은 유용한 의견을 내주신 웬디 그롤닉과 리처드 라이언, 데이비드 알트슐러David Altshuler, 프레드 로스바움, 에드워드 디치에게도 감사드린다.

또한, 대리인인 게일 로스Gail Ross와 편집자 트레이시 베하르Tracy Behar의 전문성과 관심이 없었다면, 이 책은 세상에 나올 수 없었을 것이다. 이들 모두의 헌신에 다시 한번 감사드린다.

주석

들어가는 말

1. Deborah Meier의 실험에서 힌트를 얻었다.
2. Cagan, pp.45~46.
3. Simpson, p.11에 나온 수치다. 1990년대 중반에는 1,500권 이상의 양육서가 출간되었다.
4. 아이를 합리적으로 존중하는 방법을 담은 조금 더 나은 양육서도 서투른 흉내 내기에 급급하다. 예를 들어, 이런 책은 우리가 아이의 말을 듣고 있다는 사실을 알리는 '반영적 경청(reflective listening, 상대방의 말을 듣고 상대방의 기분과 감정을 이해하고 나서 그 기분과 감정을 이해하고 있음을 상대방에게 알려주는 대화법 - 옮긴이)' 방법을 사용하라고 조언한다. 그리고 마치 이 기술이 즉각적인 효과를 나타내는 마법 같은 힘이라도 있는 것처럼 선전한다.

    아이: 이건 너무 불공평해! 왜 항상 나한테 그래요! 엄마가 정말 싫어! (울음을 터트림)
    부모: 음. 내 말이 공평하지 않다고 생각하는 것 같구나. 그래서 화가 난 거지?
    아이: 맞아! (숨을 한 번 크게 쉼) 하지만……. 그건 참을 수 있을 것 같아요. (침묵) 날 이해해줘서 고마워요! 이제 기분이 훨씬 좋아졌어요!

5. 예를 들면, Chapman and Zahn-Waxler, p. 90에서 검토한 연구를 참조하라.
6. 워싱턴 D.C., 연구: Kuczynski and Kochanska(인용문은 각각 pp. 404, 398). '강박적 순종': Crittenden and DiLalla. 심리치료사: 예를 들면 Juul을 참조하라. 부모와 자식 간의 애착형태를 연구한 심리학자들의 말에 따르면, 건강한 아이는 '엄마가 하는 말에 무조건 따르는' 아이가 아니다. 오히려 그만 놀고 장난감을 정리하라는 말에 반기를 들지만 점차 엄마에게 협조할 줄 아는 아이가 건강한 아이다. (Matas 외, p. 554)
7. 통제에 관한 에드워드 디치와 리처드 라이언의 연구 중 pp. 57~58에 있는 토론을 참조하라. 나는 《보상이 미치는 벌의 효과(Punished by Rewards)》(Kohn 1999a, pp. 250~252)에서 이 문제에 관해 조사했으며, 디치와 라이언이 분석한 다양한 유형의 내면화가 매우 유용했다. 가장 건설적이지 못한 유형은 '함입(introjection, 외부의 대상을 자기 나름대로 느끼고 생각하여 자신의 자아로 받아들이는 것 - 옮긴이)'이다. 모든 규칙이나 가치를 무턱대고 받아들이면 이에 따라 행동해야 한다는 압박감을 느낀다. 이 책에서 분석한 교육이 바로 이런 내면화를 조장한다.
8. DeVries and Zan, p. 253
9. Coloroso, p. 77

제1장 조건적 양육

1. 아이에 관한 이런 관점은 타당한 증거에 의한 결론이라기보다는 편견에 가깝다는 사실이 밝혀졌다. 내 책《The Brighter Side of Human Nature》에서 나는 배려나 동정심이 공격성이나 자기중심성만큼이나 자연스러운 본성이라는 사실을 뒷받침하는 수백 개의 연구를 검토했다. 검토 내용의 요약본은 〈Caring Kids〉라는 제목으로 1991년 교육자를 위한 기사에서 볼 수 있다(Kohn 1991).
2. 스티븐 벨츠Stephen Beltz라는 심리학자가 쓴《How to Make Johnny WANT to Obey》, p. 236에서 따온 말이다.
3. Baumrind 1972, p. 278. 그녀는 인간관계에 관한 경제 모델이 인간 본성의 비관적인 관점과 관련 있음을 암시하면서 이렇게 말한다. "조건 없는 사랑을 표현하는 부모는 아이를 지나친 요구를 일삼는 이기적인 아이로 키우고 있는 것이다."
4. 마가렛 클락Margaret Clark은 자신이 '교환' 관계와 '공동' 관계라고 부르는 두 관계의 차이를 탐구한 몇 개의 연구 내용을 1970년대와 1980년대에 발표했다. 결혼에 관한 결론은 Murstein 외의 연구에서 따온 내용이다. 경제 모델과 비유가 다른 영역을 차지하게 된 방식을 더 광범위하게 조사하고자 한다면, 에리히 프롬Erich Fromm의 저서와 배리 슈워츠Barry Schwartz의 저서《The Battle for Human Nature》를 참조하라.
5. 예를 들면 Rogers 1959를 참조하라.
6. www.doh.ie/fulltext/Children_First/Chapter2.html을 참조하라. 나는 미주리에서 제안한 법안에서 뿐만 아니라 일리노이 보안관청과 펜실베이니아의 반학대단체(CAPSEA) 웹사이트에서도 이 자료를 여러 번 발견했다. 영국과 캐나다의 다른 웹사이트에서도 인용하고 있었다.
7. 예를 들면, "부모는 아이가 생각하는 것보다 가족의 의사 결정에 아이를 더 많이 참여시킨다고 말했다"(Eccles 외, pp. 62~63).
8. Kernis 외, p. 230에서는 이 주장을 뒷받침하기 위해 세 개의 연구 내용을 인용한다. 이 두 답변이 얼마나 정확한지를 비교할 수는 없지만, 다른 연구 결과 부모의 답변이 실험 내용과 항상 일치하진 않는다는 사실이 밝혀졌다(예를 들면 Kochanska 1997; Ritchie).
9. Hoffman 1970a, esp. p. 106 표 4. 이런 결과 및 애정철회와 관련한 다른 결과는 pp. 53~55에서 논의한다. '아이의 발달에 가장 큰 영향을 미치는 것은 양육방법에 대한 아이의 경험이다'라는 기본 결론에 대한 확증은 Morris 외를 참조하라. 인용문은 p. 147의 내용이다.
10. Assor 외. 인용문은 p. 60의 내용이다. 이런 부모가 자신이 받은 방식으로 아이를 대하는 이유에 관해서는 이 연구에 분명히 나와 있지 않다. 그러나 6장에서 조건적 양육에 관한 몇 가지 가능성을 설명한다.
11. Harter 외. 더욱이 "누군가 원하는 행동을 했을 때만 사랑받는다는 느낌으로 인해 의사소통에 장벽이 생기고, 이 때문에 조건적 사랑에서 벗어나는 것이 더욱 어려워진다. 이는 소통 장벽의 악순환이다"(Newcomb, p. 53).
12. 인용문은 Harter 1999, p. 181에서 가져온 내용이다. 부모와 교사의 조건 없는 지지 효과에 관한 연구는 Forsman, Makri-Botsari를 참조하라. 후자의 연구에서, 교사에게 조건 없는 인정을 받는다고 생각한 학생이 학습에 더 많은 관심을 보이며 어려운 과제에도 더 즐겁게 임한다는 사실을 발견했다(해야 하는 일이기 때문에 어쩔 수 없이 과제를 하고, 좋은 점수를 얻을 수 있는 쉬운 과제를 선호하는 것과 반대

개념이다).
13. 첫 번째 문장은 미주리 대학의 브렌트 말린크로드Brent Mallinckrodt와 그의 동료가 개발한 애정철회 척도(Love Withdrawal Scale)에서 가져왔다. 두 번째 문장(1인칭으로 바뀜)은 조지아 대학의 마이클 커니스Michael Kernis와 그의 동료가 사용한 방법에서 가져왔다.

제2장 사랑, 주기와 멈추기

1. Chamberlain and Patterson, p. 217.
2. Chapman and Zahn-Waxler. 인용문은 pp. 90, 92의 내용이다.
3. Hoffman 1970b, pp. 285~286.
4. Hoffman 1970b, p. 300.
5. Dienstbier 외, p. 307.
6. 자존감: 5~6학년 소년을 대상으로 한 스탠리 쿠퍼스미스Stanley Coopersmith의 연구에서 얻은 이 결론은 Maccoby and Martin, p. 55에 나온다. 33년 후, 소년·소녀를 대상으로 한 연구는 Kernis 외, 2000을 참조하라. 정신건강과 비행 행동: Goldstein and Heaven, 호주 고등학생을 대상으로 한 최근 연구. 우울증: Barber, 875명의 초등학교 5학년, 중학교 2학년, 고등학교 1학년을 대상으로 한 연구.
7. Maccoby and Martin, p. 55.
8. 비정상적인 불안: 퍼듀Perdue와 스필버거Spielberger의 1966년 연구는 Hoffman 1970b, p. 302에 나온다. 분노 표출에 대한 두려움: Hoffman 1970a, pp. 108~109. 실패에 대한 두려움: Elliot and Thrash. (이 두 저자는 '널리 인정받는 타임아웃 기술'을 언급하면서 애정철회의 개념을 설명한다) 애착 회피: Swanson and Mallinckrodt, 인용문은 p. 467의 내용이다. (지난 연구에서 대학생 125명이 애정철회를 경험했다고 한 것은 출신 가정의 특징을 고려한다 해도 이들이 친밀함을 꺼리는 가장 뚜렷한 이유다. 400명 이상의 대학생을 대상으로 한 두 번째 연구에서 Maliinckrodt and Wei는 애정철회와 불안감, 애착의 어려움 간의 관계를 확인했다)
9. Hoffman 1970a, 1970b, esp. pp. 339~340. 앞선 연구(Sears 외)에서는 엄마가 애정철회를 하면서도 대체로 따뜻하게 대한 아이가 다른 아이보다 발각되기 전에 규칙을 위반하거나 떳떳하지 못하게 행동한 사실을 시인하는 경향이 높게 나타났다. (또 다른 작가[Becker, p. 185]는 나중에 이것이 오로지 따뜻한 부모에게만 효과가 있다고 말했다. 여기에는 잃어버릴지도 모르는 사랑이 더 많기 때문이라고 했다) 그러나 추후 연구에서는 애정철회의 결과로 도덕발달에 긍정적인 영향을 미친다는 결과가 거의 나오지 않았다. 본문에서 설명한 연구를 포함한 다른 연구에서도 이런 교육방법이 '온전한 양심을 발달시키는 요소로 불충분하다'고 말했다(Hoffman and Saltzstein, p. 56). 사실 Sears 외의 연구에서 얻은 '긍정적' 결과(충동적 자백)가 우리가 정말 바라는 것인지는 의문이 든다. 발각되는 두려움과 자신의 행동이 잘못되었음을 인지하는 것(5세 아이에게 이런 감각은 확실히 확립되지 않았으며 점차 자라난다) 사이에는 차이가 있다. 심리학자 웬디 그롤닉에 따르면 아이는 부모의 사랑이 사라진다는 큰 대가를 치르면서까지 불복종을 감행할 수 없기 때문에 이 내적 압박은 '자율성과 반대되는' 것이다(Grolnick, p. 47).

10. 다음의 몇 단락에서 설명하는 내용은 내 책《보상이 미치는 벌의 효과》에도 이미 나오는 내용이다(Kohn 1999a).
11. Kohn 1999a, 5장과 Deci 외, 1999를 참조하라. 또한 각 연구에 요약된 연구도 참조하라.
12. 연구자마다 '칭찬'의 의미를 다르게 해석하기 때문에 칭찬이 내적 동기에 미치는 효과를 확인하는 일은 복잡하다(Kohn 1999a, esp. pp. 99~101, 261을 참조하라). 최근 연구 검토 결과, '말로 하는 보상이 대학생의 내적 동기는 향상시키지만, 아이에게는 효과가 없다'는 사실이 밝혀졌다(Deci 외, 1999a, p. 638).
13. M. B. Rowe.
14. 이 흔한 구문은 DeVries and Zan, p. 46에서 가져온 내용이다.
15. Burhans and Dweck. 여기서는 칭찬의 내용 역시 관련이 있을 수 있다. 연구자는 조건적으로만 인정받는다는 느낌이 드는 말은 대부분 부정적인 영향을 미친다는 것에 동의한다. 그러나 최소한 최근 두 연구로 판단할 때, 연구자는 어떤 말이 이런 영향을 미치는지에 대해서는 각기 다른 의견을 보인다. 젊은 성인을 대상으로 한 실험(Schimel 외)에서는 긍정적 반응이 성과와 관련된 경우 그들에게 확실한 안정감을 주지 못하지만, '진실한 내면의 자질'과 관련된 경우에는 확실한 안정감을 주는 것으로 밝혀졌다. 반대로 Kamins and Dweck에서는 '사람 중심적' 칭찬, 다시 말해 아이의 '성격, 능력 등 아이에 대한 전체적인 평가'를 내리는 칭찬은 아이에게 조건적 자존감을 심어주고, 아이가 장애에 부딪혔을 때 실패하는 원인이 된다는 사실을 발견했다.
16. 물론 할 수 있다. 지금 바로 그렇게 말해도 좋다. 나는 오히려 고맙다고 말할 것이다. 그리고 논리적인 반박(책의 어떤 내용이 도움이 됐는지, 혹은 도움이 되지 않았는지, 그 이유는 무엇인지 등)이라면 그것이 긍정적이든 부정적이든 상관없이 단순한 평가보다 더 환영한다. 당신과의 만남은 즐거울 거라 확신하지만, 사실 당신에게 조건 없는 사랑을 기대하지는 않는다. 두 성인 간의 대화는, 특히 두 사람이 일면부지일 경우에는 부모가 아이에게 하는 말과는 다르다. 그러므로 이 책이 당신 인생을 바꿔 놓았다는 말에 내가 감사의 미소를 짓는다 해도, 아이에게 긍정적 강화를 하는 것이 사실상 그렇게 나쁘진 않다고 결론 내릴 순 없다.
17. 이 검토에 관한 토론과 함께 다음 두 단락에서 제기되는 문제에 관한 내용은 Kohn 1994를 참조하라.
18. 여기서 패턴을 알 수 있겠는가? 우리는 그것이 자식 사랑(p. 24)이 됐든, 동기부여(p. 59)가 됐든, 혹은 자존감이 됐든 단일 사고방식에서 벗어나야 한다. 이들 모두에게 중요한 것은 그 정도가 아니라 그 종류다.
19. Deci and Ryan 1995, p. 33. 단순히 자존감의 정도에 초점을 맞추지 않고 안전성이나 취약성 등의 기준과 그 부대조건에 초점을 맞추는 발견적 가치는 Kernis 2003에도 설명되어 있다. 또한, 사람은 '자존감이 어떤 기질에 기초한 것이 아니라 자신의 감정에 대한 진정성에 기초할 경우에만' 우울증에서 벗어날 수 있다고 제안한 앨리스 밀러의 말에서도 찾아볼 수 있다(p. 58). 밀러는 이런 효과를 치료사에게서 얻을 필요가 없고, 충분히 얻을 수도 없다고 주장했다. 칼 로저스는 심리치료로 할 수 있는 가장 중요한 방법 중 하나는 몇 년 일찍 받았어야 하는 '조건 없는 긍정적 관심'을 주는 것이라고 믿었다. 하지만, 밀러는 이 말을 희망적으로 보지 않는다. 그녀는 이렇게 말한다. "이것은 아동기에 필요한 것이지 살면서 채워지는 것이 절대 아니다(p. 68)."
20. 음주 연구: Neighbors 외. 여기에 열거한 다른 결과를 확증해주는 연구 인용문은 Crocker and Wolfe,

pp. 606, 614~615에 나온다. 궁극적으로 이 두 저자는 '행동은 자존감이 조건적이냐에 따라 달라지는 것이 아니며, 오히려 사람이 자기 가치를 어디에 두느냐, 즉 자기 가치를 다른 사람의 인정에 두느냐 선행이나 덕을 쌓는 것에 두느냐에 따라 행동이 달라진다'고 말했다(p. 597). 추후 연구에서 Crocker 외는 '자기 가치를 두는 영역이 자존감이 조건적인지 아닌지보다 더 중요하다'(p. 905)는 주장을 뒷받침하는 몇 가지 증거를 인용한다.

21. 얼마나 많은 사람이 실제로 여기에 도달하느냐는 또 다른 문제다. 칼 로저스는 이상적인 시나리오(개인이 조건 없는 긍정적 평가만을 경험하면, '가치에 조건을 두지 않으며, 조건 없는 자존감이 형성되고, 긍정적 평가와 자존감에 대한 욕구가 조화를 이룬다. 또한, 개인은 심리적으로도 안정감을 유지하며 충분히 자기 역할을 다하게 된다')에 대해 설명하고 나서, 이것이 '가상으로는 가능하나, 실제로는 발생할 가능성이 없다'고 결론 내렸다(p. 224). 심리학자 알버트 엘리스Albert Ellis 역시 조건 없는 자기 인정의 중요성을 강조하면서도, 이것은 '절대로 완전히 얻을 수 없는 습관'으로 생각했다(Chamberlain and Haaga, p. 172). 또한, 이 분야 전문가인 두 연구자는 다음과 같이 말한다. "조건 없는 사람이 있다는 사실을 부정하지는 않는다. 그러나 성과, 외모, 운동신경, 순자산, 업무능력에 따라 타인과 비교해 그 사람의 자존감과 상대적인 가치의 중요성을 강조하는 북아메리카 문화에서는 이런 사람이 정말 드물지 않나 하는 의문이 든다."(Crocker and Wolfe, p. 616, 또한 Crocker 외를 참조하라). 결국 이들이 지적하는 것은 자존감이 높은 사람은 자신을 좋아하고자 스스로 만든 조건을 충족할 수는 있으나, 이것은 자신을 조건 없이 좋아하는 것과는 다르다는 점이다.
22. 덜 불안해하거나 덜 우울해한다. Chamberlain and Haaga.
23. Ryan and Brown, p. 74. Crocker 역시 이 점을 지적한다.
24. 내 책《경쟁에 반대한다(No Contest)》(Kohn 1992) 5장에서 설명한 자존감과 큰 차이는 없다. 최근 증거에 관해서는 크로커Crocker의 저서를 참조하라. 물론 경쟁심, 즉 다른 사람을 꺾고 승리하고자 하는 욕망 역시 일시적이거나 빈약한 자존감의 한 증상이다. 근본적으로 자기 가치에 대해 의심하는 사람은 경쟁에 이끌리지만, 자기의 우수성을 단번에 증명하려는 노력은 헛수고일 수 있다. 모순적으로 들리겠지만, 다른 사람을 이기기 위함이 아닌 다른 사람과 협력하기 위해 더욱 건강한 자아를 확립해야 한다.

제3장 과도한 통제

1. Ginott, pp. 101~102를 참조하라.
2. 예를 들면, Grusec and Goodnow, p. 7을 참조하라.
3. 한 연구에서는 권위주의적인 부모가 이런 시각으로 아이의 모든 행위를 평가하는 '엄마의 양육 신념의 일관성'을 발견했다(Hastings and Rubin). 또한, 부모가 '전후 사정을 무시'하고, '어떤 행위를 외부 기준에 따라 좋고 나쁨을 판단하고, 이에 따라 행동'할수록 아이의 행동은 더 비뚤어진다(Hoffman 1970a, p. 113).
4. Adorno 외. 인용문은 p. 385의 내용이다.
5. 어떤 심리학자는 아이와 까꿍 놀이를 하는 엄마를 생각해보라고 한다. 놀이가 너무 자극적이 되면, 아이

는 이를 외면하고 손가락을 빤다. 아이의 표정을 살피고 아이가 다시 놀 준비가 될 때까지 기다리지 않고 엄마는 '아이의 관심을 끌기 위해 혀를 톡톡 치며 열심히 아이의 시선을 끌려고 한다. 그러나 아이는 엄마를 무시하고 계속 딴 곳만 바라본다. 엄마도 끄덕하지 않고 머리를 아이에게 더 가까이 댄다. 아이는 얼굴을 찌푸리며 더 멀리 도망간다.' 아이의 분명한 태도를 존중하지 않고 상호작용을 통제하고자 하는 엄마의 요구는 아이에게 오래도록 영향을 미친다. 아이는 자신을 주변 세상에 영향을 미치지 못하는 무기력한 존재로 생각하고, 부모와 타인을 무정하고 신뢰할 수 없는 사람으로 인식한다. 이 때문에 '잠재적으로 인지 발달이 손상되고 타인과의 상호작용도 뒤틀리게 된다.' 따라서 이런 불쾌한 경험에서 탈피하는 방법과 스스로 다독이는 방법을 찾는 일이 아이의 우선순위가 된다(Tronick, pp. 112, 117).

6. 이 내용은 Kuczynski 1983, p. 133, 1984, p. 1062에 인용문과 함께 나와있다.
7. Stayton 외. 인용문은 p. 1061의 내용이다. 저자에 따르면 이 결과가 의미하는 것은 '복종 성향은 강한 훈련이나 교육이 아닌 적극적으로 반응하는 호의적인 사회 환경에서 나온다'는 말이다(p. 1065). 복종이 훈육이나 통제보다는 적극적으로 반응하는 양육과 더 관련이 있다는 연구서를 검토하려면 Honig를 참조하라. 연구자 두 명은 엄마가 Stayton 연구에서 설명한 방식으로 자신의 의지를 아이에게 강요하는 경우, 즉 아이의 상태, 분위기, 현재의 관심사에 따라 엄마가 간섭하는 시간이나 정도를 조절하기보다는 단순히 아이의 현재 행동을 못 하게 할 경우, 아이가 5~6세가 되면 과잉 행동을 더한다는 사실을 발견했다(Jacobvitz and Sroufe). 이런 흥미로운 결과에 대한 추후 조사가 전혀 없었다는 사실은 안타까운 일이다. 이유는 아동장애 분야에 사용하는 모든 기금이 양육과의 관련성 조사가 아닌 신경생물학 중심 연구에 사용되기 때문이다.
8. Crockenberg and Litman, p. 970.
9. Parpal and Maccoby.
10. Kochanska 1997.
11. 진심 어린 순종: Kochanska and Aksan. 다른 어른에 대한 순종: Feldman and Klein.
12. 아이가 특정 태도나 감정을 갖도록 하는 것이 목표일 때는 더욱 그렇다. 단기적으로 보면, 아이가 특정 방식으로 행동하게 하는 데 가끔은 성공할 수 있다. 그러나 아이가 그렇게 하기를 원하게 할 수는 없다. 아이에게 '동기'를 부여하는 방법에 대해 조언을 구하는 일이 어리석은 이유가 바로 여기에 있다. 통제하려는 노력은 부모와 아이의 관계가 일방적인 것으로 생각하는 한 소용없는 일이다. 연구자들은 엄마와 아빠가 단순히 아이에게 영향을 미치지 않는다는 사실을 알았다. 부모와 자식 관계는 싫든 좋든 서로 영향을 미치는 상호적인 관계다. "상호작용을 강조함으로써 우리는 부모의 행동을 아이에게 혹은 아이를 위해 일방적으로 하는 행동으로 보는 게 아니라, 아이와 함께하는 행동으로 볼 수 있다."(Maccoby and Martin, p. 78). 아이와 상호작용은 어떤 의미에서는 현재의 일을 정확히 설명하는 것이며, 또 어떤 의미에서는 앞으로의 일을 합리적으로 규정하는 것이다.
13. Baldwin, esp. pp. 130~132.
14. Lamborn 외, 1991. 인용문은 p. 1062의 내용이다. 이는 권위주의적인 부모 밑에서 자란 젊은 성인, 특히 젊은 여성이 그 결과로 자신을 형편없이 생각하는 경향이 있다는 점을 보여준 다른 연구(Buri 외를 참조하라)와 일치한다.
15. Samalin, p. 6.
16. 이 말은 마틴 호프만이 저서에서 반복적으로 지적한 내용이다. 아이가 부모 이외의 어른에게 과도한 통

제를 받을 때도 일반적으로 동일한 현상이 발생한다. 예를 들면 1930년대의 실험(Lewin 외)에서, 소년들을 일부러 민주적인 모임이나 권위적인 리더십을 보이는 남자가 주도하는 모임에 참가하게 했다. 후자 그룹의 몇몇 아이는 실제로 공격적이거나 경쟁적인 반응을 보였다. 하지만 많은 아이는 리더가 방을 나설 때까지(혹은 소년을 통제가 덜한 그룹으로 이동시킬 때까지) 숨죽이고 있거나 냉담한 태도를 보이다가 리더가 방을 나가면 갑자기 공격적인 행동을 보였다.

17. Hart 외.
18. Juul, p. 220. 이 말은 임상 심리학자이자 독실한 기독교 신자인 시드니 D. 크레이그Sidney D. Craig가 1970년대 출간한 흥미로운 책《Raising Your Child, Not by Force but by Love》의 주제이기도 하다. 이 책은 내가 본 대부분의 종교적 양육서에서 제시하는 내용과는 매우 다른 관점을 보인다. 크레이그는 또한 나보다 앞서 이렇게 지적했다. "아이의 '적'은 자유방임이 아니라 오히려 자유방임에 대한 두려움이다. 훌륭한 중산층 미국인 부모가 매정하고 냉담하며 무감각하게 아이를 대하는 이유가 바로 이 두려움 때문이다. 그래서 청소년 비행이 일어난다."(p. 38).
19. Ryan and Deci 2003, p. 265.
20. Assor 외.
21. Ryan and Deci 2000, p. 47.
22. Johnson and Birch. 인용문은 p. 660의 내용이다. 버치Birch는 내가 지난 장에서 언급한 연구(생소한 음료를 마신 후 보상이나 칭찬을 받은 아이가 그렇지 않은 아이보다 그 음료가 덜 맛있다고 생각한다는 내용)를 시행한 연구자다.
23. Maccoby and Martin, p. 44. 이 결론을 뒷받침하는 연구에 대해서는 Hoffman and Saltzstein을 참조하라.
24. 유아 연구는 1984년에 처음 발표되었으며, Grolnick, pp. 15~16, Frodi 외에 설명되어 있다. 두 번째 연구(Deci 외, 1993)에서는 단순히 부모가 놀이하는 동안 아이에게 얼마나 많은 이야기를 하느냐에 따라 그 부모의 통제 정도를 파악하는 것은 불가능하다는 사실을 추가로 발견했다. 중요한 점은 부모가 하는 말과 말하는 방식이었다.
25. Grolnick 외, 2002. 초기 연구에서 6~7세 아이에게 그림 그리는 법을 통제하는 방식으로 지시했을 때, 아이의 그림에 창의성이 떨어졌으며 아이가 그림 그리기를 즐기지 못한다는 사실을 발견했다(Koestner 외). 또 다른 연구(예를 들면 Dornbusch 외. 1987)에서는 권위주의적인 양육과 고등학생의 점수 사이의 부정적인 관계를 확인했다. 점수는 깊은 사고력과 학습에 대한 흥미, 도전적 과제에 대한 선호도 등을 나타내는 좋은 척도가 못된다. 오히려 점수는 깊은 사고력과 학습에 대한 흥미를 훼손할 뿐이다. 학생이 100점이라는 외적 보상을 좇아 이를 얻으려 한다는 사실은 5장의 설명처럼 걱정할 문제지 기뻐할 문제가 아니다.
26. 이 저자는 부모의 통제가 '아이의 주의력을 매우 협소하게 하는 반면, 자율성을 보장받은 아이는 과제의 개념도 잘 이해하고 혼자 있을 때도 이런 개념을 잘 적용할 것'이라고 추측했다(Grolnick 외 2002, p. 153).
27. Flink 외, Deci 외 1982를 참조하라.
28. Grolnick의 요약 설명은 pp. 20, 150에 있다. 나이에 상관없는 효과: p. 30. (마찬가지로 Grusec and Goodnow[p. 11]는 '권력 주장(power assertion)은 나이에 상관없이 도덕발달에 똑같이 부정적인 영

향을 미친다'는 사실을 발견했다. Brody and Shaffer는 이런 결론을 애정철회의 효과에까지 확장했다) 인종, 계층, 문화에 상관없는 효과: 부록을 참조하라.
29. 때로 부모나 교사는 자신의 행동을 정당화하기 위해 '체계'라든지 '한계'라는 단어를 사용한다. 이들의 실제 행동은 통제라는 말이 더 정확한데도 말이다. 반대로 그롤닉은 통제가 아이에게 좋은 것이라고 주장한 연구를 조사한 결과, 이 주장도 어느 정도는 합리적인 체계가 있는 것으로 밝혀졌지만 그래도 그것에 여전히 '통제'라는 꼬리표가 붙은 점을 지적한다(p. 149). 그롤닉은 건전한 체계를 '아이가 자기 결정을 하도록 필요한 지침과 정보를 제공하는 것'이라고 정의했다(p. 17). 또한, 이와 관련해서 '행동통제'와 '심리통제'의 차이는 얼 쉐이퍼Earl Schaefer가 처음 생각해냈으며, 로렌스 스타인버그Laurence Steinberg가 재개했고, 브라이언 바버Brian Barber가 더욱 발전시켰다.

제4장 처벌의 대가

1. 때로 아이(성인은 더 흔히)는 근본 취지를 벗어나 처벌받기도 한다. 이때의 목적은 미래의 행동 변화가 아닌 응징이다. 이런 처벌은 일부 교사의 동기도 된다(Reyna and Weiner). 그러나 얼마나 많은 부모가 아이의 행동 변화를 위해 처벌에 의존하는지, 그리고 도덕적으로 꼭 필요하다고 생각하는지는 분명치 않다(p. 165를 참조하라).
2. Sears 외, p. 484.
3. Toner, p. 31. 마찬가지로 '처벌적 교육은 아동의 모든 분열행동(disruptive behavior)의 공통 예측인자'라고 2002년에 다수 대학의 행동문제예방연구그룹(Conduct Problems Prevention Research Group)에서 보고했다(Stormshak 외, 인용문은 p. 24). 그리고 중서부 지방에서 시행된 다른 연구에서는 문제행동등급을 예측하는 데 있어 처벌의 다양한 종류가 "모든 인구학적 예측 인자를 합친 것보다 더 중요한 변수가 된다."라고 결론 내렸다(Brenner and Fox, 인용문은 p. 253). 처벌이 아이의 잘못된 행동과 관련이 있다는 말은 이런 아이를 둔 부모가 아이를 처벌할 가능성이 높다는 말이다. 다시 말해, 처벌은 아이 행동의 원인이라기보다는 이런 행동의 결과라 할 수 있다. 하지만, 지금까지 이 가설을 검증하기 위해 특별히 고안한 연구를 보면, 처벌이 결과라기보다는 원인이라는 결론을 정당화할 증거는 충분하다. 예를 들면 Hoffman 1960, p. 141, Kandel and Wu, p. 112, Cohen and Brook, p. 162를 참조하라. 특히, 체벌이 원인이라는 것에 관해서는 Straus 2001, 12장을 참조하라. 마찬가지로, 부모가 비정상적으로 공격적인 아이에게 더 엄격하게 반응할 수도 있지만, 이런 반응은 주로 양육에 관한 부모의 기존 태도에 의해 야기된 것이다(Hastings and Rubin, Grusec and Mammone을 참조하라).
4. 지금까지의 체벌에 관한 연구 내용을 가장 방대하게 요약한 것은 2002년 거쇼프Gershoff가 발표한 전공 논문이다. 그녀가 일시적 순종에 대한 효과를 알아보기 위해 검토한 연구 중 세 개의 연구에서는 긍정적 효과를 발견했으나 두 연구에서는 발견하지 못했다(p. 547). (이 세 연구에서조차 체벌이 다른 방법보다 더 효과적이라는 사실은 증명하지 못했다) 그리고 88개의 많은 연구를 통계 분석한 결과, 부모의 체벌이 '도덕적 내면화 감소, 아이의 공격성 증가, 아이의 비행 행동 및 반사회적 행동 증가, 부모와 자식 간 관계 약화, 아이의 정신건강 악화, 신체적 학대의 피해자가 될 가능성 증가, 어른의 공격성 증가, 어른의 범죄

행위 및 반사회적 행위 증가, 어른의 정신건강 악화, 자신의 아이나 배우자를 학대할 위험성 증대' 등과 관련이 있다는 사실도 밝혀졌다(p. 544). 또한 머레이 스트라우스Murray Straus의 글도 참조하라.

5. McCord 1991, pp. 175~176.
6. 나는 1996년 교사를 위한 저서 《훈육의 새로운 이해》에서 '존엄성의 교육', '협력적 교육', '사랑과 논리의 교육' 등을 포함한 몇몇 '새로운 교육법'과 루돌프 드라이커스Rudolf Dreikurs와 그의 동료가 제시한 권장 사항을 비평했다. 특히 4장, '가벼운 처벌: 결과와 허위선택'을 참조하라.
7. Pieper and Pieper, p. 208. 진정한 자업자득이 없다는 말은 아니다. 밤늦게까지 깨어 있었다면 다음 날 아침엔 분명히 피곤하다. 장을 보지 못했다면 음식이 동난다. 하지만, 이러한 시나리오는 집에 늦게 들어온 아이에게 밥을 다시 차려주지 않는 것과는 다르다. 원하는 대로 이름을 붙여라. 처벌이라 해도 좋고 모욕감이라 해도 좋다. ("내가 그렇게 말했잖아", 또는 "꼴좋다", "네가 뭘 좀 깨닫기를 바란다."라고 덧붙인다면 아이의 기분을 더 망치게 할 뿐이다)
8. Hoffman 1960. 말할 것도 없이 이렇게 하기는 어렵다. 연구(예를 들면 Ritchie)결과 아이가 한차례 순종하지 않은 후보다는 아이와 부모의 의견이 대립하여 갈등을 빚는 동안 부모가 처벌로써 반응할 가능성이 더 크다는 것을 확인했다.
9. Ginott, p. 151.
10. Hoffman 1970a, p. 114.
11. Gordon 1989, pp. 74, 77.
12. Hoffman and Saltzstein, p. 54.
13. 예를 들면 Hoffman 1970a, p. 109를 참조하라. Straus 2001 (p. 101)는 아이를 때리면서 그 이유를 설명하는 부모는 '아이가 다른 아이를 때릴 때 어떻게 해야 하고, 어떻게 말해야 하는지를 가르치고 있는 것'이라고 지적한다.
14. 애정철회에 관한 사실을 확인하려면 Hoffman 1970a, pp. 109, 115를 참조하라.
15. '교육의 암적 존재'라는 기사에서 내가 주장했듯이, 더 좋거나 더 나쁜 교육 형태에 따라 이 같은 현상이 학교에서도 나타난다(Kohn 2002).

제5장 성공 강요하기

1. Luthar and Becker.
2. Fromm, p. xvi.
3. Luthar and D'Avanzo. 부유층 거주 지역 고등학교와 저소득층 거주 지역 고등학교에서 약 500명의 십대를 대상으로 연구한 저자는 이런 자료에도 불구하고 교사는 전자의 학생이 더 건강하다고 생각한 점에 주목했다. 연구자는 저소득층 거주 지역에서 문제 행동으로 간주하는 행동을 부유층 거주 지역 교사는 창의적인 자기표현으로 보고 더 관대하게 반응하는 것으로 추측했다(p. 861).
4. Norem-Hebeisen and Johnson. 인용문은 p. 420의 내용이다.
5. 조지 칼린George Carlin은 단독 강연에서 이렇게 질문한다. "어떤 무지한 사람이 아이의 성적을 통해 자

신을 입증하려고 할까요? 제가 보았으면 하는 범퍼 스티커는 이런 것입니다: 우리의 자랑스러운 아이는 자존감이 충만하기 때문에 아이의 사소한 학업 성적을 차 뒤에 붙일 필요가 없습니다."

6. 확인 가능한 연구를 보면 유치원 입학을 연기하는 관행은 바람직하지 않음을 알 수 있다. 학업의 이점은 대부분 착각으로 밝혀졌다. 학업은 이런 관행보다는 아이의 사회경제적 특징에 따라 달라진다. 다시 말해 충분한 고등교육을 받은 부유한 부모의 아이는 언제 학교를 시작하느냐에 상관없이 학업을 잘 따라간다. 눈에 보이는 이점은 2년 내에 사라진다. 또한, 자료를 보면 레드셔팅의 사회적 이점도 없다. 혹, 있다 해도 추후에 나타날 불이익을 담보할 뿐이다. (참고 목록과 함께 자세한 내용은 Marshall을 참조하라.) 유치원이 점차 학업적인 곳(유아교육 전문가가 개탄하는 현상)이 되어 가면서 어떤 부모는 이 관행을 여전히 따르려고 한다. 하지만 아이가 늦게 유치원에 입학하는 경우가 많아지면, 학업 능력에 집중하는 경향이 심화되고, 이에 따른 악순환이 반복될 것이다(Cosden 등, p. 210).

7. 기존 점수 방식에 대한 확장된 논의 및 이어진 내용을 뒷받침하는 연구는 1999년 내 책《우리 자녀가 다닐 만한 가치가 있는 학교(The schools Our Children Deserve)》에서 찾아볼 수 있다. 조금 더 한정된 내용은 점수 체계에 관한 몇몇 에세이를 참조하라. www.alfiekohn.org/teaching/articles.htm.

8. Ames and Archer.

9. Grolnick and Ryan.

10. 이 연구는 각각 Gottfried 외, 1994와 Dornbusch 외, 1988에서 볼 수 있다. 버몬트의 5학년 학생과 그 부모를 대상으로 한 세 번째 연구에서는 좋은 성적에 대한 보상과 나쁜 성적에 대한 처벌이 '학교생활을 하는 데 낮은 동기부여, 적은 기쁨, 부족한 끈기' 외에 '낮은 점수 및 성취도'와 관련 있다는 사실을 발견했다(Ginsburg and Bronstein, 인용문은 p. 1470). 그러나 본문에 설명한 두 연구와 달리 부모의 방법이 이런 문제를 일으켰는지는 분명치 않다. 아이가 다른 이유로 이미 학업에 어려움을 겪고 있었기 때문에 부모가 뇌물이나 위협을 사용했을 가능성도 있다. 그러나 최소한 이런 방법이 상황을 호전시키지는 못했다.

11. Borek. 《Angela's Ashes》의 저자인 프랭크 맥코트Frank McCourt는 한 명문 고등학교에서 18년간 교편을 잡는 동안 단 한 번 어떤 부모가 이렇게 질문한 적이 있다고 말했다. "아이가 학교생활을 즐기고 있나요?" 다른 질문은 모두 시험 성적이나 대학 입시 등에 관한 내용이었다(Merrow, p. 102에서 인용).

12. '비현실적인 기준': Harter 1999, p. 282. '부모 실망시키기': 1997년 릴리안 카츠Lilian Katz와의 개인적 대화. 실패에 대한 두려움: Elliot and Thrash.

13. Grolnick, p. 98.

14. 나는 《경쟁에 반대한다》(Kohn 1992)에서 놀이, 학습, 업무의 비경쟁적 방식을 설명한다.

15. Schimel 외, p. 50. 조건적 인정과 조건적 자존감에 관한 의견을 옹호하는 다른 이론가의 인용은 Crocker and Wolfe, p. 614를 참조하라.

16. 수많은 연구에서 확인한 바로는 아이는 선천적으로 세상을 이해하기 위해 자기 수준 이상의 일을 하려고 노력하는 경향이 있다. 더 폭넓게 보면, 가능한 한 적게 일하는 것이 당연하다는 생각은 유기체는 항상 휴식 상태를 찾아다닌다는 '긴장 완화', 또는 항상성 모델(homeostatic models)의 유물이다. 현대 심리학에서 철저하게 거부한 모델은 거의 없다. 관심 있는 독자는 고든 올포트Gordon Allport의 논문을 찾아보는 것이 좋다. 혹은 자신감 획득(Robert White), 자기결정권(Richard de Charms, Edward Deci, 그외), 호기심 만족(D. E. Berlyne), 다양한 방법으로 잠재성 '실현'(Abraham Maslow) 등의 기본적인 인

간의 충동과 관련한 결과를 찾아보아도 좋다.
17. 실패가 향후 또 다른 실패를 예측하게 한다는 사실을 증명한 많은 연구 중 하나로 Parson and Ruble 을 참조하라. 실패로 인해 더 쉬운 과제를 선호하고 내적 동기가 낮아진다는 사실을 보여준 연구로는 Wigfield, Harter 1992 및 디치와 라이언의 다양한 출간물을 참조하라.
18. Crocker and Wolfe, pp. 614, 617.

제6장 무엇이 우리를 방해하는가?

1. 예를 들면, 여론조사기관인 Public Agenda가 시행한 〈요즘 아이들〉이란 제목의 1997년, 1999년 조사를 참조하라. (자세한 내용은 www.publicagenda.org/specials/kids/kids.htm을 참조하라.) 이 보고서의 첫 신문 요약본은 1997년 6월 26일 뉴욕타임스에 실려 있다.
2. Grubb and Lazerson, pp. 56, 85.
3. 이 통계는 컬럼비아대학의 국립빈곤어린이연구센터(National Center for children in poverty)와 도시 연구소(Urban Institute)에서 가져왔다.
4. Clayton.
5. 예를 들면, 아이의 숙제를 대신 해주는 부모가 비판의 대상이 된다. 그러나 문제는 도와줄 가치가 있는 숙제가 얼마나 되느냐 하는 것이다. 우리가 아이의 편의를 위해 지나치게 신경 쓰고 관여하는 것은 아닌가 하는 점만 논의한다면, 훨씬 더 해롭고 전통적인 교육의 문제점은 제대로 지적하지 못하게 된다(Kohn 1999b를 참조하라). 이와 마찬가지로 우리 아이가 또래로부터 괴롭힘을 당할 때마다 우리가 어디까지 개입해야 하는가만 고민한다면, 학교의 어떤 면이 그런 괴롭힘의 원인인지는 생각하지 못하게 된다.
6. Dix 외. 인용문은 pp. 1387, 1374의 내용이다.
7. 문화적 증거: Petersen 외. 순응과 교육의 관계: Luster 외, Gerris 외.
8. Holt, p. 21. 그는 이렇게 말한다. "복수는 앙갚음보다 더 위엄 있는 이름이다. 이는 말 그대로 '돌려준다'는 의미다. 범죄자에게 고통을 줌으로써 희생자와 사회에 만족감을 주는 것이 아니라면, 이런 행동이 그의 죄를 어떻게 보상하는지는 절대 알 수 없다. 그리고 이것이 정의인가?"
9. Greven, p. 65.
10. 예를 들면, 어떤 기독교 목사는 자신의 18개월 된 아들이 주차장에서 손잡기를 거부하면서 자신의 권위에 얼마나 '반항적으로 도전했는지'를 자세히 설명한다. 이어진 행동은 '아빠가 항상 이기며 완승한다는 사실을 아이가 마침내 깨달을 때까지 (설명과 서로 충분한 사랑을 보여 주면서) 아이를 몇 차례 때린 것이었다.' 이런 방식을 '애정 어린 처벌(loving correction)'이라 한다.(Greven, p. 69에서 래리 톰잭Larry Tomczak의 책을 인용했다)
11. 예를 들면 레위기 26장, 신명기 28장, 잠언 1장, 로마서 1장을 참조하라.
12. Gordon 1989, p. xxvi.에서 인용했다.
13. 용어를 어떻게 정의하고 이를 연구 수단으로 어떻게 변형하느냐에 따라 많은 점이 달라진다. 예를 들면 당신은 아이가 잘못된 일을 했을 때, 대응조차 하지 않는 부모와 세심하게 최소한으로 개입하는 부모를 구별

하고 싶을 것이다. 어쨌든 한 연구 결과, 아이를 처벌한 정도는 아이가 8년 후 얼마나 공격적이고 반사회적으로 변할지를 예측할 수 있는 강력한 요소인 반면 방치는 그런 역할을 하지 못했다(Cohen 외).

14. 우리는 바움린드가 가족 관계의 상호작용 모델에 매료되었다는 점을 확인했다. 또한 조건 없는 사랑은 아이를 '지나친 요구만 하는 이기적인' 사람으로 만든다는 그녀의 생각도 이미 확인했다(p. 355 주석 3). 그녀는 또한 가정의 '체계'에는 외적 자극제와 '조건적 강화'가 필요하다고 주장한다. 그녀는 아이를 때리는 행위를 인정하며 처벌에 대한 비난을 '유토피아적 환상'이라고 일축한다. 또한, 복종을 강요하기 위해 권력을 사용하지 않는 부모는 '결단력이 없는' 사람으로 보일 것이라고 단언한다(Baumrind 1996).
안타깝게도 권위 있는 양육이 가장 효과적이라는 사실을 보여주기 위해 그녀가 인용한 연구는 이런 입장을 전혀 뒷받침하지 못한다. 그녀의 첫 조사 결과는 따뜻함과 '엄격한 통제'(혹은 '강제')를 혼합한 방법이 최적이라는 사실을 증명한 것으로 해석되었다. 그러나 이 자료를 꼼꼼히 조사한 또 다른 연구자(Lewis 1981)는 권위 있는 부모 밑에서 자란 아이의 긍정적 결과는 엄격한 통제와는 사실상 관련이 없다는 점을 발견했다. 따뜻하면서 통제하지 않는 부모의 아이는 부모가 따뜻하면서 통제하는 아이만큼 올바르게 행동했다. 연구자는 그 이유를 바움린드(및 많은 연구자)가 주장한 체계와 예측성을 구축하는 데 필요한 전통적 의미의 통제가 필요하지 않기 때문이라고 말했다.
게다가 바움린드는 정말로 어찌할 바를 몰라 '방치하는' 부모와 일부러 민주적인 방식을 취하는 부모의 차이를 모르는 듯하다. 민주적인 부모 밑에서 자란 아이는 어떤 문제도 없다. 또 다른 심리학자는 이에 관해 바움린드 본인이 이 방식에 반대하기 때문에 다른 인상을 주긴 하지만, 바움린드의 실제 자료를 자세히 보면 아이 중심의 양육을 크게 지지하는 것으로 보인다고 말했다(Crain, p. 18).
바움린드의 접근법을 활용한 다른 연구도 이런 관점을 지지하는 듯하다. 십 대를 대상으로 한 대규모 연구(Lamborn 외, 1991)에서 '권위 있는' 양육이라고 말할 수 있는 양육의 장점을 발견했으나 이 용어는 부모가 아주 조금이라도 아이를 처벌하거나 통제하지 않고 아이의 삶을 인식하고 관여한다는 의미로 정의되었다. 또 다른 연구(Strage and Brandt)에서는 부모가 아이에게 협력적인 동시에 많은 것을 요구해야 한다며 바움린드의 말을 인용했다. 하지만, 아이가 어릴 때 아이에게 많은 것을 요구하면 바람직한 결과를 얻지 못하고 오히려 부정적 결과를 낳는 것으로 밝혀졌다. 반대로 부모가 아이에게 협력하는 정도와 아이의 독립성을 지지하는 정도에 따라 긍정적 결과가 나타났다.

15. Grusec and Mammone, p. 60. 또한, Hastings and Rubin을 참조하라. Barber 외에서는 "심리적 통제의 가장 강력한 원천은 부모 자신의 심리상태다."라고 언급했다(p. 276).

16. Miller, p. 41.

17. Hastings and Grusec 1998. 그러나 누구의 욕구가 우선시됐느냐를 구분 짓기는 쉬운 일이 아니다. 아이를 위해 모든 것을 희생하며 마치 자신의 삶이 아이를 위해 존재한다고 생각하는 부모는 오히려 자아도취적인 성격을 가지고 있는 것으로 밝혀졌다. 이들은 아이에게 확고한 기대를 가지고 있으며 비정상적으로 아이를 통제하는 경향이 있다. 이들에겐 모든 일이 꼭 그렇게 이루어져야 한다. 어떤 일도 이들의 계획을 벗어나서는 안 된다. 가정은 지나치게 아이 중심적으로 보이지만 실상 아이는 부모의 욕구 충족을 위해 이용되고 있는 것이다.

18. 이 말은 아이를 키울 능력이 없다는 두려움일 수 있지만, 부모 자신의 부족한 부분에 대한 일반적인 두려움일 수도 있다. 실패에 대한 부모의 두려움이 애정철회로 이어진다는 사실을 상기하기 바란다(p. 137을 참조하라).

19. Grusec and Mammone, p. 62.
20. Bugental 외, p. 1298.
21. 쿤크Kunc가 프레젠테이션에서 사용한 이 인용문은 www.normemma.com/hmsvouts.htm에서도 볼 수 있다.
22. 학대하는 부모는 자신을 희생자로 생각한다: Bugental 외, p. 1298. 실제로 추후 연구에 따르면(Bugental and Happaney를 참조하라), 어떤 부모는 아이에게 악의적인 동기가 있다고 생각하여 무력감 인식, 분노, 학대의 악순환을 야기한다. 아이의 부정적인 동기를 찾아보려면 Lieberman, p. 64를 참조하라.
23. Hastings and Grusec, 1998, p. 477과 Grusec 외, 1997, p. 268의 Hastings 연구 요약 내용을 참조하라.
24. 텔레비전은 어떤 이들의 생각처럼 사람을 멍청하게 만들지 않는다. 어떤 것을 보느냐는 젖혀두더라도, 중요한 것은 어떻게 보느냐 하는 점이다. 이는 〈텔레비전과 아이: 증거 검토〉라는 제목의 에세이에서 내가 전개한 명제다(Kohn 1998).
25. Gordon 1989, p. 214.
26. Luster 외, p. 143을 참조하라.

제7장 조건 없는 양육의 13가지 원칙

1. 통계치는 로버트 라젤러Robert Larzelere와 동료의 1996년 연구를 인용한 Straus 2004에서 가져왔다. 인용문은 Straus 2001, p. 210의 내용이다.
2. 예를 들어, 어떤 연구에서 4살 된 아이들에게 전혀 흥미롭지 않은 일(플라스틱 포크와 스푼을 분류하는 일)을 시키도록 엄마들에게 부탁했다. 같은 방에는 아이의 관심을 분산하는 장난감도 놓아두었다. 절반의 엄마에게는 아이가 혼자서도 시킨 일을 잘하는지 알아보기 위해 어느 시점이 되면 방에서 나오라는 말을 할 것이라고 했다. 어른이 없어도 더 오랜 시간 순종을 이끌어내는 것이 목적이었던 이 그룹의 엄마는 다른 엄마(현재의 상황에만 집중한 엄마)보다 아이를 설득하고 다양한 설명을 해주며 아이와 상호작용하는 데 더 열의를 보였다. 이 과정은 효과가 있었다. 엄마와 함께 있을 때의 결과와 마찬가지로 아이는 엄마가 마음속에 장기적인 목표를 세우고 여러 종류의 방법을 사용할 때 계속해서 자기 일에 집중하는 경향이 있었다(Kuczynski 1984).
3. 한 그룹의 연구자는 이를 이렇게 표현했다. 부모의 최우선순위는 아이와의 문제에 대한 '상황별 해결책'을 찾는 것이 아니라 '아이와의 관계에 대한 자신만의 사고방식 및 감정을 통찰'하는 것이어야 한다(Gerris 외, p. 845). 물론 그다음 단계는 관계를 유지하고 강화하기 위해 이 통찰력을 발휘하는 것이다. 아이가 말을 잘 듣도록 하는 일이 급한 상황에서도 이런 통찰이 우선돼야 한다.
4. Gordon 1975, p. 228.
5. Coloroso, pp. 62~63.
6. Lieberman, p. 49.
7. 여기서 핵심은 아이의 나이 때문에 비현실적인 기대라는 말이다. 하지만, 많은 아이는 부모의 모든 기대

에 부응할 수 없는 특별한 욕구와 한계를 동시에 가지고 있다. 그런 상황에서 부모의 요구를 강요하는 것은 무의미하며 잔인하기까지 하다. 전형적인 교육방법이 역효과를 내는 문제에 대한 분석은 Greene을 참조하라.
8. 예를 들면, Noddings, p. 25를 참조하라. 그녀의 말에 따르면, 이 말은 철학자인 마틴 부버Martin Buber의 '확증' 개념에서 나왔다고 한다.
9. Lewis 1995, pp. 132~133.
10. 그러나 이런 경우에도 아이는 실제 행동한 만큼 해를 끼칠 생각은 아니었을 거라고 매릴린 왓슨은 지적한다. 또한, 순진함을 찾아볼 수 없을 때라도 이렇게 생각하는 것이 아이가 자신에 대한 부모의 긍정적인 이미지에 부응하도록 자극을 준다고 말했다(개인적 대화, 2004년 6월).
11. 예를 들면 Dumas and LaFreniere, p. 9에 인용된 연구를 참조하라.
12. "안 돼, 안 돼, 안 돼, 안 돼. 안 돼. 그래 이제 괜찮을 것 같구나."라는 말은 앞서 설명한 건전하지 못한 또 다른 패턴이다. 여기서 부모는 모든 것을 내버려 두다가 갑자기 폭발한다. "그래, 그래, 그래, 그래, 안 돼!!!" 처벌이 뒤따른다.
13. Miller, pp. 88~89. Gordon 1975, pp. 21~22, 257~259를 참조하라.

제8장 조건 없는 사랑

1. 그러나 이 말은 행복이 유일한 목적이어야 한다는 의미는 아니다. p. 369 주석 1을 참조하라.
2. Gordon 1975, p. 27.
3. Watson, pp. 142, 30.
4. 위의 책, p. 2.
5. Lovett, pp. 36, 39, 104~105.
6. 행복이 소유한 물건에 따라 달라진다는 생각은 아이에게 가르치고 싶은 내용이 아니다. 많은 어른이 새 신발이나 멋진 디지털 기기를 얻는 기쁨은 잠깐이고 금세 다시 지루해진다는 사실을 알면서도 행복이 마치 이런 물건에 있는 것처럼 행동한다. '상품물신주의(commodity fetishism 인간이 자신의 노동 산물인 상품에 노예가 되는 풍조 – 옮긴이)'는 자신이 파는 신상품이 우리에게 꼭 필요한 물건이라고 설득하는 기업에게나 이익이 되지, 우리에게는 별다른 도움이 되지 않는다.
7. Juul, p. 61.
8. 이 문제에 관한 더 자세한 내용은 《보상이 미치는 벌의 효과》(Kohn 1999) 중 특히 6장 '칭찬의 문제점'과 맺는말을 참조하라.
9. Grusec 외. 1978. 또 다른 연구에서는 아이가 칭찬받거나 자신을 유용한 사람이라고 생각하는 경우, 모두 관대한 모습을 보였다. 그러나 이어진 실험에서 자신을 유용한 사람이라고 생각하는 그룹이 칭찬받은 아이보다 더 관대한 모습을 보였다. 다시 말해, 칭찬은 특정 상황에서는 관대함을 증가시키지만 그 상황 밖에서는 그런 효과가 사라진다. 반면 관대한 사람이 되어야 하는 뜻깊은 이유를 아는 아이는 다른 상황에서도 이런 동기에 따라 행동한다(Grusec and Redler).

10. 《Lives of Promise》의 저자인 보스턴 대학의 카렌 D. 아놀드Karen D. Arnold의 말을 Rimer에서 인용했다.
11. 이런 차이의 중요성에 관한 더 자세한 내용은 Kohn 1999b, 2장을 참조하라.
12. 나는 《훈육의 새로운 이해》(Kohn 1996)라는 교사용 짧은 책에서 직접 이 방법을 시도했었다. 또한 《Learning to Trust》(Watson)라는 책도 권한다. 이 책에서는 저소득층 지역에서 2년간 아이를 가르친 어느 교사가 아이의 욕구를 채워줌으로써 강압적인 방법을 피할 수 있었던 경험에 대해 설명한다.

제9장 아이를 위한 선택

1. Kohn 1993에서 이 주제에 관한 연구를 검토했다. 관심이 있는 독자는 다양한 삶의 영역에서 경험하는 자율성에 대해 광범위하게 서술한 에드워드 디치, 리처드 라이언, 웬디 그롤닉의 저서에서도 이 주제를 찾아볼 수 있다. '졸'이나 '근원'이라는 용어는 심리학자 Richard de Charms에게서 비롯된 말이다.
2. 이 둘은 같은 말이 아니라는 사실에 유의하라. '부모가 아이에게 심리적 통제를 하지 않는다고 해서 자동으로 부모가 자율성에 힘을 실어준다는 의미는 아니다'(Barber 외, p. 271).
3. 아이는 부탁받은 일을 더 잘한다: pp. 88~90을 참조하라. 부모를 보다 쉽게 신뢰한다: 이 결과를 뒷받침하는 연구는 Chirkov 외, p. 98에 언급되어 있다. 자신을 더욱 신뢰한다: Eccles 외, p. 62. 말썽에 휘말리지 않는다: 부모의 의사 결정에 참여한 십 대 아이는 모든 인종을 막론하고 1년 후 마약이나 알코올 사용이 줄었고, 학교에서 불량행동이나 반사회적 행동에 더 적게 연루되었다(Lamborn 외, 1996). 대학생이 자신감을 갖는다: Strage and Brandt. 본 단락에서 인용한 대부분의 연구에서 부모가 아이의 자율성을 지지한 정도는 부모의 말이 아닌 아이의 경험으로 판단하였다. 내가 이미 언급했듯이, 에클스Eccles는 부모의 말이 종종 사실과 다르다는 점을 증명했다. 아이가 어떻게 생각하느냐가 중요하다.
4. Cai 외, p. 373. 본래 인용문에서는 항목마다 한 개 이상의 인용문이 괄호로 첨부되어 있다.
5. 부모가 가진 엄청난 권력 때문에 단순한 관찰이나 권고가 실질적인 요구로 쉽게 바뀔 수 있으므로 매우 주의를 기울여야 한다. 애정철회와 같은 암묵적 위협은 피해야 하며, 가능하면 최종 결정은 아이에게 맡겨야 한다. 우리가 원하는 대로 아이가 결정을 내리지 않아 실망스럽더라도 아이가 진심으로 자율성을 가질 수 있도록 도왔다는 확증으로 생각해야 한다.
6. 형제간의 갈등을 해결하는 실질적인 방법에 대해서는 Faber and Mazlish 1987을 참조하라. 이들의 다른 저서 역시 읽어볼 만하다.
7. Lieberman, p. 169. 그녀는 또한 이렇게 말한다. "큰 아이가 작은 아이에게 행사하려고 하는 독단적인 힘은 부모가 큰 아이에게 행사하는 독단적인 힘과 같다. 더 강한 아이의 권력 행사를 저지하려는 부모의 행동은 '내가 하라는 대로 하지 말고, 내가 말하는 대로 해'라는 메시지를 줄 수 있다."
8. 예를 들면, p. 358 주석 3의 설명을 참조하라.
9. Baldwin, p. 135.
10. Lewis 1981에서 특히 바움린드의 자료를 재분석한 p. 562를 참조하라. 한편 또 다른 연구에서는 부모가 잘못된 행동을 처벌해야 할 위반으로 생각하면 아이는 반항하는 법을 배우지만, 부모가 잘못된 행동을 함

께 풀어야 할 문제로 보면 아이는 협상하는 법을 배운다는 사실을 발견했다(Kuczynski 외).
11. 이 점과 다음 단락에서 설명하는 내용 대부분은 Kohn 1996에서 가져온 내용이다.
12. Scott-Little and Holloway.
13. Gordon 1989, p. 9.
14. 교실에서 최근 실험한 증거에 관해서는 Reeve 외를 참조하라.
15. 많은 교사가 말을 듣지 않는 학생은 말을 들을 때까지 '감독'할 필요가 있다고 생각한다. 그러나 교사의 요구나 지시를 분명히 밝히고 '학생들이 원하는 시간에 하도록 맡겨 두면', 이 학생들은 '그 요구나 지시를 훨씬 더 잘 따른다'는 사실이 밝혀지곤 한다(Watson, p. 130).
16. 2, 3, 6 항목에 대한 실험적 근거는 Deci 외, 1994에서 얻었다.

제10장 아이 관점에서 생각하기

1. 두 번째 질문을 추가함으로써 우리의 주목적이 아이의 행복만으로는 충분치 않다는 것을 알 수 있다. 개인적으로 나는 아이가 고생길이 훤한 사회운동가가 되기를 바라지 않는다. 그러나 자신의 안녕에만 몰두한 나머지 다른 사람의 고통에는 무관심한 아이로 자라는 것은 더더욱 바라지 않는다. 또한, 나는 아이가 무분별하고 편협하며 분개해야 할 일에 분개하지 않은 대가로 얻는 행복도 바라지 않는다. 에드워드 디치는 이렇게 말한다. "사람이 행복만을 원한다면, 자기 개발이 더딜 수밖에 없다. 행복에 대한 갈망으로 경험의 다른 면을 볼 수 없기 때문이다. 살아있음의 진정한 의미는 단지 행복을 느끼는 것이 아니라 다양한 인간의 감정을 경험하는 것이다"(1995, p, 192; 강조 생략). 나는 "당신의 아이가 행복하기를 바랍니까?"라는 질문에, "네, 하지만……."이라고 답하는 것 외에 다른 답이 없다고 생각한다.
2. 관심 있는 독자는 낸시 아이슨버그Nancy Eisenberg와 폴 무센Paul Mussen(매우 유용한 책《The roots of Prosocial Behavior in Children》의 공동 저자), 마틴 호프만, 어빈 스타우브Ervin Staub, 매리언 래드케-얘로우Marian Radke-Yarrow, 캐롤린 잔-왁슬러Carolyn Zahn-Waxler 등의 연구자가 쓴 저서를 찾아보기 바란다.
3. Barnett 외, p. 93. 경쟁은 윤리적 사고 수준을 낮추고 낮은 수준의 도덕기준을 발달시킨다는 사실이 스포츠심리학 분야에서도 증명되었다(Kohn 1992).
4. "명확한 설명 없이 '안 돼', '그만', '하지 마'라는 말을 너무 자주 하면 일반화된 금지, 즉 모든 걱정거리에 대해 뒤로 물러서는 법을 먼저 배운다. 그 결과 회복하려는 노력이나 이타심은 최소화된다."(Zahn-Waxler 외, p. 326).
5. 이 문제를 폭넓게 연구한 발달심리학자 Leon Kuczynski(1983, p. 132)의 말을 빌리면, "설명이 없는 금지는 결과에 대한 위협을 어느 정도 내포하고 있기 때문에 동기가 없다고 할 수 없다."
6. 부모의 논리적 설명과 다 자란 아이의 이타주의 관계를 증명한 연구는 매우 극적이었다. 이 연구는 나치주의자로부터 유럽 유대인들을 구한 사람들을 대상으로 이루어졌다. 그 구조자들의 부모는 특별히 복종을 강조하거나 체벌을 사용하지 않았다. 대신 이들은 '논리적인 설명, 피해를 구제할 방법 제안, 설득, 조언' 등에 초점을 맞추어 자신이 '아이를 존중하고 신뢰한다는 메시지'를 전달했다. 그 결과 아이는 '자기

유효성과 타인에 대한 정'을 느꼈던 것이다(Oliner and Oliner, pp. 162, 179, 182). 두 번째 연구에서는 대학생 천여 명의 어린 시절을 조사했다. 아이를 존중하고 처벌식 교육보다는 합리적인 교육에 의존한 부모 밑에서 자란 학생은 봉사활동에 참여하거나 자신이 믿는 대의명분에 우호적 입장을 취하는 경향이 강했다(Block 외).
7. 사회적 관념 및 도덕적 관념을 단순히 학습자에게 전달하는 방법이 아닌 학습자 스스로 확립하는 방법에 대해서는 콘스턴스 카미Constance Kamii와 레타 드브리스Rheta DeVries의 저서를 참조하라. 나는 기존의 학교 기반 '인성교육' 프로그램을 비판하면서 이 문제에 대해 논한 적이 있다(Kohn 1997).
8. '아이의 의견 이끌어내기': Walker and Taylor, 인용문은 p. 280의 내용이다. 기타 연구: Eisenberg, p. 161.
9. 1989년과 1990년, 매릴린 왓슨과의 개인적 대화.
10. 호프만의 발견: Hoffman and Saltzstein; 인용문은 p. 50의 내용이다. 추후 연구 확인: 예를 들면, Kuczynski 1983을 참조하라. 더 큰 아이에게 가장 효과적이다: Brody and Shaffer. 귀납법이 유치원생에게 도움이 된다: Hart 외. 유아조차 반응하는 경향이 있다: Zahn-Waxler 외; 인용문은 p. 323의 내용이다.
11. 감정이입은 훨씬 더 일찍 시작될 수 있다. 갓 태어난 아기는 갑자기 큰 소음을 들을 때보다 같은 크기의 다른 아기 울음소리를 들을 때, 울음을(그것도 아주 오랫동안) 더 잘 터트린다. 생후 18~72시간 된 아기를 대상으로 한 세 연구에서는 이런 울음이 단순한 음성 흉내 내기가 아닌 자발적인 반응으로 보인다고 발표했다. 이 말은 우리가 다른 사람의 고통에 함께 고통스러워하는 기질을 타고났음을 의미한다. (이 연구는 관점 바꾸기와 감정이입에 관한 수많은 연구와 함께 Kohn 1990에 인용되어 있다. 본문에 이어지는 몇몇 이야기 또한 같은 책에 있는 내용이다.)
12. 이에 관해 Coloroso, pp. 136~138에서 제시한 변형은 두 자매가 한쪽의 설명에 동의할 수 있을 경우에만 방금 일어난 일에 대해 설명하라고 한 것이다.
13. 이 말은 앞서 '누군가 나에게 그렇게 말했다면, 내가 조건 없이 사랑받는다고 느꼈을까?' 하고 부모 스스로 자문해보라고 한 이유다. 그러나 아이는 당신이 아니라는 지극히 단순한 이유로 이렇게 입장을 바꿔 생각해보는 것만으로는 부족하다. 당신은 어렵지 않게 이 질문에 긍정적으로 답할 수 있다. 하지만, 당신의 아이는 절대로 조건 없는 사랑을 느끼진 못할 것이다.
14. p. 173에서 언급한 Hastings and Grusec의 연구를 참조하라. 이런 부모는 갈등을 해결하는 건설적인 방법을 가르치고자 한다. (반대로 권위주의적인 부모는 갈등, 특히 아이와의 갈등을 제거해야 할 무엇으로 보는 경향이 강하다. 이들은 불가피하게 일어날 수밖에 없는 다양한 갈등의 차이나 갈등을 해결하는 좋은 방법과 나쁜 방법의 차이를 구별하지 못한다) 한편 또 다른 연구에서는 부모가 아이와 논의할 때 '타인 중심적' 주장(타협점을 찾기 위해 다른 사람의 이해관계를 고려하는 것)과 반대되는 '자기중심적' 주장(자신의 입장을 고수하는 것)을 하면, 3년 후 아이가 친구를 대하는 방법에 상당한 영향을 미친다는 점을 발견했다. 연구자는 아이에게 갈등 해결 방법을 가르치는 것만으로는 충분치 않다고 말한다. 우리는 가정에서 일어나는 갈등에 아이가 '직접 노출'된다는 사실을 고려해야 한다(Herrera and Dunn. 인용문은 p. 879의 내용이다).
15. 네덜란드 연구: Gerris 외. 캐나다 연구: Hastings and Grusec 1997. 미국 연구: Kochanska.
16. Miller, pp. 89~91. 이 주장은 그녀의 저서를 비롯해 많은 치료사가 쓴 양육에 관한 저서의 핵심을 이

룬다.
17. 부모가 지속적으로 간섭, 방해, 금지하고 있다는 관점을 뒷받침하는 연구를 되새겨 보라. pp. 210, 367 주석 11을 참조하라.

양육방식: 문화, 계층, 인종과의 관련성

1. Levine.
2. Mosier and Rogoff. 인용문은 pp. 1057~1058의 내용이다.
3. Rothbaum, 개인적인 편지, 2002년 1월.
4. 한 그룹의 연구자는 아이에게 의사 결정의 기회를 적게 주더라도 선택을 중요시하지 않는 문화에서는 크게 문제되지 않는다는 흥미로운 가설을 제기했다. 권위주의적인 부모는 아이에게 부정적인 동기가 있다고 생각하는 경향이 있다. 이들은 자신이 원하지 않는 방식으로 아이가 행동하면, 아이가 일부러 반항하거나 공격적이며 악의적인 행동을 한다고 생각한다. 그래서 아이에게 더 강압적이고 권력에 기반한 반응을 보이는 악순환이 발생한다. 그러나 어떤 문화에서는 우리가 보기에는 권위주의적인 부모일지라도 아이의 동기에 대해 이런 생각을 하지 않는다. 왜냐하면 사람을 독립적인 의사 결정의 주체로 보지 않기 때문이다. 그러므로 아이와의 관계에서도 갈등이 적게 일어난다. (Grusec 외 1997, p. 272 를 참조하라)
5. Grolnick, pp. 75, 79. Barber and Harmon 역시 다양한 9개 문화 연구를 통해 기초 자료를 발표했다. 이들 중 두 문화는 상대적으로 집산주의 경향이 강했으며 부모의 심리적 통제와 아이의 우울증 및 반사회적 행동 간에도 일치된 모습을 보였다.
6. Ryan and Deci 2003, pp. 265~267. 이 문제에 관한 다른 관점과 '자율성'과 '관련성' 문화의 차이에 관한 더 자세한 분석은 Rothbaum and Trommsdorff를 참조하라.
7. '부모의 체벌 사용 비율': Gershoff, p. 562의 이 결론 뒤에는 15개의 인용문이 이어진다. '낮은 사회경제적 계층에 속하는 아이': Dodge 외, p. 662. 또한 Sears 외, Simons 외, 1991도 참조하라. 그러나 거쇼프는 어떤 연구에서는 이와 같은 관계를 발견하지 못했다고 말했다. 이 말은 조사를 받은 사회경제적 지위의 특정 요소와 관련이 있다. 예를 들어 체벌 사용은 부모의 수입이나 직업보다는 부모의 교육 수준과 더 깊은(부정적으로) 관련이 있을지 모른다.
8. Conger 외를 참조하라; Grolnick, pp. 83~87에서 검토한 증거도 참조하라.
9. 멜빈 콘의 결과: M. Kohn. 다른 연구자가 콘의 결과를 확증한 결과: 예를 들면 Schaefer and Edgerton, Pinderhughes 외, Gerris 외를 참조하라. 국제 자료: Petersen 외.
10. 자율성을 적게 인정: Alwin(p. 362)은 5개 연구를 인용하여 이 결과를 뒷받침했다. 공격성을 더 인정: Dedge 외.
11. 계층이 인종보다 더 많은 영향력을 행사: Pindeghughes 외. 그러나 이 연구에서는 Deater-Deckard 외, Giles-Sims 외(1990년 연구), Straus and Steward(1995년 연구) 등과 마찬가지로 인종이 여전히 관련되어 있다는 사실을 발견했다. 1988년에 발표한 대규모 국내 자료를 바탕으로 McLeod 외(p. 586)는 흑인 엄마보다 '백인 엄마가 지난주에 아이를 더 적게 때렸다고 말했다'고 보고했다. 그러나 그녀는 연

구 대상에 포함된 흑인 엄마가 백인 엄마보다 가난한 사람이 많았다고 덧붙였다.
12. 22%와 9%의 반대: Flynn. 26년 동안의 지지 감소: Straus and Mathur.
13. Deater-Deckard 외. 이 마지막 조건이 매우 중요하다: '모든 아이에게 똑같이 해로운 심한 체벌 교육의 극단성에는 한계가 있는 듯하다'(Deater-Deckard and Dodge, p. 168).
14. 물론 이 점은 에릭 에릭슨Erik Erikson, 디터-데카드, 닷지를 포함한 많은 이론가가 지적한 내용이다. 디터-데카드와 닷지는 이렇게 주장한다. "확실히 비슷해 보이는 부모의 행동(아이를 때리는 행동 등)이 다른 문화적 환경에서는 다른 의미와 결과를 가져올 수 있다"(p. 168).
15. 인간발달분야의 저명한 연구자인 Hugh Lytton(p. 213)과 D. C. Rowe(p. 221)가 이 점을 지적했다. 로우Rowe는 양육방식 측정법이 백인과 흑인에게 동일한 신뢰도나 타당성(말하자면, 흑인 엄마가 면접관을 신뢰하지 못할 이유가 있는 경우)을 갖지 못할 수 있다는 사실에 근거해 디터-데카드와 닷지의 결과에 의문을 제기했다.
16. 이 점은 Straus 2005를 참고했다.
17. Lamborn 외, 1996. 인용문은 p. 293의 내용이다.
18. Simons 외, 2002.
19. Straus 외.
20. Kilgore 외.
21. Rohner 외. 인용문은 p. 691의 내용이다.
22. Kelley 외, p. 574.
23. '아이가 희생양이 될 것이라는 엄마의 두려움은 양육 태도와 무관하다'라는 연구 내용은 Kelley 외(p. 579)에 발표되었다. 하지만, 발표되지 않은 논문에서 켈리Kelley는 이전에 이런 관계를 발견했다고 말했다.
24. 각각 Lamborn 외, 1996; Simons 외, 2002.
25. Straus 외, 이런 주장은 체벌은 모든 인종의 아이에게 해로운 영향을 미친다는 결론에서 나온 말이다.
26. 그롤닉도 똑같은 사실을 주장했다. 열악한 거주지에서는 "자기 규제와 책임감(모두 자율성을 지지한 양육의 결과다)의 발달이 꼭 필요하다."(Grolnick, p. 74)

참고자료

Adorno, T. W., Else Frenkel-Brunswik, Daniel J. Levinson, and R. Nevitt Sanford. *The Authoritarian Personality.* New York: Harper & Brothers, 1950.

Alwin, Duane F. "Trends in Parental Socialization Values: Detroit, 1958-1983." *American Journal of Sociology* 90 (1984): 359-82.

Ames, Carole, and Jennifer Archer. "Mothers' Beliefs About the Role of Ability and Effort in School Learning." *Journal of Educational Psychology* 79 (1987): 409-14.

Assor, Avi, Guy Roth, and Edward L. Deci. "The Emotional Costs of Parents' Conditional Regard: A Self-Determination Theory Analysis." *journal of Personality* 72 (2004): 47-89

Baldwin, Alfred L. "Socialization and the Parent-Child Relationship." *Child Development* 19 (1948): 127-36.

Barber, Brian K. "Parental Psychological Control: Revisiting a Neglected Construct." *Child Development* 67 (1996): 3296-3319.

Barber, Brian K., Roy L. Bean, and Lance D. Erickson. "Expanding the Study and Understanding of Psychological Control." In *intrusive Parenting: How Psychological Control Affects Children and Adolescents*, edited by Brian K. Barber. Washington, D.C.: American Psychological Association, 2002.

Barber, Brian K., and Elizabeth Lovelady Harmon. "Violating the Self: Parental Psychological Control of Children and Adolescents." In *Intrusive Parenting: How Psychological Control Affects Children and Adolescents*, edited by Brian K. Barber. Washington, D.C.: American Psychological Association, 2002.

Barnett, Mark A., Karen A. Matthews, and Charles B. Corbin. "The Effect of Competitive and Cooperative Instructional Sets on Children's Generosity." *Personality and Social Psychology Bulletin* 5 (1979): 91-94.

Baumrind, Diana. "Some Thoughts About Childrearing." In *Influences on Human Development*, edited by Urie Bronfenbrenner. Hinsdale, IL: Dryden Press, 1972.

—. "The Discipline Controversy Revisited." *Family Relations* 45 (1996): 405-14.

Becker, Wesley C. "Consequences of Different Kinds of Parental Discipline." *Review of Child Development Research*, vol. 1, edited by Martin L. Hoffman and Lois Wladis Hoffman. New York: Russell Sage Foundation, 1964.

Beltz, Stephen E. *How to Make Johnny WANT to Obey*. Englewood Cliffs, NJ: Prentice-Hall, 1971.

Block, Jeanne H., Norma Haan, and M. Brewster Smith. "Socialization Correlates of Student Activism." *Journal of Social Issues* 25 (1969): 143-77.

Borek, Jennifer Gerdes. "Why the Rush?" *Education Week*, May 23, 2001: 38.

Brenner, Viktor, and Robert A. Fox. "Parental Discipline and Behavior Problems in Young Children." *Journal of Genetic Psychology* 159 (1998): 251-56.

Brody, Gene H., and David R. Shaffer. "Contributions of Parents and Peers to Children's Moral Socialization." *Developmental Review* 2 (1982): 31-75.

Bugental, Daphne Blunt, and Keith Happaney. "Predicting Infant Maltreatment in Low-Income Families." *Developmental Psychology* 40 (2004): 234-43.

Bgental, Daphne Blunt, Judith E. Lyon, Jennifer Krantz, and Victoria Cortez. "Who's the Boss? Differential Accessibility of Dominance Ideation in Parent-Child Relationships." *Journal of Personality and Social Psychology* 72 (1997): 1297-1309.

Burhans, Karen Klein, and Carol S. Dweck. "Helplessness in Early Childhood: The Role of Contingent Worth." *Child Development* 66 (1995): 1719-38.

Buri, John R., Peggy A. Louiselle, Thomas M. Misukanis, and Rebecca A. Mueller. "Effects of Parental Authoritarianism and Authoritativeness on Self-Esteem." *Personality and Social Psychology Bulletin* 14 (1988): 271-82.

Cagan, Elizabeth. "The Positive Parent: Raising Children the Scientific Way." *Social Policy*, January/February 1980: 41-48.

Cai, Yi, Johnmarshall Reeve, and Dawn T. Robinson. "Home schooling and Teaching Style: Comparing the Motivating Styles of Home School and Public School Teachers." *Journal of Educational Psychology* 94 (2002): 372-80.

Chamberlain, John M., and David A. F. Haaga. "Unconditional Self-Acceptance and Psychological Health." *Journal of Rational-Emotive and Cognitive-Behavior Therapy* 19 (2001): 163-76.

Chamberlain, Patricia, and Gerald DR. Patterson. "Discipline and Child Compliance in Parenting." In Marc H. Bornstein, ed., *Handbook of Parenting*, vol. 4, *Applied and Practical Parenting*. Mahwah, NJ: Erlbaum, 1995.

Champman, Michael, and Carolyn Zahn-Waxler. "Young Children's Compliance and Noncompliance to Parental Discipline in a Natural Setting." *International Journal of Behavior Development* 5 (1982): 81-94.

Chirkov, Valery, Richard M. Ryan, Youngmee Kim, and Ulas Kaplan. "Differentiating Autonomy from Individualism and Independence." *Journal of Personality and social Psychology* 84 (2003): 97-110.

Clayton, Lawrence O. "The Impact upon Child-Rearing Attitudes, of Parental Views of the Nature of Humankind." *Journal of Psychology and Christianity* 4, 3 (1984): 49-55.

Cohen, Patricia, and Judith S. Brook. "The Reciprocal Influence of Punishment and Child Behavior Disorder." In *Coercion and Punishment in Long-Term Perspectives*, edited by Joan McCord. Cambridge, England: Cambridge University Press, 1998.

Cohen, Patricia, and Judith S. Brook, Jacob Cohen, C. Noemi Velez, and Marc Garcia. "Common and Uncommon Pathways to Adolescent Psychopathology and Problem Behavior." In *Straight Devious Pathways from Childhood to Adulthood*, edited by Lee N. Robins and Michael Rutter. Cambridge, England: Cambridge University Press, 1990.

Coloroso, Barbara. *Kids Are Worth It!* New York: Avon, 1994.

Conger, Rand D., Xiaojia Ge, Glen H. Elder, Jr., Frederick O. Lorenz, and Ronald L. Simons. "Economic Stress, Coercive Family Processes, and Developmental Problems of Adolescents." *Child Development* 65 (1994): 541-61.

Cosden, Merith, Jules Zimmer, and Paul Tuss. "The Impact of Age, Sex, and Ethnicity on Kindergarten Entry and Retention Decisions." *Educational Evaluation and Policy Analysis* 15 (1993): 209-22.

Craig, Sidney D. *Raising Your Child, Not by Force but by Love*. Philadelphia: Westminster Press, 1973.

Crain, William. *Reclaiming Childhood*. New York: Times Books, 2003.

Crittenden, Patrica M., and David L. DiLalla. "Compulsive Compliance: The Development of an Inhibitory Coping Strategy in Infancy." *Journal of Abnrmal Child Psychology* 16 (1988): 585-99.

Crockenberg, Susan, and Cindy Litman. "Autonomy as Competence in 2-Year-Olds: Maternal Correlates of Child Defiance, Compliance, and Self-Assertion." *Developmental Psychology* 26 (1990): 961-71.

Crocker, Jennifer. "The Costs of Seeking Self-Esteem." *Journal of Social Issues* 58 (2002): 597-615.

Crocker, Jennifer, Riia K. Luhtanen, M. Lynne Cooper, and Alexandra Bouvrette. "Contingencies of Self-Worth in College Students: Theory and Measurement." *Journal of Personality and Social Psychology* 85 (2003): 894-908.

Crocker, Jennifer, and Connie T. Wolfe. "Contingencies of Self-Worth." *Psychological Review* 108 (2001): 593-623.

Deater-Deckard, Kirby and Kenneth A. Dodge. "Externalizing Behavior Problems and Discipline Revisited." *Psychological Inquiry* 8 (1997): 161-75.

Deater-Deckard, Kirby, Kenneth A. Dodge, John E. Bates, and Gregory S. Petit. "Physical Discipline Among African American and European American Mothers: Links to Children's Externalizing Behaviors." *Developmental Psychology* 32 (1996): 1065-72.

Deci, Edward L. *Why We Do What We Do: The Dynamics of Personal Autonomy*. With Richard Flaste.

New York: Grosset/Putnam, 1995.

Deci, Edward L., Robert E. Driver, Lucinda Hotchkiss, Robert J. Robbins, and Ilona McDougal Wilson. "The Relation of Mothers' Controlling Vocalizations to Children's Intrinsic Motivation." *Journal of Experimental Child Psychology* 55 (1993): 151-62

Deci, Edward L., Haleh Eghrari, Brian C. Patrick, and Dean R. Leone. "Facilitating Internalization: The Self-Determination Theory Perspective." *Journal of Personality* 62 (1994): 119-42

Deci, Edward L., Richard Koestner, and Richard M. Ryan. "A Meta-Analytic Review of Experiments Examining the Effects of Extrinsic Rewards on Intrinsic Motivation." *Psychological Bulletin* 125 (1999): 627-68.

Deci, Edward L., and Richard M. Ryan. "Human Autonomy: The Basis for True Self-Esteem." In *Efficacy, Agency, and Self-Esteem*, edited by Michael H. Kernis. New York: Plenum, 1995.

Deci, Edward L., Nancy H. Spiegel, Richard M. Ryan, Richard Koestner, and Manette Kauffman. "Effects of Performance Standards on Teaching Styles: Behavior of Controlling Teachers." *Journal of Educational Psychology* 74 (1982): 852-59.

DeVries, Rheta, and Betty Zan. *Moral Classrooms, Moral Children*. New York: Teachers College Press, 1994

Dienstbier, Richard A., Donald Hillman, John Lehnhoff, Judith Hillman, and Maureen C. Valkenaar. "An Emotion-Attribution Approach to Moral Behavior." *Psychological Review* 82 (1975): 299-315.

Dix, Theodore, Diane N. Ruble, and Robert J. Zambarano. "Mothers' Implicit Theories of Discipline: Child Effects, parent Effects, and the Attribution Process." *Child Development* 60 (1989): 1373-91.

Dodge, Kenneth A, Gregory S. Petit, and John E. Bates. "Socialization Mediators of the Relation Between Socioeconomic Status and Child Conduct Problems." *Child Development* 65 (1994): 649-65.

Dornbusch, Sanford M. Julie T. Elworth, and Philip L. Ritter. "Parental Reaction to Grades: A Field Test of the Overjustification Approach." Unpublished manuscript, Stanford Univirsity, 1988.

Dornbusch, Sanford M. Philip L. Ritter, P. Herbert Leiderman, Donal F. Roberts, and Michael J. Fraleigh. "The Relation of Parenting Style to Adolescent School Performance." *Child Development* 58 (1987): 1244-57.

Dumas, Jean E., and Peter J. LaFreniere. "Relationships as Context." In *Coercion and Punishment in Long-Term Perspectives*, edited by Joan McCord. Cambridge, England: Cambridge University Press, 1998.

Eccles, Jacquelynne S., Christy M. Buchanan, Constance Flanagan, Andrew Fuligni, Carol Midgley, and Doris Yee. "Control Versus Autonomy During Early Adolescence." *Journal of Social Issues* 47, 4 (1991): 53-68.

Eisenberg, Nancy. *Altruistic Emotion, Cognition, and Behavior*. Hillsdale, NJ: Erlbaum, 1986.

Elliot, Andrew J., and Todd M. Thrash. "The Intergenerational Transmission of Fear of Failure." *Personality and Social Psychology Bulletin* 30 (2004): 957-71.

Faber, Adele, and Elaine Mazlish. *Siblings Without Rivalry*. New York: Norton, 1987.

Feldman, Ruth, and Pnina S. Klein. "Toddlers' Self-Regulated Compliance to Mothers, Caregivers, and Fathers." *Development Psychology* 39 (2003): 680-92.

Flink, Cheryle, Ann K. Boggiano, and Marty Barrett. "Controlling Teacher Strategies: Undermining Children's Self-Determination and Performance." *Journal of Personality and Social Psychology* 59 (1990): 916-24.

Flynn, Clifton P. "Regional Differences in Attitudes Toward Corporal Punishment." *Journal of Marriage and the Family* 56 (1994): 314-24.

Foraman, Lennart. "Parent-Child Gender Interaction in the Relation Between Retrospective Self-Reports on Parental Love and Current Self-Esteem." *Scandinavian Journal of Psychology* 30 (1989): 275-83.

Frodi, Ann, Lisa Bridges, and Wendy Grolnick. "Correlates of Mastery-related Behavior: A Short-Term Longitudinal Study of Infants in Their Second Year." *Child Development* 56 (1985): 1291-98.

Fromm, Erich. Foreword to *Summerhill: A Radical Approach to Child Rearing* by A. S. Neill. New York: Hart, 1960.

Gerris, Jan R. M., Maja Deković, and Jan M.A.M. Janssens. "The Relationship Between Social Class and Childrearing Behaviors: Parents' Perspective Taking and Value Orientations." *Journal of Marriage and the Family* 59 (1997): 834-47.

Gershoff, Elizabeth Thompson. "Corporal Punishment by Parents and Associated Child Behaviors and Experiences: A Meta-Analysis and Theoretical Review." *Psychological Bulletin* 128 (2002): 539-79.

Giles-Sims, Jean, Murray A. Straus, and David B. Sugarman. "child, Maternal, and Family Characteristics Associated with Spanking." *Family Relations* 44 (1995): 170-76.

Ginott, Haim G. *Teacher and Child*, New York: Mancmillan, 1972.

Ginsburg, Golda S., and Phyllis Bronstein. "Family Factors Related to Children's Intrinsic/Extrinsic Motivational Orientation and Academic Performance." *Child Development* 64 (1993): 1461-74.

Goldstein, Mandy, and Patrick C. L. Heaven. "Perceptions of the Family, Delinquency, and Emotional Adjustment Among Youth." *Personality and Individual Differences* 29 (2000): 1169-78.

Gordon, Thomas. *P.E.T.-Parent Effectiveness Training*. New York: Plume, 1975.

—. *Teaching Children Self-Discipline... At Home and at school*. New York: Times Books, 1989.

Gottfried, Adele Eskeles, James S. Fleming, and Allen W. Gottfried. "Role of Parental Motivational Practices in Children's Academic Intrinsic Motivation and Achievement." *Journal of Educational Psychology* 86 (1994): 104-13.

Greene, Ross W. *The Explosive Child*: New York: HarperCollins, 1998.

Greven, Philip. *Spare the Child: The Religious Roots of Punishment and the Psychological Impact of Physical Abuse*. New York: Vintage, 1992.

Grolnick, Wendy S. *The Psychology of Parental Control: How Well-meant Parenting Backfires*. Mahwah, NJ: Erlbaum, 2003.

Grolnick, Wendy S., Suzanne T. Gurland, Wendy DeCourcey, and Karen Jacob. "Antecedents and Consequences of Mothers' Autonomy Support." *Developmental Psychology* 38 (2002): 143-55.

Grolnick, Wendy S., and Richard M. Ryan. "Parent Styles Associated with Children's Self-Regulation and Competence in School." *Journal of Educational Psychology* 81 (1989): 143-54.

Grubb, W. Norton, and Marvin Lazerson. *Broken Promises: How Americans Fail Their Children*. New York: Basic, 1982.

Grusec, Joan E., and Jacqueline J. Goodnow. "Impact of Parental Discipline Methods on the Child's Internalization of Values." *Developmental Psychology* 30 (1994): 4-19.

Grusec, Joan E., Leon Kuczynski, J. Philippe Rushton, and Zita M. Simuti. "Modeling, Direct Instruction, and Attributions: Effects on Altruism." *Developmental Psychology* 14 (1978): 51-57.

Grusec, Joan E., and Norma Mammone. "Features and Sources of Parents' Attributions About Themselves and Their Children." In *Review of Personality and Social Psychology* 15 (1995): *Social Development*, edited by Nancy Eisenberg.

Grusec, Joan E., and Erica Redler. "Attribution, Reinforcement, and Altruism: A Developmental Analysis." *Developmental Psychology* 16 (1980): 525-34.

Gruesc, Joan E., Duane Rudy, and Tanya Martini. "Parenting Cognitions and Child Outcomes." In *Parenting and Children's Internalization of Values*, edited by Joan E. Grusec and Leon Kuczynski. Nwr York: Wiley, 1997.

Hart, Craig H., D. Michele DeWolf, Patricia Wozniak, and Diane C. Burst. "Maternal and Paternal Disciplinary Styles: Relations with Preschoolers' Playground Behavioral Orientations and Peer Status." *Child Development* 63 (1992): 879-92.

Harter, Susan. "The Relationship Between Perceived Competence, Affect, and Motivational Orientation Within the Classroom." In *Achievement and Motivation: A Social-Developmental Perspective*, edited by Ann K. Boggiano and Thane S. Pittman. Cambridge, England: Cambridge University Press, 1992.

—. *The Construction of the Self: A Developmental Perspective*. New York: Guilford, 1999.

Harter, Susan, Donna B. Marold, Nancy R. Whitesell, and Gabrielle Cobbs. "A Model of the Effects of Perceived Parent and Peer Support on Adolescent False Self Behavior." *Child Development* 67 (1996): 360-74

Hastings, Paul D., and Joan E. Grusec. "Conflict Outcome an a Function of Parental Accuracy in Perceiving Child Cognitions and Affect." *Social Development* 6 (1997): 76-90.

—. "Parenting Goals as Organizers of Responses to Parent-Child Disagreement." *Developmental*

Psychology 34 (1998): 465-79.

Hastings, Paul D., and Kenneth H. Rubin. "Predicting Mothers' Beliefs About Preschool-Aged Children's Social Behavior." *Child Development* 70 (1999): 722-41.

Herrea, Carla, and Judy Dunn. "Early Experiences with Family Conflict: Implications for Arguments with a Close Friend." *Developmental Psychology* 33 (1997): 869-81.

Hoffman, Martin. "Power Assertion by the Parent and Its Impact on the Child." *Child Development* 31 (1960): 129-43.

———. "Conscience, Personality, and Socialization Techniques." *Human Development* 13 (1970a): 90-126.

———. "Moral Development." In *Carmichael's Manual of Child Psychology*, 3rd ed., vol. 2, edited by Paul H. Mussen. New York: Wiley, 1970b.

Hoffman, Martin, and Herbert D. Saltzstein. "Parent Discipline and the Child's Moral Development." *Journal of Personality and Social Psychology* 5 (1967): 45-57.

Holt, Jim. "Decarcerate?" *New York Times Magazine*, August 15, 2004: 20-21.

Honig, Alice Sterling. "Compliance, Control, and Discipline." *Young Children*, January 1985: 50-58.

Jacobvitz, Deborah, and L. Alan Sroufe. "The Early Caregiver-Child Relationship and Attention-Deficit Disorder with Hyperactivity in Kindergarten: A Prospective Study." *Child Development* 58 (1987): 1488-95.

Johnson, Susan L., and Leann L. Birch. "Parents' and Children's Adiposity and Eating Style." *Pediatrics* 94 (1994): 653-61.

Juul, Jesper. *Your Competent Child: Toward New Basis Values for the Family*. New York: Farrar, Straus, and Giroux, 2001.

Kamins, Melissa L., and Carol S. Dweck. "Person Versus Process Praise and Criticism: Implications for Contingent Self-Worth and Coping." *Developmental Psychology* 35 (1999): 835-47.

Kandel, Desnis B., and Ping Wu. "Disentangling Mother-Child Effects in the Development of Antisocial Behavior." In *Coercion and Punishment in Long-Term Perspectives*, edited by Joan McCord. Cambridge, England: Cambridge University Press, 1998.

Kelley, Michelle L., Thomas G. Power, and Dawn D. Wimbush. "Determinants of Disciplinary Practices in Low-Income Black Mothers." *Child Development* 63 (1992): 573-82.

Kernis, Michael H. "Toward a Conceptualization of Optimal Self-Esteem." *Psychological Inquiry* 14 (2003): 1-26.

Kernis, Michael H., Anita C. Brown, and Gene H. Brody. "Fragile Self-Esteem in Children and Its Associations with Perceived Patterns of Parent-child Communication." *Journal of Personality* 68 (2000): 225-52.

Kilgore, Kim, James Snyder, and Chris Lentz. "The Contribution of Parental Discipline, Parental Monitoring, and School Risk to Early-Onset Conduct Problems in African American Boys and Girls." *Developmental Psychology* 36 (2000): 835-45.

Kochanska, Grazyna. "Mutually Responsive Orientation Between Mothers and Their Young Children: Implications for Early Socialization." *Child Development* 68 (1997): 94-112.

Kochanska, Grazyna, and Nazan Aksan. "Mother-Child Mutually Positive Affect, the Quality of Child Compliance to Requests and Prohibitions, and Maternal Control as Correlates of Early Internalization." *Child Development* 66 (1995): 236-54.

Koestner, Richard, Richard M. Ryan, Frank Bernieri, and Kathleen Holt. "Setting Limits on Children's Behavior: The Differential Effects of Controlling vs. Informational Styles on Intrinsic Motivation and Creativity." *Journal of Personality* 52 (1984): 233-48.

Kohn, Alfie. *The Brighter Side of Human Nature: Altruism and Empathy in Everyday Life*. New York: Basic Books, 1990.

—. "Caring Kids: The Role of the Schools." *Phi Delta Kappan*, March 1991: 496-506. Available at www.alfiekohn.org/teaching/cktrots.htm.

—. *No Contest: The Case Against Competition*. Rev. ed. Boston: Houghton Mifflin, 1992.

—. "Choices for Children: Why and How to Let Children Decide." *Phi Delta Kappan*, September 1993: 8-20. Available at www.alfiekohn.org/teaching/cfc.htm.

—. "The Truth About Self-Esteem." *Phi Delta Kappan*, December 1994: 272-83. Available at www.alfiekohn.org/teaching/tase.htm.

—. *Beyond Discipline: From Compliance to Community*. Alexandria, VA: Association for Supervision and Curriculum Development, 1996.

—. "How not to Teach Values: A Critical Look at Character Education." *Phi Delta Kappan*, February 1997: 429-39. Available at www.alfiekohn.org/teaching/hnttv.htm.

—. "Television and Children: ReViewing the Evidence." In *What to Look for in a Classroom... and Other Essays*. San Francisco: Jossey-Bass, 1998.

—. *Punished by Rewards: The Trouble with Gold Stars, Incentive Plans, A's, Praise, and Other Bribes*. Rev. ed. Boston: Houghton Mifflin, 1999a.

—. *The Schools Our Children Deserve: Moving Beyond Traditional Classrooms and "Tougher Standards."* Boston: Houghton Mifflin, 1999b.

—. "Education's Rotten Apples: From Math Instruction to State Assessments, Bad Practices Can Undermine the Good." *Education Week*, September 18, 2002: 48, 36, 37. Available at www.alfiekohn.org/teaching/edweek/rotten.htm.

Kohn, Melvin L. *Class and Conformity*. 2nd ed. Chicago: university of Chicago Press, 1977.

Kuczynski, Leon. "Reasoning, Prohibitions, and Motivations for Compliance." *Developmental Psychology* 19 (1983): 126-34.

—. "Socialization Goals and Mother-Child Interaction: Strategies for Long-Term and Short-Term Compliance." *Developmental Psychology* 20 (1984): 1061-73.

Kuczyski, Leon and Grazyna Kochanska. "Development of Children's Noncompliance Strategies from Toddlerhood to Age 5." *Developmental Psychology* 26 (1990): 398-408.

Kuczynski, Leon, Grazyna Kochanska, Marian Radke-Yarrow, and Ona Girnius-Brown. "A Developmental Interpretation of Young Children's Noncompliance." *Developmental Psychology* 23 (1987): 799-806.

Lamborn, Susie D., Sanford M. Dornbusch, and Laurence Steinberg. "Ethnicity and Community Context as Moderators of the Relations Between Family Decision Making and Adolescent Adjustment." *Child Development* 67 (1996): 283-301.

Lamborn, Susie D.,m Nina S. Mounts, Laurence Steinberg, and Sanford M. Dornbusch. "Patterns of Competence and Adjustment Among Adolescents from Authoritative, Authoritarian, Indulgent, and Neglectful Families." *Child Development* 62 (1991): 1049-65.

Levine, Robert A. "Challenging Expert Knowledge: Findings from an African Study of Infant Care and Development." In *Childhood and Adolescence: Cross-Cultural Perspectives and Applications*, edited by Uwe P. Gielen and Jaipaul Roopnarine. Westport, CT: Praeger, 2004.

Lewin, Kurt, Ronald Lippitt, and Ralph K. White. "Patterns of Aggressive Behavior in Experimentally Created 'Social Climates.'" *Journal of Social Psychology* 10 (1939): 271-99.

Lewis, Catherine C. "The Effects of Parental Firm Control: A Reinterpretation of Findings." *Psychological Bulletin* 90 (1981): 547-63.

―. *Educating Hearts and Minds: Reflections on Japanese Preschool and Elementary Education*. Cambridge, England: Cambridge University press, 1995.

Lieberman, Alicia F. *the Emotional life of the Toddler*. New York: Free Press, 1993.

Lovett, Herbert. *Cognitive Counseling and Persons with Special Needs: Adapting Behavioral Approaches to the Social Context*. New York: Praeger, 1985.

Luster, Tom, Kelly Rhoades, and Bruce Haas. "The Relation Between Parental Values and Parenting Behavior: A Test of the Kohn Hypothesis." *Journal of Marriage and the Family* 51 (1989): 139-47.

Luthar, Suniya S., and Bronwyn E. Becker. "Privileged but Pressured?: A Study of Affluent, Youth." *Child Development* 73 (2002): 1593-1640.

Luthar, Suniya S., and Karen D'Avanzo. "Contextual Factors in Substance Use: A Study of Suburban and Inner-City Adolescents." *Development and Psychopathology* 11 (1999): 845-67.

Lytton, Hugh. "Physical Punishment Is a Problem, Whether Conduct Disorder Is Endogenous or Not." *Psychological Inquiry* 8 (1997): 211-14.

Maccoby, Eleanor E., and John A. Martin. "Socialization in the Context of the Family: Parent-Child Interaction." In *Handbook of Child Psychology*, 4th ed., vol. 4, edited by Paul H. Mussen. New York: Wiley, 1983.

Makri-Botsari, E. "Causal Links Between Academic Intrinsic Motivation, Self-Esteem, and Unconditional Acceptance by Teachers in High School Students." In *International Perspectives on Individual Differences*, vol. 2: *Self Perception*, edited by Richard J. Riding and Stephen G. Rayner. Westport, CT: Ablex, 2001.

Mallinckrodt, Brent, and Mei-Fen Wei. "Attachment, Social Competencies, Interpersonal Problems, and Psychological Distress." Paper presented at the annual conference of the American Psychological Association, Toronto, August 2003.

Marshall, Hermine H. "An Updated Look at Delaying Kindergarten Entry." *Young Children*, September 2003: 84-93.

Matas, Leah, Richard A. Arend, and L. Alan Sroufe. "Continuity of Adaptation in the Second Year: The Relationship Between Quality of Attachment and Later competence." *Child Development* 49 (1978): 547-56.

McCore, Joan. "Questioning the Value of Punishment." *Social Problems* 38 (1991): 167-79.

—. "On Discipline." *Psychological Inquiry* 8 (1997): 215-17.

McLeod, Jane D., Candace Kruttschnitt, and Maude Dornfeld. "Does Parenting Explain the Effects of Structural Conditions on Children's Antisocial Behavior?" *Social Forces* 73 (1994): 575-604.

Merrow, John. *Choosing Excellence*. Lanham, MD: Scarecrow Press, 2001.

Miller, Alice. *The Drama of the Gifted Child*. Rev. ed. New York: Basic, 1994.

Morris, Amanda Sheffield, Laurence Steinberg, Frances M. Sessa, Shelli Avenevoli, Jennifer S. Silk, and Marilyn J. Essex. "Measuring Children's Perceptions of Psychological Control." In *Intrusive Parenting: How Psychological Control Affects Children and Adolescents*, edited by Brian K. Barber. Washington, D.C.: American Psychological Association, 2002.

Mosier, Christine E., and Barbara Rogoff. "Privileged Treatment of Toddlers: Cultural Aspects of Individual Choice and Responsibility." *Developmental Psychology* 39 (2003)P 1047-60.

Murstein, Bernard I., Mary Cerreto, and Marcia G. MacDonald. "A Theory and Investigation of the Effect of Exchange-Orientation on Marriage and Friendship." *Journal of Marriage and the Family* 39 (1977): 543-48.

Neighbors, Clayton, Mary E. Larimer, Irence Markman Geisner, and C. Raymond Knee. "Feeling Controlled and Drinking Motives Among College Students." *Self and identity* 3 (2004): 207-224.

Newcomb, Theod[o]re H. "The Family in 1955." *Merrill-Palmer Quarterly* 2 (1956): 50-54.

Noddings, Nel. *The Challenge to Care in Schools: An Alternative Approach to Education*, New York: Teachers College Press, 1992.

Norem-Hebeisen, Ardyth A., and David W. Johnson. "The Relationship Between Cooperative, Competitive, and Individualistic Attitudes and Differentiated Aspects of Self-Esteem." *Journal of Personality* 49 (1981): 415-26.

Oliner, Samuel P., and Pearl M. Oliner. *The Altruistic Personality: Rescuers of Jews in Nazi Europe*. New York: Free Press, 1988.

Parpal, Mary, and Eleanor E. Maccoby. "Maternal Responsiveness and Subsequent Child Compliance." *Child Development* 56 (1985): 1326-34.

Parsons, Jacquelynne E., and Diane N. Ruble. "The Development of Achievement-Related

Expectancies." *Child Development* 48 (1977): 1075-79.

Petersen, Larry R., Gary R. Lee, and Godfrey J. Ellis. "Social Structure, Socialization Values, and Disciplinary Techniques: A Cross-Cultural Analysis." *Journal of Marriage and the Family* 44 (1982): 131-42.

Pieper, Martha Heinemann, and William J. Pieper. *Smart Love*. Boston: Harvard Common Press, 1999.

Pinderhughes, Ellen E., Kenneth A Dodge, John E. Bates, Gregory S. Pettit, and Analdo Zelli. "Discipline Responses: Influences of Parents' Socioeconomic Status, Ethnicity, Bliefs About Parenting, Stress, and Cognitive-Emotional Processes." *Journal of Family Psychology* 14 (2000): 380-400.

Reeve, Johnmarshall, Glen Nix, and Diane Hamm. "Testing Models of the Experience of Self-Determination in Intrinsic Motivation and the Conundrum of Choice." *Journal of Educational Psychology* 95 (2003): 375-92.

Reyna, Christine, and Bernard Weiner. "Justice and Utility in the Classroom: An Attributional Analysis of the Goals of Teachers' Punishment and Intervention Strategies." *Journal of Educational Psychology* 93 (2001): 309-19.

Rimer, Sara. "Schools Moving to Curb Wrangling Over Rankings." *New York Times*, March 9, 2003: A16.

Ritchie, Kathy L. "Maternal Behaviors and Cognitions During Discipline Episodes." *Developmental Psychology* 35 (1999): 580-89.

Rogers, Carl R. "A Theory of Therapy, Personality, and Interpersonal Relationships, As Developed in the Client-Centered Framework." In *Psychology: A Study of a Science*. Study I: Conceptual and Systematic, Vol. 3, edited by Sigmund Koch. New York: McGraw-Hill, 1959.

Rohner, Ronald P., Kevin J. Kean, and David E. Cournoyer. "Effects of Corporal Punishment, Perceived Caretaker Warmth, and Cultural Beliefs on the Psychological Adjustment of Children in St. Kitts, West Indies." *Journal of Marriage and the Family* 53 (1991): 681-93.

Rothbaum, Fred, and Gisela Trommsdorff. "Do Roots and Wings Complement or Oppose One Another?: The Socialization of Relatedness and Autonomy in Cultural Context." In *Handbook of Socialization*, edited by Joan E. Grusec and Paul D. Hasting. New York: Guilford, in press.

Rowe, David C. "Group Differences in Developmental Processes: The Exception or the Rule?" *Psychological inquiry* 8 (1997): 218-22.

Rowe, Mary Budd. "Relation of Wait-Time and Rewards to the Development of Language, Logic, and Fate Control: Part II-Rewards." *Journal of Research in Science Teaching* 11 (1974): 291-308.

Ryan, Richard M., and Kirk Warren Brown. "Why We Don't Need Self-Esteem." *Psychological Inquiry* 14 (2003): 71-76.

Ryan, Richard M., and Edward L. Deci. "When Rewards Compete with Nature: The Undermining of Intrinsic Motivation and Self-Regulation." In *Intrinsic and Extrinsic Motivation: The Search for*

Optimal Motivation and performance, edited by Carol Sansone and Judith M. Harackiewicz. San Diego: Academic Press, 2000.

———. "On Assimilating Identities to the Self." In Handbook of Self and Identity, edited by Mark R. Leary and June Price Tangney. New York: Gulford, 2003.

Samalin, Nancy, with Martha Moraghan Jablow. *Loving Your Child Is Not Enough*. New York: Penguin, 1988.

Schaefer, Earl S., Marianna Edgerton. "parent and Child Correlates of Parental Modernity." In *Parental Belief Systems: The Psychological Consequences for Children*, edited by Irving E. Sigel. Hillsdale, NJ: Erlbaum, 1985.

Schimel, Jeff, Jamie Arndt, Tom Pyszczynski, and Jeff Greenberg. "Being Accepted for Who We Are." Journal of Personality and Social Psychology 80 (2001): 35-52.

Schwartz, Barry. *The Battle for Human Nature: Science, Morality, and Modern Life*. New York: Norton, 1986.

Scott-Little, M. Catherine, and Susan D. Holloway. "Child Care Providers' Reasoning About Misbehaviors." *Early Childhood Research Quarterly* 7 (1992): 595-606.

Sears, Robert R., Eleanor E. Maccoby, and Harry Levin, *patterns of Child Rearing*. Evanston, IL: Row, Peterson, 1957.

Simons, Ronald L., Kuei-Hsiu Lin, Leslie C. Gordon, Gene H. Brody, and Rand D. Conger. "Community Differences in the Association Between Parenting Practices and Child Conduct Problems." *Journal of Marriage and the Family* 64 (2002): 331-45

Simons, Ronald L., Les B. Whitbeck, Rand D. Conger, and Wu Chyi-In. "Intergenerational Transmission of Harsh Parenting." *Developmental Psychology* 27 (1991): 159-71.

Simpson, A. Rae. *The Role of the Mass Media in Parenting Education*. Boston: Center for Health Communication, Harvard School of Public Health, 1997.

Stayton, Donelda J., Robert Hogan, and Mary D. Salter Ainsworth. "Infant Obedience and Maternal Behavior." *Child Development* 42 (1971): 1057-69.

Stormshak, Elizabeth A., Karen L. Bierman, Robert J. McMahon, and Liliana J. Lengua. "Parenting Practices and Child Disruptive Behavior problems in Early Elementary School." *Journal of Clinical Child Psychology* 29 (2000): 17-29.

Strage, Amy, and Tamara Swanson Brandt. "Authoritative Parenting and College Students' Academic Adjustment and Success." *Journal of Educational Psychology* 91 (1999): 146-56.

Straus, Murray A. *Beating the Devil Out of Them: Corporal Punishment in American Families and Its Effects on Children*. 2nd ed. New Brunswick, NJ: Transaction, 2001.

———. "Children Should Never, Ever, Be Spanked, No Matter What the Circumstances." In *Current Controversies on Family Violence*, 2nd ed., edited by Donileen R. Loseke, Richard J. Gelles, and Mary M. Cavanaugh. London: Sage, 2004.

———. *Primordial Violence: Corporal Punishment by Parents*. Walnut Creek, CA: AltaMira Press, 2005.

Straus, Murray A. and Anita K. Mathur. "Social Change and the Trends in Approval of Corporal Punishment by Parents from 1968 to 1994." In *Family Violence Against Children*, edited by Detlev Frehsee, Wiebke Horn, and Kai-D. Bussmann. New York: Walter de Gruyter, 1996.

Straus, Murray A., and Julie H. Stewart. "Corporal Punishment by American Parents: National Data on Prevalence, Chronicity, Severity, and Duration, in Relation to Child and Family Characteristics." *Clinical Child and Family Psychology Review* 2 (1999): 55-70.

Straus, Murray A., and David B. Sugarman, and Jean Giles-Sims. "Spanking by Parents and Subsequent Antisocial Behavior of Children." *Archives of Pediatrics and Adolescent Medicine* 151 (1997): 761-61.

Swanson, Ben, and Brent Mallinkrodt. "Family Environment, Love Withdrawal, Childhood Sexual Abuse, and Adult Attachment." *Psychotherapy Research* 11 (2001): 455-72.

Toner, Ignatius J. "Punitive and Non-Punitive Discipline and Subsequent Rule-Following in Young Children." *Child Care Quarterly* 15 (1986): 27-37.

Tronick, Edward Z. "Emotions and Emotional Communication in Infants." *American Psychologist* 44 (1989): 112-19.

Walker, Lawrence J., and John H. Taylor. "Family Interactions and the Development of Moral Reasoning." *Child Development* 62 (1991): 264-83.

Watson, Marily. *Learning to Trust: Transforming Difficult Elementary Classrooms Through Developmental Discipline*. San Francisco: Jossey-Bass, 2003.

Wigfield, Allan. "Children's Attributions for Success and Failure." *Journal of Educational Psychology* 80 (1988): 76-81.

Zahn-Waxler, Carolyn, Marian Radke-Yarrow, and Robert A. King. "Child Rearing and Children's Prosocial Initiations Toward Victims of Distress." *Child Development* 50 (1979): 319-30.

색인

100점 131, 132, 136, 140, 333, 360

ㄱ

가벼운 처벌 110, 120, 362
가치관 160, 165, 207, 307, 309, 311, 322, 342
가치 기준 13, 321
간섭 85, 98, 134, 135, 190, 196, 210, 211, 227, 231, 291, 306, 309, 359, 371
갈등 43, 99, 183, 235, 269, 270, 272, 276, 327, 362, 368, 370, 371
감정 중심적 대처 147
감정이입 172, 319, 370
강압 85, 89, 90, 93~96, 99, 118, 158, 164, 176, 179, 216, 229, 276, 288, 291, 292, 309, 313, 329, 343, 347, 350, 368, 371
강화제 239
개인주의 308, 339, 340, 341
개입 110, 158, 241, 270, 280, 288, 346, 365
거짓말 30, 81, 116, 117, 160, 215, 285, 307
게임 140, 158, 178, 204, 275, 290
격리 6, 48, 53, 54, 282
경쟁 33, 75, 127, 128, 129, 140, 143, 145, 163, 182, 184, 256, 258, 308, 309, 358, 360, 369

경제 모델 35, 355
경제 법칙 35, 165
경청 311, 354
계층 85, 101, 342, 343, 347, 361, 371
고소득층 124, 126
골디락스전략 Goldilocks Gambit 168
공감 118, 210, 270, 306
공격성 126, 342~344, 355, 361, 362
공공장소 82, 157, 163, 216, 293, 330
공동전선유지 215
공정성 270, 311
과도한 통제 83, 84, 93, 101, 102, 134, 260, 266, 273, 335, 360
과외수업 126
과잉 통제 75, 180, 183
과제 100, 130, 131, 132, 134, 136, 248, 258, 266, 355, 356, 360, 364
관대한 양육 169
관점 바꾸기 318~323, 325~329, 332~334, 370
교장 133, 259, 261
교환 조건 36, 143, 145
구시족 339
국립빈곤어린이연구센터 National Center for children in poverty 364

국립정신보건원National Institute of Mental Health 52, 54
권력을 기반으로 한 훈육 46, 53
권위 있는 양육 169, 365
권위주의적인 양육 86, 93, 106, 169, 348, 350, 360
귀납법 315, 370
그릇된 자아 42
금지 111, 113, 211, 228, 288, 310, 369, 371
긍정적 강화 46, 48~50, 57, 61~63, 65, 67, 69, 71, 72, 110, 129, 193, 237, 250, 255, 325, 357

ㄴ

내면의 어린이 170
내면화 11, 97, 101, 136, 354, 361
낸시 사말린Nancy Samalin 93
넬 나딩스Nel Noddings 205
노르만 쿤크Norman Kunc 177

ㄷ

다이애나 바움린드Diana Baumrind 35, 169, 365, 368
〈담장 고치기〉 155
당근 46, 58, 59, 135, 168, 189, 259
대가 11, 34, 41, 51, 60, 92, 108, 116~118, 120, 126, 127, 135, 139, 144, 165, 193, 235, 243, 248, 314, 317, 356, 369
도덕발달 56, 99, 117, 304, 306, 309, 310, 315, 356, 361
도덕성 56, 99, 311, 320
도덕적 원칙 73

도시연구소Urban Institute 364
도전 61, 99, 146, 212, 267
도전적 과제 130, 266, 360
독방 감금 48
독서 135, 136
돈 57, 61, 111, 113, 126, 134, 136, 141, 160, 255, 282
동기 29, 30, 59, 60, 62, 63, 73, 101, 109, 129, 130, 136, 146, 177, 193, 205, 206, 207, 209, 235, 245, 249, 251, 254, 310, 313, 328, 357, 364, 366, 368, 371
동기부여 116, 131, 143, 145, 147, 267, 348, 357, 359, 363
동정심 33, 56, 62, 108, 195, 304, 315, 355
때리기 46, 109, 114

ㄹ

레드셔팅redshirting 129, 363
로버트 프로스트Robert Frost 155
롤모델 113
리모컨 12, 274
리처드 라이언Richard Ryan 74, 96, 97, 100, 341, 353, 354, 364, 368
릴리안 카츠Lillian Katz 137, 363

ㅁ

마틴 호프만Hoffman Martin 53, 56, 305, 315, 360, 369, 370
만족감 73, 146, 212
메달 57, 61
메리 버드 로우Mary Budd Rowe 67
멜빈 콘Melvin Kohn 342

명령 48, 81, 111, 288, 347
무능 147, 175, 192, 255
무력감 72, 93, 112, 175, 176, 200, 213, 266, 287, 331, 366
문제 중심적 대처 147
문제행동등급 361
문화 60, 85, 101, 159, 162, 164, 174, 183, 338~342, 347, 358, 364, 371, 372
미국 8, 57, 160, 164, 165, 327, 338~347, 360, 370
미셸 켈리Michelle Kelley 349, 372
미운 두 살 339

ㅂ

바바라 코로로소Barbara Coloroso 12, 203
반사된 영광 누리기 128
반영적 경청 354
반항 27, 31, 52, 69, 89, 92~95, 110, 111, 134, 135, 177, 178, 216, 236, 287, 288, 293, 369, 371
발달 장애 181
발달 한계 164
방어적 태도 75, 307
배려 6, 13, 36, 41, 56, 247, 249, 259, 305, 306, 308, 310, 315, 350, 355
백인 338, 342~346, 349, 372
변기 9, 30, 60, 80, 181, 196
보상 14, 29, 36, 48, 49, 57~63, 83, 95, 96, 113, 117, 120, 121, 131, 132, 145, 155, 157, 166, 168, 237, 238, 252, 257, 260, 292, 305, 357, 360, 363
복수 115, 165, 364
복종 33, 57, 58, 102, 166, 183, 195, 237, 243, 257, 310, 342, 348, 349, 350, 351, 359, 365, 369
본보기 113, 200, 211, 238, 276, 290, 307, 322, 323, 325, 328
본성 28, 34, 37, 145, 146, 161, 173, 355
부유층 349, 362
부적응적 완벽주의 125
비난 39, 85, 162, 168, 203, 209, 228~230
비둘기 48, 49
비용편익분석 117

ㅅ

사과 29, 30, 199, 200, 225, 230, 269
사랑을 기반으로 한 훈육 46, 53
사회경제적 지위 342, 343, 371
상금 60
상품물신주의 367
상호작용 34~36, 273, 316, 359, 365, 366
선물 243, 244
선택 능력 341
선택권 89, 131, 241, 266~268, 272, 273, 281, 285, 286, 291, 294
설명 52, 63, 88, 95, 109, 114, 118, 119, 164, 201, 210, 241, 247, 249, 252, 273, 275, 289, 290, 307, 309, 310, 311, 313, 315, 362, 366, 369
성공 15, 74, 75, 97, 124~148, 183, 212, 245, 253~256, 267
성과 26, 58, 61, 68, 73~75, 127, 137, 140, 143, 144, 146, 245, 251, 357, 358
성적 26, 41, 58, 125, 130, 132~135, 146, 148, 255, 256, 363
성적표 132~135, 256

숙제 15, 100, 134, 195, 364
순응 92, 95, 102, 163, 164, 165, 184, 342, 364
순종 10~14, 36, 41, 47, 52~54, 57, 86, 88, 89, 92, 93, 95, 107, 109, 158, 161, 177, 190, 193, 226, 326, 354, 359, 361, 366
스키너B.F.Skinner 28~30, 48, 49
스트레스 124, 126, 135, 214, 255, 279
스포츠 140, 141
시선 전환 204
신경증 39
신뢰 65, 95, 114, 196, 207, 208, 210, 235, 260, 266, 276, 278, 308, 351, 368, 370
실패 55, 74, 75, 127, 137, 138, 147, 212, 245, 255, 267, 357, 356, 364, 365

ㅇ

아기 울음소리 370
아일랜드 보건아동부Irish Department of Health and Children 39
압력 12, 97, 99, 102, 124~126, 128, 135, 136, 148, 173, 182, 256, 332
압박(감) 61, 85, 101, 126, 143, 183, 254, 342, 354, 357
앙갚음 364
애정철회 46~48, 51~57, 63, 69, 71, 72, 106, 110, 137, 171, 232, 237, 239, 241, 309, 355, 356, 361, 362, 365, 368
애착 172, 306, 307, 354, 356
앨리샤 리버만Alecia Lieberman 204
앨리스 밀러Alice Miller 24, 172, 215, 330, 331, 357
엘리자베스 캐건Elizabeth Cagan 8
양자택일 168, 335

에드워드 디치Edward Deci 74, 96, 97, 100, 341, 353, 354, 364, 368, 369
에리히 프롬Erich Fromm 125, 355
열성 부모 128
예스맨 92
예스 어린이 92
예의 316, 317
우울증 42, 75, 124, 356, 357, 371
운동 41, 139, 148, 253, 256
웬디 그롤닉Wendy Grolnick 100, 101, 139, 340, 353, 361, 368, 372
위험한 거주지 348~350
위협 46, 52, 54, 75, 82, 93, 118, 134, 145, 158, 161, 193, 216, 237~239, 261, 281, 313, 363, 368, 369
윌리엄 글래서William Glasser 108
유머 333
유치원(생) 9, 106, 129, 180, 182, 205, 210, 276, 315, 319, 330, 363, 370
육체적 고통 53, 107, 109
육체적인 처벌 108
윤리 6, 25, 99, 117, 305, 307, 320, 322, 369
융통성 102, 214
음료 60, 62, 360
음식 61, 65, 90, 97, 98, 99, 194, 232, 333
응석받이 180~182
응징 361
의사 결정 264, 266, 267, 273, 278, 280, 287, 311, 326, 340, 342, 346, 351, 355, 368, 371
이기심 117, 313
이분법 166, 274, 350
이상아동심리학저널Journal of Abnormal Child Psychology 11
이중생활 94

인과응보 165, 184
인종 85, 101, 126, 342, 343, 346, 347, 349, 361, 368, 371, 372
일관성 214, 215, 358
입학 연기 129, 363

ㅈ

자기 충족적 예언 147, 179, 205
자기불구화 137, 146
자기중심 116, 171, 320, 323, 355, 370
자랑 64, 65, 128, 129, 137, 245, 253, 272, 363
자선 행위 307
자아 11, 42, 209, 354, 358
자업자득 110, 362
자유방임 84, 168, 183, 209, 270, 350, 360
자율성 89, 93, 97, 134, 177, 202, 265, 266, 271, 285~288, 292, 294, 311, 340~342. 357. 360.368. 371. 372
자율성 보상 292
자존감 54. 72~75, 91, 96, 127, 137, 146~148, 222, 356,~358, 363
저소득층 126, 347~349, 362, 368
저항 9, 11, 53, 89, 93, 95, 110, 124, 134, 139, 177, 216, 231, 278, 279, 287, 288, 293, 341
점수 61, 125, 130~137, 141, 160, 244, 253, 356, 360, 363
정신적 고통 53, 109
정신적인 처벌 108
정직 30, 253, 282, 289, 307
정체성 96
제로섬 163
제약 96, 210, 304
조건 없는 부모 197, 223, 235, 239, 245, 339

조건 없는 사랑 25, 26, 30, 33, 63, 67, 114, 144~146, 157, 161, 172, 191, 225, 229, 232, 234, 235, 237, 246, 251, 260, 306, 309, 326, 335, 351, 355, 357, 365, 370
조건 없는 인정 146, 222, 233, 236, 339, 355
조건 없는 자존감 74, 75, 146, 222, 358
조건적 강화 250, 365
조건적 사랑 25, 41, 42, 51, 57, 69, 94, 96, 106, 166, 196, 245, 254, 335, 355
조건적 인정 144~146, 148, 198, 227, 231, 233, 248, 348, 363
조건적 자존감 74, 75, 96, 147, 357, 363
조건적 부모 65, 197
조안 맥코드Joan MacCord 107
조지 버나드 쇼George Bernard Shaw 332
존 보울비Joun Bowlby 172
종교 26, 163, 165, 166, 184, 360
좌절(감) 31, 69, 162, 202, 210, 212, 266
죄책감 9, 85, 97, 192, 243, 284
질문 65, 201~204, 247, 248, 249, 252, 256, 286, 326, 334
집산주의 341, 371

ㅊ

채찍 46, 58, 135, 168, 189, 259
체계 102, 350, 361, 365
체벌 6, 52, 84, 95, 107, 108, 109, 113, 120, 164, 183, 189, 342~348, 350, 361, 369, 371, 372
추론 286, 311, 315, 316
칭찬 12, 30, 57, 61~71, 84, 89, 97, 100, 117, 168, 235, 244,~252, 314, 348, 357, 360, 367

칭찬 중독자 68

ㅋ

칼 로저스Carl Rogers 38, 357, 358
칼로리 97, 98
캐롤 드웩Carol Dweck 69
캐서린 루이스Catherine Lewis 208
커비 디터-데카드Kirby Deater-Deckard 343, 345~347, 372
컴퓨터 158, 274, 275
케네스 닷지Kenneth Dodge 343, 345~347, 372

ㅌ

타인 지향적 추론 315
타임아웃 6, 48,~51, 54, 57, 71, 81, 84, 109, 115, 117, 119, 155, 195, 237, 241, 242, 258, 282, 356
탁월함 255
텔레비전 115, 182, 211, 274, 275, 278, 281, 323, 366
토마스 고든Thomas Gordon 91, 108, 114, 183, 198, 226, 284, 285
통찰(력) 184, 366
특권 35, 37, 52, 57, 84, 95, 126

ㅍ

판단 63, 249
평가 75, 127, 133, 179, 230, 245, 246~249, 252, 256
프란츠 카프카Franz Kafka 320
프레드 로스바움Fred Rothbaum 339, 340

프로이트Freud 184
피에트 하인Piet Hiein 193

ㅎ

하임 기너트Haim Ginott 84, 108, 111
학교 60, 67, 69, 73, 93, 125, 129, 133, 134, 136, 141, 143, 145, 160,163, 208, 254, 257~261, 266, 267, 276, 362~364, 368, 370
학습 49, 58, 92, 100, 130~135, 146, 147, 256, 257, 259, 294, 308, 309, 310, 355, 360
한계 설정 84, 102, 157, 180, 183, 202, 234, 284, 285, 304, 361
함입 Introjection 354
행동 문제 26, 177, 346, 347
행동문제예방연구그룹Conduct Problems Prevention Research Group 361
행동주의(자) 28, 29 32, 34, 49, 62, 155, 237, 239, 240
행복 37, 125, 222, 254, 304, 305, 367, 369
허버트 로베트Herbert Lovett 239
허위선택 281, 282
협력 143, 308, 358, 362
화 293
황금률 322
흑인 343, 344, 345, 349, 372
흥미 60~62, 99, 100, 130~135, 145, 147, 248, 255, 266, 360